全国高职高专经济管理类"十四五"规划理论与实践结合型系列教材

统计学方法与实操

TONGJIXUE FANGFA YU SHICAO

主　编　马关培　张子丽
副主编　卢文菊　刘成武　宋世坤　李传平

华中科技大学出版社
http://www.hustp.com
中国·武汉

图书在版编目(CIP)数据

统计学方法与实操/马关培,张子丽主编.—武汉:华中科技大学出版社,2022.4
ISBN 978-7-5680-6272-5

Ⅰ. ①统… Ⅱ. ①马… ②张… Ⅲ. ①统计方法 Ⅳ. ①C81

中国版本图书馆 CIP 数据核字(2022)第 052802 号

统计学方法与实操　　　　　　　　　　　　　　　　马关培　张子丽　主编
Tongjixue Fangfa yu Shicao

策划编辑：聂亚文
责任编辑：刘　静
责任监印：朱　玢
出版发行：华中科技大学出版社(中国·武汉)　　电话：(027)81321913
　　　　　武汉市东湖新技术开发区华工科技园　　邮编：430223
录　　排：华中科技大学惠友文印中心
印　　刷：武汉开心印印刷有限公司
开　　本：787mm×1092mm　1/16
印　　张：16.5
字　　数：411 千字
版　　次：2022 年 4 月第 1 版第 1 次印刷
定　　价：48.00 元

本书若有印装质量问题,请向出版社营销中心调换
全国免费服务热线：400-6679-118　竭诚为您服务
版权所有　侵权必究

前　言

本书以 Stata 软件在经济社会等领域中的应用为主线,按数理统计学方法体系设计章节,依照统计分析的任务和要求编排内容,对相关的 Stata 程序命令进行详细讲解,力求能够使读者做到活学活用。本书通过 Stata 统计软件的实操,介绍常用统计学方法,使读者能轻松快速地上机操作书中实际的案例,在实操中理解和掌握常用的统计学方法,在提升学习效率的同时,增强主动分析问题和解决问题的能力,最终达到融会贯通。

本书是编者在多年统计学教学实践与研究的基础上,汲取统计理论界前辈研究精华与共识,结合大部分高校各类专业统计学教学的实际情况与需求编写而成的。本书力求突出以下几个特点:

第一,为了体现统计学作为方法论科学的实质,本书第一部分对统计学方法和原理进行梳理,方便初学者理解和掌握,但未深究统计学原理,而强调统计学方法的应用和实际使用场景。

第二,本书主要面向非统计学专业的读者,因此内容设置尽可能涵盖研究客观事物数量关系和数量特征的各类常用统计方法和基本理论,难度较大的方法和理论并未涉及和展开。

第三,本书分为两部分,包括理论课程和 Stata 统计软件实操,严格贯彻了统计学活学活用的方针,将理论引入实操,同时介绍了简单的 Excel 统计分析。

第四,本书对关键术语和 Stata 操作命令进行了详细讲解,并附有习题和案例,以便于读者把握与思考,并突出理论方法的应用与实践,帮助初学者深入浅出地完成统计学分析,在枯燥的统计理论学习中找到实现自我价值的乐趣。

本书共分为两部分,共十七个章节,其中第一部分有八个章节,分别是绪论、统计调查与整理、综合指标、动态数列、统计指数、抽样调查、相关与回归分析及实验指导;第二部分有九个章节,分别是 Stata 软件简介、Stata 快速入门、Stata 的函数和变量、Stata 的数据管理、Stata 的绘图功能、统计描述及区间估计、数值变量资料的统计分析、分类资料的统计分析及线性相关与直线回归。为了突出统计学方法论科学的真实特点,编者抹去了原来经济统计学原理和纯数理统计学的烙印,对有些章节的内容进行了调整,以让读者摆脱枯燥的统计学理论学习,通过所见即所得的统计学软件分析功能,借助多媒体课程,完成统计分析,享受通过统计分析解决实际问题的乐趣。

全书在编写的过程中,得到了一些老师和同学的热情关心和帮助,在此一并致谢。此外,在本书的编写过程中,编者参阅了大量相关资料,在这里也向这些作者表示由衷的谢意。编写这种统计学理论与实操相结合的教材,是我们的一种尝试,鉴于水平有限,错误和不妥之处在所难免,恳请广大读者批评指正,我们的邮箱是:maguanpei@163.com(马关培,主要负责理论课程);zlzhang@gzhmu.edu.cn(张子丽,女,副教授,广州医科大学,主要负责软件实操)。

编　者

目 录

第一部分　理论部分 ·· 1

第一章　绪论 ·· 2
第一节　统计学的产生和发展 ··· 2
第二节　统计学的性质和特点 ··· 4
第三节　统计工作 ··· 6
第四节　统计学的基本概念 ··· 7
本章小结 ·· 10
习题集 ·· 10

第二章　统计调查与整理 ·· 14
第一节　统计调查概述 ·· 15
第二节　统计调查的分类 ·· 17
第三节　统计分组 ·· 20
第四节　分配数列 ·· 23
第五节　统计表 ·· 28
本章小结 ·· 32
习题集 ·· 33

第三章　综合指标 ·· 41
第一节　总量指标 ·· 42
第二节　相对指标 ·· 43
第三节　平均指标 ·· 46
第四节　标志变异指标 ·· 55
第五节　案例研究 ·· 60
本章小结 ·· 62
习题集 ·· 63

第四章　动态数列 ·· 73
第一节　动态数列的编制 ·· 73
第二节　动态数列水平分析指标 ··· 75
第三节　动态数列速度分析指标 ··· 79
第四节　长期趋势的测定与预测 ··· 82
本章小结 ·· 88
习题集 ·· 89

第五章　统计指数 ·· 97
第一节　指数的概念、作用和分类 ··· 97
第二节　综合指数 ·· 99

第三节　平均指标指数 …………………………………………… 102
　　第四节　指数体系 ………………………………………………… 106
　　本章小结 …………………………………………………………… 109
　　习题集 ……………………………………………………………… 109
第六章　抽样调查 ……………………………………………………… 115
　　第一节　抽样调查的概念、特点和作用 ………………………… 116
　　第二节　抽样调查涉及的基本概念及理论依据 ………………… 116
　　第三节　抽样平均误差 …………………………………………… 120
　　第四节　总体指标的推断 ………………………………………… 124
　　第五节　样本容量的确定和总体总量指标的推算 ……………… 126
　　第六节　抽样方案设计 …………………………………………… 129
　　本章小结 …………………………………………………………… 130
　　习题集 ……………………………………………………………… 130
第七章　相关与回归分析 ……………………………………………… 137
　　第一节　概述 ……………………………………………………… 137
　　第二节　简单线性相关分析 ……………………………………… 138
　　第三节　回归分析 ………………………………………………… 143
　　本章小结 …………………………………………………………… 152
　　习题集 ……………………………………………………………… 152
第八章　实操指导 ……………………………………………………… 159
　　第一次实验 ………………………………………………………… 159
　　第二次实验 ………………………………………………………… 162

第二部分　Stata 软件实操 ……………………………………………… 165
　第九章　Stata 软件简介 …………………………………………… 166
　第十章　Stata 快速入门 …………………………………………… 169
　第十一章　Stata 的函数和变量 …………………………………… 176
　第十二章　Stata 的数据管理 ……………………………………… 183
　第十三章　Stata 的绘图功能 ……………………………………… 192
　第十四章　统计描述及区间估计 …………………………………… 206
　第十五章　数值变量资料的统计分析 ……………………………… 217
　第十六章　分类资料的统计分析 …………………………………… 240
　第十七章　线性相关与直线回归 …………………………………… 247

参考文献 ………………………………………………………………… 256
后记 ……………………………………………………………………… 257

第一部分 理论部分

第一章 绪 论

一、教学目的与要求

通过对本章的学习,学生应对统计学的一些基本知识,特别是有关统计学中的几个基本概念有所了解和掌握。

二、教学内容

第一节"统计学的产生和发展":统计学的产生,统计学发展的三个阶段,中国统计学的发展,我国现行的统计制度。

第二节"统计学的性质和特点":对"统计"一词的解释,统计学的研究对象,统计学的学科特点,统计学研究方法的特点,为什么要学习统计学。

第三节"统计工作":统计工作的基本任务,统计的基本职能,统计工作的过程。

第四节"统计学的基本概念":统计总体和总体单位,统计标志和统计指标,统计标志和统计指标的区别和联系,变异和变量。

三、重点与难点

统计学中的几个基本概念。

四、教学方法

多媒体教学。

五、学习方法

理解加记忆是掌握本章内容的方法。

六、计划安排课时

3~4 课时。

七、作业

习题集。

第一节 统计学的产生和发展

一、统计学的产生

统计实践活动历史较长,中国远在大禹时(公元前 2200 年)就有了人数统计数据:人口数为 13 553 923 人。

3 500 年前，埃及王朝曾记载一次战役所俘获的战果：人员 12 万人、牛 40 万头、羊 1 422 000 头。

统计学是出于社会生产的发展和国家管理的需要而产生和发展的。

二、统计学发展的三个阶段

1. 古典统计学时代

古典统计学时代大致是从 17 世纪中叶至 19 世纪初叶，代表学派是政治算术学派和国势学派。

政治算术学派的创始人是英国的威廉·配第，他于 1672 年前后写成了《政治算术》一书（该书 1690 年出版），用实际资料，用数字、重量和尺度来论述英国的经济情况。政治算术学派另一代表人物是英国人约翰·格朗特，代表作是《关于死亡率的自然观察和政治观察》。

国势学派又称记述学派或国情学派，创始人是德国人海尔曼·康令。这一学派最早提出了"统计学"的名词。

2. 近代统计时代

近代统计时代大致是从 19 世纪中叶到 19 世纪末。著名的大数法则、最小二乘法、相关与回归分析、指数分析法、时间数列分析法以及正态分布等理论都是这个时期建立和发展起来的。

近代统计时代代表学派主要有数理统计学派和社会经济统计学派。

数理统计学派产生于 19 世纪中叶，创始人是比利时学者阿道夫·凯特勒。数理统计学派创立了大数法则，认为统计学就是数理统计学。

社会经济统计学派产生于 19 世纪末期，首创者是德国人克尼斯，主要代表人物有梅尔、恩格尔。社会经济统计学派认为，统计学的研究对象是社会现象，研究方法是大量观察法，提出统计学是一门实质性的社会科学。

3. 现代统计学时代

1900 年，英国统计学家卡尔·皮尔生推导了卡方检验法。1908 年，"学生"（William Sealy Gosset 的笔名）发表 t 分布的论文，创立了小样本代替大样本理论。随后，费雪对小样本理论进一步研究，将小样本理论发展为实验设计理论。这标志着现代统计学的开端。1930 年，尼曼与小皮尔生共同对假设检验理论做了系统的研究，创立了尼曼-皮尔生理论，同时尼曼又创立了区间估计理论。美国统计学家瓦尔德把统计学中的估计和假设理论予以归纳，创立了决策理论。这些研究和发现大大充实了现代统计学的内容。

三、中国统计学的发展

中华人民共和国成立后，重要的大型统计有 1953 年及 1964 年的人口普查等，"文化大革命"前，县以上统计人力有 21 000 人；至 1978 年，县以上统计人力仅有 10 500 人。

1982 年第三次全国人口普查的成功，广受国际的瞩目和肯定。1984 年 1 月，国务院发布《关于加强统计工作的决定》，指明了统计工作现代化的作用及地位。

我国现在存在社会经济统计学派与数理统计学派之争。抛开学派之争，我国应在大统计思想下促进学科发展。

注：小统计认为，社会经济统计学属于经济学分支，数理统计学属于数学分支。大统

计是一种思想。

四、我国现行的统计制度

1. 政府统计系统

政府统计系统是综合统计系统，由国家统计局、省（市、自治区）统计局、地统计局、市统计局、县统计局组成。

2. 部门统计系统

部门统计系统是专门统计系统，由中央各部委、省、市、县业务部门的统计机构所组成。

3. 企事业单位统计组织（基层单位的统计组织）

企事业单位统计组织是基层单位的统计组织，包括企事业单位统计组织、街道办事处统计组织、村乡镇统计组织。

第二节　统计学的性质和特点

一、对"统计"一词的解释

统计语源"statistics"最早出自中世纪拉丁语的"statas"（各种现象的状态和状况），由这一词根组成的意大利语"stato"表示国家的概念及关于国家结构和国情这方面知识的总称。

"统计"一词作为学科名称最早使用的是18世纪德国格丁根大学政治学教授阿亨瓦尔，他把国势学称为statistik，即统计学。在英国，早在17世纪就出现用数字来说明社会的科学，但使用的是另一个完全不同的名称："政治算术"（political arithmetic）。直到18世纪末，英语"statistics"才作为德语"statistik"的译文传入英国，即用数字表示事实。

在汉语中，"统"是指丝绪的总束，"计"原指计算。统计就是总计的意思。

1. 统计的三种含义

随着社会经济和统计学自身的发展，"统计"的含义已经起了变化，它包含三种含义，如图1-1所示。

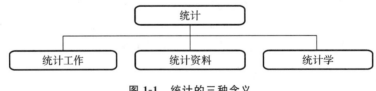

图1-1　统计的三种含义

（1）统计工作。统计工作即统计实践，是指对社会、政治、经济、文化等现象的数量方面进行调查、整理和分析的工作活动过程的总称，即一种调查研究活动，如"统计"一下。

（2）统计资料。统计资料是统计工作的成果，是指用来反映各种社会经济现象和过程的数字资料，也可称为统计指标。它反映在统计资料汇编、统计年鉴、统计手册、统计图表、统计分析报告等中。

（3）统计学。统计学是阐述统计方法的一门科学理论和方法，是收集、分析数据的方法论科学,即统计理论,如工业统计、劳动统计等。

2. 统计三种含义之间的关系

上述统计的三种含义之间既有区别又有联系,如图1-2所示。

$$统计学 \underset{经验总结与概括}{\overset{指导}{\rightleftarrows}} 统计工作 \overset{取得}{\longrightarrow} 统计资料$$

图1-2 统计三种含义之间的关系

统计工作与统计资料之间是过程与成果的关系,统计学与统计工作之间是理论和实践的关系,即统计资料是统计工作的成果,统计学是统计工作的经验总结与理论概括。

二、统计学的研究对象

"统计学的研究对象是什么"这一问题在理论界成为一个"老大难"问题,解决这个问题对全面认识这门学科和为以后的论述铺平道路具有重要意义。关于"统计学的研究对象是什么"这个问题,国内有以下三种观点。

(1)第一种:规律派认为统计学是研究社会经济现象的发展规律的。

(2)第二种:数量派认为统计学是研究社会经济现象的数量方面的,即其数量表现、数量关系和数量界限。

(3)第三种:方法论派认为统计工作和统计学是不同的,统计工作的研究对象是大量的社会经济现象的数量方面以及社会经济现象与自然技术因素相互影响的数量变化;而统计学的研究对象是社会经济统计活动的规律和方法,即社会经济统计工作的方法论。

第三种观点与本书的观点是一致的,持这种观点的人占多数。

三、统计学的学科特点

(1)统计学起源于研究社会经济问题,是收集、分析数据的方法论科学。

(2)统计学是一门独立的科学,既不属于数学,也不属于实质性科学。

(3)统计方法多种多样,与时俱进。

四、统计学研究方法的特点

(1)数量性:研究社会经济现象的数量方面。

(2)总体性:从总体上研究社会经济现象。

(3)具体性:研究具体的数量关系。

(4)社会性:以社会经济问题作为主要研究对象。

(5)广泛性:应用领域非常广泛。

五、为什么要学习统计学

统计是研究数量的,而数量无处不在,因此,统计的理论价值就具有了应用上的广泛性和普遍性。从学习角度来看,统计学可作为经济类专业学生的核心课程,学习统计学可为其他有关课程的学习做准备,如"市场营销学"中有关于预测的回归方法的内容,"证券投资"中有移动平均方法内容等。另外,统计学还可为科学家从事理论研究提供收集资料和整理资料等的各种方法。

从实践意义上说,在国家的社会管理过程中,在企业的经营活动过程中,在个人的谋职或投资运作过程中,统计都具有无可替代的作用。

在统计学的学习过程中,应掌握统计学的基本概念,会用计算器进行一般的统计计算,会用计算机进行数据处理和统计分析。

第三节 统 计 工 作

一、统计工作的基本任务

任何学科的实践都是为了解决主观对客观的认识问题。统计工作是对社会经济进行调查研究,以认识社会经济的本质和规律的一种工作,这种调查研究的过程是对客观事物的一种认识过程。

1983年12月公布施行,由中华人民共和国第十一届全国人民代表大会常务委员会第九次会议于2009年6月27日修订通过的《中华人民共和国统计法》中第二条明确规定:"统计的基本任务是对经济社会发展情况进行统计调查、统计分析,提供统计资料和统计咨询意见,实行统计监督。"在社会主义市场经济的条件下,统计工作的具体任务可归纳为以下四项。

(1)为制定政策和编制计划提供依据。
(2)对政策和计划的执行情况进行统计检查、监督。
(3)为管理各项经济事业和社会事业提供资料。
(4)为进行宣传教育和科学研究提供资料。

二、统计的基本职能

统计的基本功能是信息功能。统计信息是社会经济信息的主体。统计的基本职能如下。

(1)统计信息功能。统计部门可以把有关的统计资料提供给决策部门和公众。
(2)统计咨询功能。统计信息可为决策部门提供预选备用方案,起参谋作用。
(3)统计监督功能。相关部门或人员可运用统计手段对社会、经济、科技各方面进行检查、监督和预警。

三、统计工作的过程

(1)统计设计:根据统计研究对象的性质和研究目的,对统计工作各个方面和各环节做通盘考虑和安排,它的结果表现为各种设计方案,如统计指标体系、分类目录、统计报表制度等。
(2)统计调查:收集统计资料。
(3)统计整理:对调查收集的资料进行科学的加工和分类等。
(4)统计分析:在整理的基础上,对统计资料进行多种的定量和定性的分析或评价、论证,得出科学结论,达到对事物本质和规律的认识。

统计工作的过程是经过统计设计(定性)到统计调查和统计整理(定量),最后通过分析而达到对事物本质和规律性的认识(定性)的,这种质—量—质的认识过程是统计认识的一个主要特点。

注意:贯穿整个统计认识过程的中心问题是如何正确地对待量和质的关系问题。

第四节 统计学的基本概念

一、统计总体和总体单位

1. 统计总体和总体单位的概念和相互关系

统计总体是指由客观存在的、在同一性质基础上结合起来的许多个别事物(单位)组成的整体。同质性是统计总体的主要特征。

总体单位是指构成统计总体的个别事物,即构成总体的各个事物。

如果说统计总体是集合的概念,那么总体单位就是集合的元素,如图1-3所示。

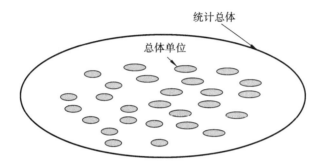

图1-3 统计总体与总体单位之间的关系

2. 确定统计总体和总体单位时应注意的问题

确定统计总体和总体单位时必须注意以下两点。

(1)构成统计总体的总体单位必须是同质的,不能把不同质的总体单位混在统计总体中。

(2)统计总体与总体单位具有相对性,随着研究目的和任务的改变而改变。

按组成统计总体的个别事物的数量多少,统计总体可以分为无限统计总体和有限统计总体。大量连续生产的小件产品,因昼夜不停地生产,产量是无限的,由它组成的统计总体就是无限统计总体;而人口数、工业企业数由于能够计量出总数且统计总体范围能够明确确定,因而为有限统计总体。

随着研究目的的不同,统计总体与总体单位可以互相转化。例如:研究一个企业的职工人数,企业是统计总体,职工是总体单位;研究一个城市的企业规模,该城市中的所有企业是统计总体,企业又成为总体单位,而企业的职工人数只是总体单位的统计标志。

二、统计标志和统计指标

(一)统计标志

1. 统计标志的概念

统计标志是指用来说明总体单位特征或属性的名称,如职工的性别、职工的工资水平、企业的所有制性质、企业职工人数等。

2. 统计标志的种类

按表现形式不同,统计标志可分为品质标志和数量标志。

(1) 品质标志表示事物质(属性)的特征,只能用文字表示,如性别、职务、专业、民族、工种、籍贯、企业的所有制类型等。

(2) 数量标志表示事物量(单位数量)的特征,可以用文字和数字表示,如年龄、产值、身高、体重、工资、成绩等。

3. 统计标志值

统计标志值是数量标志的具体表现,又称变量值。例如,张某年龄 36 岁、月工资 1450 元,这是数量标志的具体表现,统计上称为标志值。

(二)统计指标

1. 统计指标的概念

统计指标是指反映社会经济现象总体数量特征的概念和具体数值,主要由指标名称和指标数值组成。指标名称表示指标内容和所包括的范围,即指标质的规定性。指标数值指数量的特征,是指标量的规定性。统计指标离不开数值。例如,2000 年我国进出口总额 4700 亿美元,指标名称为进出口总额,指标数值为 4 700 亿美元。

2. 统计指标的特点

(1) 统计指标都能用数字表示。

(2) 统计指标说明统计总体的综合特征。

(3) 统计指标反映一定社会经济范畴的数量。

3. 统计指标的分类

(1) 按所反映事物的性质不同,统计指标可分为实体指标和行为指标两类。实体指标反映具有实物形态、客观存在的具体事物的数量特征,如产品产量指标、职工人数指标、固定资产价值指标等;行为指标反映某种行为的数量特征,如工伤事故指标、犯罪行为指标等。

(2) 按数据的依据不同,统计指标可分为客观指标和主观指标两类。客观指标是指取值依据是对统计对象的实际度量或计数的统计指标,如产品产量、职工人数等;主观指标是指不可能或难以直接度量或计数取值而只能凭人们的感受、评价确定其量的指标,如民意测验指标、对事物综合评价指标。

(3) 按所反映的时间特点不同,统计指标可分为时点指标和时期指标两类。时点指标反映统计总体特征在某一时点上的数量表现,常用的时点指标是期末数字,如人口数、商品库存量、企业设备台数、外汇储备额等;时期指标反映统计总体特征在某一时期的数量表现,如产品产量、进出口总额、商品销售量(额)、人口增长量、人口出生(死亡)数等。

(4) 按计量单位的特点,统计指标可分为实物指标、价值指标和劳动指标。

(5) 按所反映统计总体特征的性质不同,统计指标可分为数量指标和质量指标两类。数量指标反映统计总体某一特征的绝对量。数量指标主要说明统计总体的规模、工作总量和水平,一般用绝对数表示,如人口总数、工业企业总数等。质量指标反映统计总体的强度、密度、效果、工作质量等,如人口密度、劳动生产率、资金利润率等。质量指标一般用平均数、相对数表示。

(6) 按数值的具体表现形式不同,统计指标可分为总量指标、相对指标和平均指标。总量指标的表现形式为绝对数。相对指标的表现形式为相对数。平均指标的表现形式为平均数。

4. 统计指标体系

由若干个相互联系的统计指标组成的一个整体称为统计指标体系。例如：各地区城市设施水平统计指标体系由人均房屋使用面积、人均居住面积、城市人口用水普及率、城市煤气普及率、每万人拥有公共汽(电)车数、人均拥有铺装道路面积、人均公共绿地面积、每万人拥有公共厕所数组成。

三、统计标志和统计指标的区别和联系

1. 统计标志和统计指标的区别

(1)统计指标是说明统计总体数量特征的概念，而统计标志是说明总体单位特征的概念。前者的范围大些，后者的范围小些。

(2)统计指标都是用数值表示的，而统计标志有的用数字表示，有的用文字表示。

(3)统计指标是由数量标志汇总得出的；而统计标志仅是某一个体现象，未经过任何汇总。

(4)统计标志不具备时间、地点条件，而统计指标一定要有时间、地点条件。

2. 统计标志和统计指标的联系

许多统计指标是由各单位的数量标志值汇总而来的，统计指标和统计标志之间存在转化关系。

四、变异和变量

（一）变异

统计标志和统计指标都是可变的，具体表现各不相同，这就是变异。

统计标志变异可分为属性变异和数量变异，如性别标志分男、女，职工人数有60人、70人等变化。

（二）变量

1. 变量和变量值

变量是指可变的数量标志。

变量值是变量的具体数值表现，如年龄15岁、16岁、30岁等。

例如，职工人数是一个变量，因为各个工厂的职工人数是不同的，甲工厂有852人，乙工厂有1 686人，丙工厂有964人，852人、1 686人、964人都是职工人数这个变量的具体数值，也就是变量值，而它们的平均数，不能说是三个"变量"的平均数，因为这里只有"职工人数"这一个变量，并没有三个变量，而所要平均的是这一个变量的三个数值，即三个变量值。

2. 变量的分类

按计数的特点，变量可分为连续型变量、离散型变量两类。连续型变量的数值连续不断，在相邻的两值之间可无穷分割，表现为无穷小数，如粮食产量、身高、体重、总产值、资金、利润等。离散型变量只能表现为整数，如人口数、工厂数、机器台数等。

按性质不同，变量可分为确定性变量和随机性变量。确定性变量是指能在事先确定下来的变量，如中奖人数等。随机性变量由各种因素引起，数值随机而成，有多种可能性，事先无法确定，如中奖号码等。

例如对广州大学的学生状况进行调查,广州大学的所有学生是统计总体,广州大学的每一位学生是总体单位,性别、民族是品质标志,年龄、体重、身高是数量标志(也称变量),广州大学学生人数是数量指标,广州大学学生平均年龄、大学英语四级考试通过率是质量指标。

本章小结

(1)统计是为适应国家管理需要和社会政治经济的发展需要而产生并发展起来的。

(2)在统计学的发展过程中产生了政治算术学派、国势学派、数理统计学派和社会经济统计学派等众多不同的学术流派。

(3)"统计"一词有统计工作、统计资料和统计学三种含义。社会经济统计学是统计学的一个分支,是在质与量的辩证统一中研究大量社会现象的数量方面,研究社会现象在一定时间、地点、条件下数量表现的一门方法论科学。统计学研究方法具有数量性、综合性、具体性、社会性和广泛性的特点。

(4)统计工作的过程一般包括统计设计、统计调查、统计整理和统计分析等四个阶段。统计工作有信息、咨询和监督三大职能。统计研究的基本方法有大量观察法、统计分组法、综合指标法、归纳推断法和统计模型法等。

(5)统计总体是指客观存在的、在同一性质基础上结合起来的许多个别事物(单位)组成的整体。构成统计总体的个别事物,称作总体单位。统计总体具有同质性、变异性和大量性的特点。

(6)统计标志是说明总体单位特征或属性的名称,有品质标志和数量标志、不变标志和可变标志之分。

(7)统计指标是说明总体数量特征的科学范畴和具体数值。统计指标具有总体性、数量性和综合性的特点,按数值的具体表现形式不同分为总量指标、相对指标和平均指标,按所统计总体特征的性质不同分为数量指标和质量指标。统计标志与统计指标既有区别又有联系。

(8)可变的数量标志和指标名称统称为变量。变量可分为连续型变量和离散型变量。

习题集

一、单项选择题

1."统计"一词的三种含义是( )。
A.统计调查、统计整理、统计分析 B.统计工作、统计资料、统计学
C.统计信息、统计咨询、统计监督 D.统计理论、统计方法、统计技能

2.社会经济统计学是一门( )。
A.方法论的社会科学 B.方法论的自然科学
C.实质性的科学 D.既是方法论又是实质性的科学

3.社会经济统计认识社会的特点是( )。
A.数量性、科学性、社会性、具体性 B.数量性、总体性、连续性、经常性
C.科学性、群众性、社会性、准确性 D.数量性、总体性、具体性、社会性

4. 若要了解某企业职工的文化水平情况,则总体单位是( )。
   A. 该企业的全部职工　　　　　　B. 该企业每一个职工的文化程度
   C. 该企业的每一个职工　　　　　D. 该企业全部职工的平均文化程度
5. 统计总体与总体单位不是固定不变的,是指( )。
   A. 随着客观情况的变化发展,各个统计总体所包含的总体单位数是在变动的
   B. 随着人们对客观认识的不同,对统计总体与总体单位的认识是有差异的
   C. 随着统计研究目的与任务的不同,统计总体和总体单位可以变换位置
   D. 客观上存在的不同统计总体和总体单位之间总是存在着差异
6. 下列统计总体中,属于无限统计总体的是( )。
   A. 全国的人口总数　　　　　　　B. 水塘中所养的鱼
   C. 城市年流动人口数　　　　　　D. 工业中连续大量生产的产品产量
7. 下列统计标志中,属于数量标志的是( )。
   A. 学生的性别　　　　　　　　　B. 学生的年龄
   C. 学生的专业　　　　　　　　　D. 学生的住址
8. 某工人月工资150元,则工资是( )。
   A. 数量标志　　　　　　　　　　B. 品质标志
   C. 质量指标　　　　　　　　　　D. 数量指标
9. 统计标志与统计指标的区别之一是( )。
   A. 统计标志说明统计总体的特征,统计指标说明总体单位的特征
   B. 统计指标说明统计总体的特征,统计标志说明总体单位的特征
   C. 统计指标说明有限统计总体的特征,统计标志说明无限统计总体的特征
   D. 统计指标说明无限统计总体的特征,统计标志说明有限统计总体的特征
10. 某单位有500名职工,把他们的工资额加起来除以500,这是( )。
    A. 对500个统计标志求平均数　　B. 对500个变量求平均数
    C. 对500个变量值求平均数　　　D. 对500个统计指标求平均数
11. 变异是指( )。
    A. 统计标志的具体表现不同　　　B. 统计标志和统计指标各不相同
    C. 统计总体的统计指标各不相同　D. 总体单位的统计标志各不相同
12. 下列变量中,属于连续型变量的是( )。
    A. 大中型企业的个数　　　　　　B. 大中型企业的职工人数
    C. 大中型企业的利润额　　　　　D. 大中型企业拥有的设备台数
13. 统计工作的职能包括( )。
    A. 统计调查职能、统计整理职能和统计分析职能
    B. 反映现状、反映过去和反映未来的职能
    C. 信息职能、服务职能、预测职能
    D. 信息职能、咨询职能和监督职能
14. 统计工作的过程现在一般划分为( )四个阶段。
    A. 统计设计、统计调查、统计整理、统计分析
    B. 统计设计、统计调查、统计咨询、统计监督
    C. 统计设计、统计调查、统计分组、统计综合

D. 统计设计、统计调查、统计汇总、统计分析报告

15. 一个统计总体（　　）。

A. 只能有一个统计标志　　　　　　B. 只能有一个统计指标

C. 可以有多个统计标志　　　　　　D. 可以有多个统计指标

二、多项选择题

1. 对某地区工业生产进行调查，得到如下资料，其中，统计指标有（　　）。

A. 某企业亏损 20 万元　　　　　　B. 全地区产值 3 亿元

C. 某企业职工人数 2 000 人　　　　D. 全地区职工 6 万人

E. 全地区拥有各种设备 6 万台

2. 社会经济统计的特点可概括为（　　）。

A. 数量性　　　　　　　　　　　　B. 同质性

C. 总体性　　　　　　　　　　　　D. 具体性

E. 社会性

3. 在工业普查中，（　　）。

A. 机器台数是统计指标　　　　　　B. 机器台数是离散型变量

C. 工业总产值是离散型变量　　　　D. 工业总产值是统计指标

E. 每个企业是总体单位

4. 变量按性质不同可分为（　　）。

A. 确定性变量　　　　　　　　　　B. 随机性变量

C. 连续型变量　　　　　　　　　　D. 离散型变量

E. 常数

5. 下列关于品质标志和数量标志的说法，正确的有（　　）。

A. 数量标志可以用数值表示　　　　B. 品质标志可用数量表示

C. 数量标志不可以用数值表示　　　D. 品质标志不可以用数值表示

E. 两者都可以用数值表示

6. 统计总体和总体单位不是固定不变的，随着研究目的的不同，（　　）。

A. 总体单位可转化为统计总体　　　B. 统计总体可转化为总体单位

C. 统计总体和总体单位可以互相转化　D. 只能是总体单位转化为统计总体

E. 只能是统计总体转化为总体单位

7. 下列统计标志中，属于数量标志的有（　　）。

A. 性别　　　　　　　　　　　　　B. 工种

C. 工资　　　　　　　　　　　　　D. 民族

E. 年龄

8. 在说明和表现问题方面，正确的定义有（　　）。

A. 统计标志是说明总体单位特征的　　B. 统计指标是说明统计总体特征的

C. 变异是可变标志的差异　　　　　　D. 变量是可变的数量标志

E. 标志值是变量的数值表现

9. 在工业普查中，（　　）。

A. 机器台数是统计指标　　　　　　B. 机器台数是离散型变量

C. 工业总产值 5 亿元是统计指标　　D. 工业总产值是离散型变量

E. 每一个工业企业是总体单位

10. 社会经济统计认识社会时具有数量性的特点,是因为它( )。

A. 通过对社会经济现象数量方面的研究来认识客观世界的本质

B. 要运用一系列的统计数字资料来反映现象的发展变化情况

C. 要研究社会经济现象数量方面的数量关系、联系与发展趋势等

D. 是纯数量的研究

E. 从社会经济现象质与量的辩证统一中研究其数量的表现

11. 根据作用和再现形式不同,统计指标可分为( )。

A. 数量指标　　　　　　　　B. 总量指标

C. 相对指标　　　　　　　　D. 平均指标

E. 质量指标

三、填空题

1. 统计总体的基本特征可概括为_____、_____、_____。

2. 一个完整的统计工作过程应包括_____、_____、_____、_____。

3. 变量按性质不同可分为_____和_____。

4. 社会经济统计认识社会时,是一种_____活动过程,具有_____、_____、_____、_____的特点。

5. 统计标志是说明_____特征的,而统计指标是说明_____特征的。

6. 凡是客观存在的,在_____基础上结合起来的许多个别事物的整体,称为_____。

7. 一般来说,统计指标的数值是从总体单位的_____汇总而来的。

8. 随着研究目的的不同,如果原先的统计总体变成总体单位,则对应的_____变成_____。

9. 工人的年龄、工厂设备的价值属于_____标志,而工人的性别、设备的种类是_____标志。

10. _____是统计的前提条件,没有_____就用不着统计了。

11. 社会经济统计在研究社会经济现象时,必须将_____与_____相结合,而且以社会经济现象的_____为基础。

12. 社会经济统计的研究对象是_____事物的数量,不是_____的量。

13. 社会经济统计研究的基本方法有_____、_____和_____。

14. 统计工作的职能包括_____、_____、_____。其中以_____为主。

四、简答题

1. 什么是统计?对于统计,一般有几种理解?

2. 为什么说有变异才有统计?

3. 什么是统计标志和统计指标?两者有何区别和联系?

第二章 统计调查与整理

一、教学目的与要求

1. 教学目的

拥有一定的资料是统计工作的基础,而统计调查正是为了获取这些资料,统计调查是统计工作的第二阶段。通过对本章的学习,学生应了解收集统计资料的一些基本知识,如明确向谁调查、何时开始调查、在何地进行调查、调查内容是什么、如何进行调查,同时应掌握统计整理的基本知识,尤其是要掌握统计分组方法、变量分配数列与统计表的概念和编制,且重在运用计算机进行数据资料的处理和统计表的制作。

2. 教学要求

通过学习本章,学生应掌握统计调查的方法和方案的制定,了解统计整理的内容和步骤,掌握统计分组的方法,掌握用 Excel 制作统计图的方法,掌握统计表的结构。

二、教学内容

第一节"统计调查概述":统计调查的定义、意义、所涉及的资料和相关要求,统计调查方案设计(确定统计调查的目的,确定统计调查对象和统计调查单位,确定统计调查项目,确定统计调查时间和统计调查期限,制定统计调查的组织实施计划)。

第二节"统计调查的分类":全面调查和非全面调查,统计报表调查和专门调查,经常调查和一时调查。

第三节"统计分组":统计整理的概念和内容,统计分组的概念与作用,统计分组的方法。

第四节"分配数列":分配数列的概念和种类,几组重要的概念,次数分布,变量分配数列的编制方法与步骤及 Excel 的应用。

第五节"统计表":统计表的作用,统计表的意义,统计表的结构,统计表的分类。

三、重点与难点

统计调查的种类,制定统计调查方案的基本问题和几个专门调查;统计分组的方法及变量分配数列的编制和微机处理。

四、教学方法

多媒体教学和计算机数据处理与图表制作实验。

五、学习方法

理解与记忆是掌握本章内容的方法。

六、计划安排课时

6~8 课时。

七、作业

习题集。

第一节 统计调查概述

一、统计调查的定义、意义、所涉及的资料和相关要求

1. 统计调查的定义

统计调查是指按照统计任务的要求，运用科学的调查方法，有组织地向社会实际收集各项原始资料的过程。

2. 统计调查的意义

统计调查是统计工作的第二个阶段，担负着提供基础资料的任务，既是决定整个统计工作质量的重要环节，又是统计整理和统计分析的前提。

3. 统计调查所涉及的资料

统计调查所涉及的资料有两种：一种是直接向调查对象收集的、未加工整理的、反映调查对象个体的、尚待汇总整理的、需要由个体过渡到总体的统计资料，称为原始资料，又称为初级资料；另一种是已经加工、整理过的次级资料，也称为第二手资料。统计调查一般指的是对原始资料的收集，并将其进行加工整理汇总，使其成为从个体特征过渡到总体特征的资料，但有时也包括对次级资料的收集。

4. 对统计调查的要求

为了保证完成统计工作的任务，在进行统计调查时，必须坚持实事求是的原则，同时要深入实际，全面了解情况，以取得准确、及时、完整的统计资料。具体来说，对统计调查有以下几项要求。

(1) 准确性要求。准确性要求是指经统计调查收集的资料要符合客观实际情况、准确可靠。统计是实践的反映，统计资料是决策的依据，必须真实地反映客观实际。统计资料不实、信息不准，必然导致宏观决策的失误，国民经济核算工作和统计咨询工作、统计监督工作就不可能搞好。

(2) 及时性要求。及时性要求是指进行统计调查时，应在规定的时间内尽快提供资料，包括使统计资料及时满足领导的需要和及时完成各项调查资料的上报任务。

(3) 完整性、全面性要求。完整性、全面性要求是指进行统计调查时，应在规定时间内将调查资料毫无遗漏地收集起来。另外，调查单位应不重复、不遗漏，所列调查项目的资料收集应齐全。

(4) 经济性要求。经济性要求是指进行统计调查时，应以尽量少的投入获得所要求的统计资料，也就是说统计调查要讲究经济效益。

以上要求中，准确性要求是基础，要在准确中求及时、求完整、求效益。

二、统计调查方案设计

1. 确定统计调查的目的

确定统计调查的目的，就是明确为什么要进行调查，调查要解决什么样的问题。统计

调查的目的决定着统计调查的对象、内容和方法。中华人民共和国成立后,共进行了七次人口普查,每次统计调查的目的都不一样,相应地,统计调查项目也不一样。

例如,2000年第五次全国人口普查的目的是:科学地制定国民经济和社会发展战略与规划,制定人口政策,统筹安排人民的物质和文化生活,实现人口与资源、环境的协调发展。根据这样一个统计调查目的,与第四次全国人口普查相比,第五次全国人口普查增加了有关住房的项目17项,包括住房间数、建筑面积、住房用途、是否合住、建成时间、有无厨房、构建住房费用等。

2. 确定统计调查对象和统计调查单位

统计调查对象是我们需要进行研究的总体范围,是根据统计调查目的所确定的研究事物的全体。"统计总体"这一概念在统计调查阶段称为统计调查对象。例如:2000年第五次全国人口普查规定,人口普查对象是具有中华人民共和国国籍并在中华人民共和国境内常住的人;对某地区小学学生情况进行普查,统计调查对象是该地区各小学的全部学生。统计调查对象明确规定统计调查中被研究的总体范围,说明向谁调查问题。

统计调查单位是构成统计调查对象的每一个单位,即总体单位,是需要进行登记的标志(项目)的承担者。统计调查单位说明谁来提供资料的问题。例如:人口普查中每个人就是统计调查单位;对某地区小学学生情况进行普查,统计调查单位是该地区各小学的每一位学生。

注意,这里还有一个概念:填报单位。注意统计调查单位和填报单位的区别。

填报单位也称报告单位,是指负责向上级汇报统计调查内容、提交统计资料的单位;而统计调查单位是统计调查项目的承担者。

填报单位一般是在行政上、经济上具有一定独立性的单位,而统计调查单位既可以是人、单位,也可以是物。两者有时一致,有时不一致。例如:在工业企业普查中,每个工业企业既是统计调查单位又是填报单位;在工业企业设备统计调查中,每一台设备是统计调查单位,而每一工业企业是填报单位。

例如,对百货商店工作人员进行普查,统计调查对象是各百货商店的全体工作人员,统计调查单位是每一位工作人员,各百货商店是填报单位。

3. 确定统计调查项目

确定统计调查项目,也就是确定统计调查的内容,也就是统计调查单位的特征,即统计标志。

例如,在2000年第五次全国人口普查中,普查表分为短表和长表两种,抽样10%的人填报长表,其余人填报短表。长表按人填报的项目有26项,按户填报的项目有23项。短表按人填报的项目有9项,按户填报的项目有10项。

4. 确定统计调查时间和统计调查期限

统计调查时间是指统计资料所属的时间(时期或时点)。如果统计调查的是时期现象,就要明确规定统计资料所反映的是统计调查对象从何年何月何日起到何年何月何日止的资料。如果统计调查的是时点现象,就要规定统一的标准时间。那么,哪些是时期现象,哪些是时点现象呢?例如:产值、产量、销售量、工资总额等反映某一时期发展过程的总数量,是时期现象;而人口数、商品库存量、企业数、流动资金额等是反映现象在某一时刻(或者说瞬间)的状况的总量,是时点现象。

例如,2000年第五次全国人口普查的标准时间是2000年11月1日零时,2000年11

月 1 日零时便是第五次全国人口普查的统计调查时间。

统计调查期限是指进行统计调查工作的时间,包括收集资料和报送资料所需要的时间。

例如:第五次全国人口普查现场登记工作从 2000 年 11 月 1 日开始,到 2000 年 11 月 10 日前结束,统计调查期限为 10 天;某管理局要求所属企业在 2005 年 1 月底上报 2004 年工业总产值资料,则统计调查时间是从 2004 年 1 月 1 日到 2004 年 12 月 31 日这一年,上报的总产值为这一年的总产值,统计调查期限是一个月;某管理局要求所属企业在 2005 年 1 月 10 日上报 2004 年产成品库存资料,则统计调查时间是标准时间 2004 年 12 月 31 日,统计调查期限是 10 天。

5. 制定统计调查的组织实施计划

制定统计调查的组织实施计划,也就是制定设计统计调查过程的总方案。

> 提问 1:对某停车场中的汽车进行一次性登记,统计调查单位是(B)。
> A. 全部汽车　　　B. 每辆汽车　　　C. 一个停车场　　　D. 所有停车场
> 提问 2:某地区对小学学生进行普查,则每所小学是(C)。
> A. 统计调查对象　　　　　　B. 统计调查单位
> C. 填报单位　　　　　　　　D. 统计调查项目
> 提问 3:全国工业企业普查中,(BCD)。
> A. 全国工业企业数是统计调查对象　B. 每个工业企业是统计调查单位
> C. 每个工业企业是填报单位　　　　D. 全国工业企业数是统计指标
> E. 全国工业企业是统计调查主体
> 提问 4:下列情况下,统计调查单位和填报单位不一致的有(ABD)。
> A. 工业企业生产设备调查　　　B. 人口普查
> C. 工业企业现状调查　　　　　D. 农产量调查
> E. 城市零售商店销售情况调查
> 提问 5:统计调查时间的含义是(A)。
> A. 统计资料所属的时间　　　　B. 进行统计调查的期限
> C. 统计调查工作期限　　　　　D. 统计资料报送的时间
> 提问 6:某市工业企业 2005 年生产经营成果年报上报时间规定在 2006 年 1 月 31 日,则调查期限为多少?(一个月)
> 提问 7:假设人口普查的标准时间为 7 月 1 日零时,7 月 2 日统计调查员在各家进行统计调查时,得知小王家 6 月 30 日出生一小孩,小李家 7 月 1 日出生一小孩,则这两个小孩应如何登记?(小王家小孩应予登记,小李家小孩不应登记)
> 另,此户有一老人在 7 月 2 日凌晨去世,该老人应如何登记?(应予登记)

第二节　统计调查的分类

一、全面调查和非全面调查

按照调查对象包括的范围来分,统计调查可分为全面调查和非全面调查。

（一）全面调查

全面调查是指对统计调查对象中的全部单位，都无一例外地进行登记或观察的一种统计调查，如普查和全面统计报表调查。

普查是常见的一种全面调查，是指根据统计调查任务的特定目的（如详细了解重要国情、国力）而专门组织的一次性全面调查。它主要用来收集那些不宜通过经常调查来收集的全面、准确的统计资料，一般用来统计调查属于一定时点的社会经济现象的总量，如全国人口数、全部生产设备、科技人员总量等。

普查的组织方法是：从上至下组织专门的普查机构和队伍对统计调查单位直接进行登记；发放统计调查表，由统计调查单位填报。这种组织方法也需组织一定的普查机构，配备一定的专门人员，对整个普查工作进行组织。

普查的组织原则是：规定标准时点，使所有统计资料都反映这一时点的状况，避免重复和遗漏；正确选择普查时期；在普查范围内尽可能同时对各统计调查单位或统计调查点进行调查，并保持在方法、步调上一致；统计调查项目不能任意改变。

（二）非全面调查

非全面调查是指只对统计调查单位中的一部分进行登记或观察的一种统计调查，如抽样调查、重点调查、典型调查和非全面统计报表调查。

抽样调查、重点调查和典型调查是常见的三种非全面调查。

1）抽样调查

(1)抽样调查的概念。

抽样调查是指在全部统计调查单位中按照随机原则抽取一部分单位作为样本进行统计调查，根据统计调查结果推断统计总体的一种非全面调查。例如，要了解某电子元件厂生产的某种规格电子元件的质量情况，从1万个电子元件中抽1％即100个进行实际检验观察，然后以这100个电子元件的平均耐用时间或合格率来推断1万个电子元件的平均耐用时间或合格率，就是抽样调查。

目前我国进行的职工家庭收支调查就是抽样调查。

(2)抽样调查的特点。

①按随机原则抽取统计调查单位，排除人的有意识的选择，统计总体中的总体单位有被抽取的同等机会。

所谓按随机原则抽取，就是排除人的主观有意识的选择，使被研究统计总体中的每一个总体单位有被抽取的同等机会，被抽中或不被抽中，完全是出于偶然的机遇。这就使得抽样调查区别于重点调查（必须选取重点单位），也区别于典型调查（有意识地从中选择典型单位）。之所以要按随机原则抽取，是因为只有这样，所抽得样本单位的分布才可能接近总体单位的分布，具有较大的代表性。

②根据部分推断总体。

抽样调查虽然仅是直接统计调查被抽取的那一部分总体单位，但其目的是着眼于研究统计总体的，如上例，实际检验的是100个电子元件的质量，但目的是研究那1万个电子元件的质量，即通过对一部分总体单位的观察，运用数理统计的原理，对所研究统计总体做出数量上的推断，达到认识统计总体数量特征的目的。

2)重点调查

(1)重点调查的概念。

重点调查是指在统计调查对象范围内,只选择一部分重点单位进行的非全面调查。

所谓重点单位,就是指在统计总体中举足轻重的那些总体单位。重点单位在统计总体中虽然数量不多,所占比重不大,但就统计调查的标志值而言,在统计总体标志总量中占有很大的比重。通过对重点单位进行统计调查,可以从数量上说明整个统计总体在该统计标志总量方面的基本情况。例如,我国的钢铁企业有数百家,但钢铁产量差别很大,其中首钢集团、宝山钢铁股份有限公司、鞍钢集团、太原钢铁(集团)有限公司、中国宝武武钢集团有限公司、包头钢铁(集团)有限责任公司、攀钢集团有限公司等大型钢铁企业,虽然只是少数,但在全国钢铁总产量中所占的比重很大,因此,只要对这些重点企业进行观测,就可以八九不离十地了解全国钢铁生产的基本情况。

(2)重点单位的选择。

选出的重点单位应尽可能少些,而其标志值在统计总体中所占的比重应尽可能大些。

3)典型调查

典型调查是指在统计调查对象中有意识地选取若干具有典型意义的或有代表性的单位进行的非全面调查。例如,有意识地选择三个农村点统计调查农民收入情况,就属于典型调查。

典型有三种:先进、中等、落后。

二、统计报表调查和专门调查

统计调查的组织形式是指采取什么方式组织调查以取得统计资料。按统计调查的组织形式来分,统计调查分为统计报表调查和专门调查。

(一)统计报表调查

统计报表调查是指根据统计法规的规定,自上而下地统一部署,以一定的原始记录为依据,按照统一的方式、统一的指标项目、统一的报送时间和报送程序,自下而上地逐级定期提供基本统计资料的一种统计调查。统计报表调查是我国收集资料的一种重要的组织形式。我国目前有关国计民生的重要的统计资料绝大部分是依靠统计报表调查取得的。统计报表有全面统计报表和非全面统计报表两种。

(二)专门调查

专门调查是指为了研究某些专门问题而专门组织的统计调查。例如,为了解一定时点状态下的资料而组织的人口普查,多属一次性专门调查。专门调查包括普查、重点调查、典型调查和抽样调查等。

三、经常调查和一时调查

按统计调查登记的时间是否连续来分,统计调查分为经常调查和一时调查。

(一)经常调查

经常调查是指随着统计调查对象,如工业产品产量、燃料和材料消耗、商品流转额、投资总额等在时间上的变化而进行连续不断地登记或观察。

(二)一时调查

一时调查是指对统计调查对象在某一时刻的状况进行一次性登记,以反映事物在一定时点的发展水平,是不连续的统计调查。例如,调查人口总数、资金占用数量、工业企业数、商业网点的数量,就属于一时调查。

> 提问8:下列选项中,属于非全面调查的有(ABCE)。
> A. 典型调查　　　　　　B. 非全面统计报表调查
> C. 重点调查　　　　　　D. 普查
> E. 抽样调查
>
> 提问9:抽样调查和重点调查、典型调查的根本区别是什么?(在于选取调查单位的方法不同:抽样调查,按随机原则;重点调查,选择重点;典型调查,有意识地选典型,这个典型可能是先进典型,也可能是中等典型,还可能是落后典型)
>
> 提问10:重点调查中重点单位是指什么?(在总体中数量不多,但举足轻重,标志总量在总体中占有很大的比重,能够反映总体的基本情况的单位)
>
> 提问11:调查几个铁路枢纽,就可以了解我国铁路货运量的基本情况和问题,这种调查属于什么调查?(重点调查)
>
> 提问12:专门组织的调查包括(ACDE)。
> A. 典型调查　　　　　　B. 统计报表调查
> C. 重点调查　　　　　　D. 普查
> E. 抽样调查

第三节　统 计 分 组

一、统计整理的概念和内容

(一)统计整理的概念

统计整理是指根据统计研究的目的和任务,对统计调查阶段所收集到的大量原始资料进行加工,或对收集到的次级资料进行再加工,使其系统化、条理化、科学化,以得到反映事物总体综合特征的统计资料的工作过程。

统计整理是统计工作的第三阶段。统计整理通常是对经统计调查所取得的原始资料的整理。当然,对某些已经加工的综合统计资料,也就是前面提到过的次级资料的再整理,也属于统计整理。

(二)统计整理的内容

1. 录入数据,建立数据表

数据表是指包含相关数据的一系列工作表。数据表可以作为数据库使用,其中行表示记录,列表示字段。

2. 数据排序与分组

一般来说,数据表中的数据是无序的,不能反映现象的本质与规律。为了使用上的方便,要对数据表中的数据进行排序、分组,以使数据按要求排列,同时将性质相同的数据归为一组,从而显示出它们之间的差异性。

3. 编制次数分布表与累计次数分布表

次数分布表可以表明各组间的总体单位数在统计总体中所出现的次数或所占比重,从而描述统计总体的内部结构,揭示统计总体中的关键因素与本质特征。累计次数分布表能够表明各标志值以上或以下所出现的次数或比重。

4. 绘制统计图

用 Excel 可以绘制许多图表,用 Excel 绘制的图中大部分是统计图。统计图可用于数据的整理与分析。各种各样的统计图可以形象、直观地表明数据的分布形态和发展变化的趋势。

二、统计分组的概念与作用

(一)统计分组的概念

统计分组就是根据统计研究的需要,将统计总体按照一定的统计标志分为若干组成部分的一种统计方法。统计分组的目的是把同质总体中的具有不同性质的总体单位分开,把性质相同的总体单位结合在一起,保持各组内统计资料的一致性和组与组之间的差异性,以便正确认识事物的本质及其规律。

(二)统计分组的作用

1. 划分现象的类型

社会经济现象千差万别、多种多样,不同的社会经济现象在发展变化过程中表现出来的特征也是不同的。通过统计分组,可以对不同类型的现象的特征做比较和研究,揭示现象的发展变化规律。例如,人口统计中把人口总体按职业分组,社会统计中把人口按经济收入、受教育程度等划分为不同的阶层等,这些都有着重要的意义。

2. 揭示现象的内部结构

在同一统计总体内,总体单位之间是存在差异的。按某种统计标志将统计总体划分为若干不同的部分,就可以反映统计总体的内部构成情况,揭示不同构成部分之间的差异。例如,将居民户按年收入分组,可以观察居民户的贫富差距,以及富裕户、贫穷户分别所占的比重;将人口按文化程度分组后,通过计算文盲、半文盲、小学、初中、高中、大学及大学以上文化人口的比重指标,可以反映社会人口的文化程度构成情况。可以这样说,不进行统计分组,就无法观察统计总体的内部结构。

3. 分析现象的依存关系

所有社会经济现象之间都是相互联系、相互依存的。一种现象的表现,既是其他有关现象相互作用的结果,又对其他现象产生影响。现象之间的这种关系可以通过分组反映出来。例如,将播种面积按施肥量分组,观察粮食产量与施肥量之间的关系;将居民户按所处的位置分组,观察居民户的居住位置与富裕程度之间的关系。总之,在现象间相互关系的分析中,统计分组有着重要的作用。

三、统计分组的方法

(一)分组标志的选择

1. 按品质标志分组

按品质标志分组示例如表 2-1 所示。

表 2-1 某班学生的性别构成情况

按性别分组	人数(绝对数)	比重/(%)
男	30	75
女	10	25
合计	40	100

2. 按数量标志分组

按数量标志分组可分为单项式分组和组距式分组,示例分别如表 2-2 和表 2-3 所示。单项式分组只以一个变量值代表一个组编制变量分配数列。组距式分组是用变量值变动的一定范围(或距离)代表一个组编制变量分配数列。

表 2-2 某工厂第二季度工人平均日产量

工人平均日产量/件	工人数	
	绝对数	比重/(%)
2	10	8.7
3	15	13.0
4	30	26.1
5	40	34.8
6	20	17.4
合计	115	100.0

表 2-3 某工厂工人完成生产定额情况表

工人完成生产定额分组/件	工人数	
	绝对数	比重/(%)
80~90	30	16.7
90~100	40	22.2
100~110	60	33.3
110~120	30	16.7
120~130	20	11.1
合计	180	100.0

(二)统计分组的种类

根据所采用分组标志的数量不同,统计分组可以分为简单分组和复合分组。

简单分组是指对统计总体只按一个统计标志进行分组,如人口按性别分组、工业企业按所有制分组等。

复合分组是指对同一统计总体选择两个或两个以上统计标志进行分组。例如,将车间的生产工人先按性别分为男、女两组,而后每组又按技术熟练程度分为技术工和辅助工两组。

(三) 统计分组应遵循的原则

1. 穷尽性原则

穷尽性原则是指要使统计总体内的每一总体单位都能无一例外地划归到各自所属的组。例如,如果把人口的文化程度分为小学毕业、中学毕业、大学毕业、硕士及以上四组,那么那些非小学毕业,或是文盲和半文盲的人就无法归属。这就违反了穷尽性原则,应将第一组改为小学及以下。

2. 互斥性原则

互斥性原则是指在对统计总体分组后,每个组的范围应该互不相容、互相排斥,即每个总体单位在特定的分组标志下只能归于某一类别,而不能同时或可能同时出现在几个类别中。

提问 13:下列选项中,按数量标志分组的有(ACD)。
A. 企业按销售计划完成程度分组　　B. 学生按健康状况分组
C. 工人按产量分组　　　　　　　　D. 职工按工龄分组
E. 企业按隶属关系分组

提问 14:某国有企业按利润计划完成程度分组,正确的是(C)。
A. 80%~90%,90%~99%,100%~109%,110%以上
B. 80%以下,80.1%~90%,90.1%~100%,100.1%~110%
C. 80%以下,80%~90%,90%~100%,100%~110%,110%以上
D. 85%以下,85%~95%,95%~105%,105%~115%,115%以上

提问 15:简单分组和复合分组的区别在于(D)。
A. 统计总体的复杂程度不同　　　　B. 组数不同
C. 分组标志的性质不同　　　　　　D. 分组标志的数量不同

第四节　分配数列

一、分配数列的概念和种类

(一) 分配数列的概念

在统计分组的基础上,将统计总体的所有总体单位按组归类整理,并按一定的顺序排列,形成统计总体中各个总体单位在各组间的分布,称为次数分布或分配数列。分布在各组的总体单位数称为次数或频数,各组次数占总次数的比重称为频率。

分配数列的构成要素是分组标志序列(即分组)和各组相对应的分布次数。

(二)分配数列的分类

按照分组标志的不同,分配数列可分为品质分配数列和变量分配数列两种。

1. 品质分配数列

品质分配数列简称品质数列,是指将统计总体按照品质标志分组形成的分配数列。品质分配数列由各组名称和次数组成,各组次数可以用绝对数即频数或次数表示,也可以用相对数即频率表示。表 2-4 所示为一品质分配数列。

表 2-4　我国大陆人口的性别分布(1998 年末)

性别	人数/万人	比率/(%)
男性	63 629	50.98
女性	61 181	49.02
合计	124 810	100.0

2. 变量分配数列

变量分配数列简称变量数列,是指将统计总体按照数量标志分组形成的分配数列。变量分配数列又可细分为单项数列和组距数列。

1)单项数列

单项数列是指只以一个变量值代表一组所编制的变量分配数列。单项数列中的每个变量值是一个组,按顺序排列。一般在不同变量值不多且变量值的变动范围不大、变量呈离散型的条件下采用单项数列。表 2-2 所示即为一单项数列。

2)组距数列

组距数列是指用变量值变动的一定范围(或距离)代表一个组而编制的变量分配数列。组距数列中每个组由若干个变量值形成的区间表示。一般在变量值变动幅度较大、总体单位数又多的情况下采用组距数列。

二、几组重要的概念

(一)组数、组限、组距

1. 组数

组数是指某个变量分配数列共分多少组。例如表 2-2 有 5 组,组数是 5;表 2-3 也有 5 组,组数也是 5。

2. 组限

组限是指各组的数量界限,即变量分配数列中每个组两端表示各组界限的变量值,分为上限和下限。每个组的最小值为下限,最大值为上限。例如,某组 50~60,下限是 50,上限是 60。上、下限都齐全的组称为闭口组,有上限缺下限(如"××以下")或有下限缺上限(如"××以上")的组称为开口组。

确定组限要遵守两个基本原则:第一,对于连续型变量,相邻组的上、下限可以重叠,每一组的上限同时是下一组的下限,在归属问题上是"上组限不在内";第二,对于离散型变量,相邻组的上、下限可以不重叠,也可以按照"上组限不在内"的原则写成重叠式组限。

3. 组距

组距是指各组所包含的变量值的变动范围,实际上组距就是每组上限、下限之间的距离,即组距＝上限－下限。在组距数列中,各组组距可以是相等的,也可以是不相等的。

(二)组中值

组中值是指组距数列中各组所有变量值的代表值,实际上就是各组上限与下限之间的中点值。组中值的计算公式如下。

闭口组： $$组中值=\frac{上限+下限}{2}$$

缺下限的开口组： $$组中值=上限-\frac{邻组组距}{2}$$

缺上限的开口组： $$组中值=下限+\frac{邻组组距}{2}$$

例如,按完成净产值分组(万元)：

10 以下　　　　　　　　　(缺下限)组中值＝10－10/2＝5
10～20　　　　　　　　　组中值＝(10＋20)/2＝15
20～30　　　　　　　　　组中值＝(20＋30)/2＝25
30～40　　　　　　　　　组中值＝(30＋40)/2＝35
40～70　　　　　　　　　组中值＝(40＋70)/2＝55
70 以上　　　　　　　　　(缺上限)组中值＝70＋30/2＝85

实际上,开口组的组中值是按照邻组组距推算的,推算时假设该开口组的组距与邻组组距相同。例如上例中的第一组:假设这组的组距与第二组的组距相同,是10,那么,这一组的假定下限为0,这样组中值为(0＋10)/2＝5。同样,最后一组:假定组距为30(与邻组组距相同),那么这组的假定上限为100,然后,组中值为(70＋100)/2＝85。

(三)等距数列与异距数列

1. 等距数列

等距数列是指每个组的组距都相等的组距数列。等距数列适用于变量值的变动比较均匀的情况和现象性质差异的变动比较均匀的情况。

等距数列具有两个比较突出的优点:第一,由于各组的组距相等,各组次数分布不受组距大小的影响,因而等距数列能直接比较各组次数,便于反映总体单位的分布情况;第二,等距数列便于计算,尤其便于利用简捷法计算平均数、标准差等指标。所以,在一般情况下,应尽量采用等距分组来编制分配数列。

2. 异距数列

异距数列各组的组距不尽相等。异距数列适用于变量值的变动不均匀的情况和现象性质差异的变动不均匀的情况。

当变量值急剧增长或下降,变动幅度很大时,应采用异距分组来编制分配数列。例如,当前个体经营者的纯收入、农民的年收入等应编制异距数列。另外,一些社会经济现象性质的变化不是由变量值均匀变动而引起的。例如,为了研究人口总体在人生各发展阶段的分布,就需要按照人在一生中自然的和社会的分组规律采用异距分组,编制异距数列。可以这样分组:1岁以下(婴儿组)、1～7岁(幼儿组)、7～17岁(学龄儿童组)、17～55岁(有劳动能力的人口组)、55岁以上(老年组)。这样各组的组距不相等,但能说明各自的问题。

异距数列各组次数的多少受组距大小的影响,不能直接、准确地反映实际的分布特

征,各组次数也不能直接比较,为了消除组距不等的影响,必须计算次数密度或频率密度。次数密度和频数密度的计算公式分别为

$$次数密度 = \frac{某组的次数}{相应组的组距}$$

$$频数密度 = \frac{某组的频率}{相应组的组距}$$

> 提问16:下列选项中,属于连续型变量分配数列的是(A)。
> A. 企业职工按工资分组　　　B. 企业职工按性别分组
> C. 企业职工按学历分组　　　D. 企业职工按日产量(件)分组
>
> 提问17:指出表2-5所示数列属于哪种类型。(BCDE)
>
> 表 2-5　提问 17 表
>
> | 按生产计划完成程度分组/(%) | 企业数 |
> |---|---|
> | 90~100 | 30 |
> | 100~110 | 5 |
> | 合计 | 35 |
>
> A. 品质分配数列　　　　　　B. 变量分配数列
> C. 组距数列　　　　　　　　D. 等距数列
> E. 次数分配数列
>
> 提问18:现将某班级40名学生按成绩分别列入不及格(59分以下),及格(60~69分),中等(70~79分),良好(80~89分),优秀(90分以上)5个组中去,这种分组(CE)。
> A. 形成变量分配数列　　　　B. 形成组距数列
> C. 形成品质分配数列　　　　D. 形成开口组
> E. 是按品质标志分组

三、次数分布

(一)次数分布的表示方法和 Excel 的应用

1. 次数分布的表示方法

1)列表法

列表法是指用统计表来表示次数分布。前文讲的编制变量分配数列采用的就是列表法。

2)图示法

图示法是指用统计图来表示次数分布。统计图有柱形图、折线图、曲线图、饼图、圆环图、直方图等。

2. Excel 在次数分布表示中的应用:绘制统计图

利用 Excel 绘制统计图比较方便,Excel 提供"图表向导"工具,用以帮助创建各种图表。下面先简单描述一下在 Excel 中制作图表操作的基本步骤。

(1)使用"图表向导"工具制作图表之前,选定数据所在的单元格。如果希望数据的行

列标题显示在图表中,则选定区域还应包括含有标题的单元格。

(2)单击"插入"菜单中的"图表"选项,按照"图表向导"工具中的 4 个指令进行操作。

第 1 步"图表类型":每种类型的图表都有两种以上的子类型,选中所需要的图形以及它的子图形,单击"下一步"按钮。

第 2 步"图表数据源":选定包含数据和行列标志的工作表单元格,即便工作表包含多个行列标志,也能在图表中显示它们。生成图表时,应将各行列标志包含到选定区域中。若预览图表时看上去很合适,则表示所选数据区域正确,单击"下一步"按钮。

第 3 步"图表选项":为选定的图表设置某些标准选项。修改这些设置时,随时预览图表可以查看并确定设置是否合适。然后单击"下一步"按钮。

第 4 步"图表位置":可以将图表放置在工作表上,或者单独置于一张新的图表工作表上。在这一步中,需要为图表工作表命名,或者选择现有工作表的名称,然后单击"完成"按钮。

(二)累计次数分布

将变量分配数列各组的次数和比率逐组累计相加即得到累计次数分布。累计次数分布表明统计总体在某一变量值的某一水平上下总共包含的总体次数和比率。累计次数有向上累计和向下累计两种计算方法。

1. 向上累计

向上累计又称为以下累计或较小制累计,是指将变量值的次数和比率由变量值低的组向变量值高的组累计。向上累计可以表明各组上限以下总共所包含的总体次数和比率有多少。

2. 向下累计

向下累计又称为以上累计或较大制累计,是指将变量值的次数和比率由变量值高的组向变量值低的组累计。向下累计可以表明各组下限以上总共所包含的总体次数和比率有多少。

(三)次数分布的主要类型

次数分布的主要类型有钟形分布、U 形分布、J 形分布。

四、变量分配数列的编制方法与步骤及 Excel 的应用

(一)变量分配数列的编制方法与步骤

(1)将原始资料按数值大小的顺序排列,确定最大值、最小值和全距。
(2)确定变量分配数列的形式,也就是确定是编制单项数列还是编制组距数列。
(3)确定组数、组距和组限。
(4)分组计算次数。

单项数列的编制条件是:变量是离散型变量,变量的不同取值个数较少。

组距数列的编制条件是:变量是连续型变量,或总体单位数较多、变量不同取值个数也较多的离散型变量。

确定组距的原则是:要能区分各组的性质差异;要能反映总体资料的分布特征;为方便计算,尽可能为 5 或 10 的整数倍。

(二)利用 Excel 频数分布函数进行数据分组

频数分布函数(FEQUENCY)可以对一列垂直数组返回某个区域中数据的频数分布。它的语法形式为

$$FREQUENCY(data\_array, bins\_array)$$

其中,data_array 为用来编制频数分布的数据,bins_array 为频数或次数的接收区间。利用 Excel 建立频数分布的步骤如下。

(1)对数据进行排序,以了解全部数据的变动范围。
(2)选择全部数据的分组组数。
(3)确定分组的组限。
(4)对各组数值所出现的频数进行计数。

第五节 统 计 表

一、统计表的作用

统计资料整理的结果可以用不同的形式表现出来,其中统计表是应用较为广泛的一种表现形式。

二、统计表的意义

统计表能够系统组织和合理安排大量的统计资料,使统计资料表现得紧凑、清晰、醒目、简洁。

统计表能反映统计总体的特征及各部分之间的联系,便于对比和计算各种分析指标。

统计表是积累、保存和分析统计资料的主要手段。

三、统计表的结构

在形式上,统计表主要由总标题、横行标题、纵栏标题和指标数值四个部分构成,如图 2-1 所示。

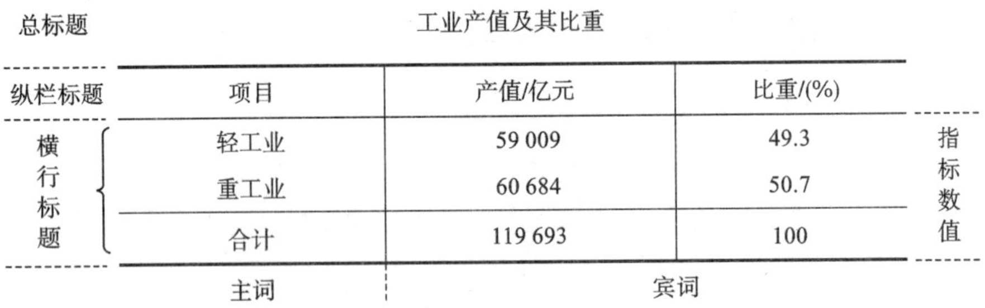

项目	产值/亿元	比重/(%)
轻工业	59 009	49.3
重工业	60 684	50.7
合计	119 693	100

工业产值及其比重(总标题);纵栏标题;横行标题;指标数值;主词;宾词

图 2-1 统计表的结构(在形式上)

在内容上,统计表主要由主词和宾词两个部分构成。主词又称作主题栏,说明统计表所要说明的统计总体,通常表现为各个总体单位的名称。主词用来反映统计表所要说明的对象,包括总体单位的名称或统计总体的分组等,在竖式设计中位于统计表的左端。宾词又称作叙述栏,用来说明统计总体的统计指标,包括统计指标名称和统计指标数值。宾

词用来说明主题栏的各种统计指标,在竖式设计中位于统计表的右端。

四、统计表的分类

(一) 按用途划分

按用途,统计表可分为调查表、整理表和分析表。

1. 调查表

调查表(见表2-6)又称为一览表,可在一张调查表中同时登记若干统计调查单位的项目,适用于对象集中、项目较少等情况。

表 2-6 调查表示例

姓名	性别	民族	爱好
家庭住址			

2. 整理表

整理表又称汇总表,是在统计汇总或整理过程中用于汇总合计数等表现整理结果的表格。整理表由两个部分组成:统计分组和用来说明统计分组综合特征的统计指标。

整理表示例如表2-7所示。

表 2-7 某年房地产开发和销售主要指标完成情况

指标	单位	绝对值
商品房销售面积	万平方米	104 349
其中:商品住宅	万平方米	93 052
本年资金来源	亿元	72 494
其中:国内贷款	亿元	12 540
个人按揭贷款	亿元	9 211
本年购置土地面积	万平方米	40 970
完成开发土地面积	万平方米	21 254
土地购置费	亿元	9 992

3. 分析表

分析表是指在统计分析中用来记载计算过程和表现计算成果的表格。分析表示例如表2-8所示。

表 2-8 某年1—11月我国规模以上工业、企业利润总额及其增长速度

指标	利润总额/亿元	比上年同期增长率/(%)
规模以上工业	38 828	49.4
其中:国有及国有控股企业	11 924	59.1
集体企业	689	34.6
股份制企业	21 100	49.4
外商及港澳台商投资企业	11 131	46.3

续表

指标	利润总额/亿元	比上年同期增长率/(%)
其中:私营企业	10 430	49.4

(二)按表示的统计数列的内容划分

按表示的统计数列的内容,统计表可分为时间数列表、空间数列表、时空数列结合表。

1.时间数列表

时间数列表是指反映现象在不同时间发展变化的数据的统计表。时间数列表示例如表2-9所示。

表2-9 2006—2010年我国农村居民人均纯收入

年份	人均纯收入/元
2006	3 587
2007	4 140
2008	4 761
2009	5 153
2010	5 919

2.空间数列表

空间数列表又称静态表,是反映在同一时间条件下,不同空间范围内的统计数列的表格,用以说明静态条件下社会经济现象在不同空间的数量分布。空间数列表示例如表2-10所示。

表2-10 某年1—12月我国主要城市接待境外旅游人数和合计情况

城市	接待人数/人次	同比增长率/(%)	接待人数构成/人次			
			外国人	香港同胞	澳门同胞	台湾同胞
北京	4 900 661	18.80	4 216 250	403 296	13 254	267 861
天津	1 660 682	17.76	1 530 461	48 471	8 108	73 642
沈阳	550 313	11.10	460 885	36 325	2 781	50 322
大连	1 166 020	11.04	1 047 343	54 232	1 579	62 866
长春	249 824	15.07	219 780	19 722	753	9 569
哈尔滨	263 609	9.71	211 759	23 383	1 613	26 854
上海	7 337 216	37.56	5 931 211	623 969	40 043	741 993
南京	1 308 791	15.36	867 964	171 026	10 989	258 812
无锡	791 592	25.75	556 564	84 485	4 482	146 061
苏州	2 075 299	22.43	1 472 251	135 597	8 987	458 464
合计	56 779 992	19.31	31 322 227	16 849 137	1 573 967	7 034 661

3.时空数列结合表

时空数列结合表是指把时间数列表和空间数列表结合起来,同时反映时间和空间两方面内容的统计表。时空数列结合表示例如表2-11所示。

表 2-11 国内旅游主要经济指标

年份	人数/万人次	总收入/万元	一日游		过夜旅游	
			人数/万人次	收入/万元	人数/万人次	收入/万元
1997	2 145	919 982	302	24 944	1 843	895 038
1998	2 377	1 130 444	458	32 084	1 919	1 098 360
1999	2 666	1 343 983	482	46 043	2 184	1 297 940
2000	2 974	1 504 750	630	50 361	2 344	1 454 389
2001	3 364	1 749 100	578	80 100	2 786	1 669 000
2002	3 884	2 029 176	764	122 387	3 120	1 906 789
合计	17 410	8 677 435	3 214	355 919	14 196	8 321 516

(三)按统计总体分组情况划分

按统计总体分组情况,统计表可分为简单表、简单分组表、复合表。

1. 简单表

简单表是指主词未进行任何分组的统计表。它又可细分为以下两种。

(1)按总体单位排列的统计表,如表 2-12 所示。

表 2-12 某年某市三大商场销售额

商场名称	商品销售额/千元
第一商场	58 464
第二商场	32 793
第三商场	19 541

(2)按时间顺序排列的统计表,如表 2-13 所示。

表 2-13 1990—1998 年我国外汇储备量

年份	外汇储备/亿美元
1990	110.93
1991	217.12
1992	194.43
1993	211.99
1994	516.20
1995	735.97
1996	1 050.29
1997	1 398.90
1998	1 449.59

这两种形式的统计表由于主词只是简单地将统计总体中各总体单位的名称或时期排列起来,没有经过任何分组加工,因而是简单表。按总体单位排列的统计表可以用来比较分析各总体单位的经济活动情况,按时期顺序排列的统计表可以用来分析现象的动态。

2. 简单分组表

简单分组表是指主词按某一统计标志进行简单分组形成的统计表。例如，主词按照一个统计标志将工业企业分为轻工业和重工业所形成的统计表就是简单分组表。

3. 复合表

复合表是指主词按照两个或者两个以上统计标志进行复合分组的统计表。例如，主词先将企业分成内资企业和外商投资经营企业，然后按照企业类型分为大型、中型、小型形成的统计表就是复合表。

本章小结

（1）统计调查是指按照统计任务的要求，运用科学的调查方法，有组织地向社会实际收集各项原始资料的过程。

（2）统计调查根据调查对象包括的范围、统计调查的组织形式、统计调查登记的时间是否连续、收集资料的方式分为不同的种类。

（3）统计调查方案设计包括确定统计调查的目的、确定统计调查对象与统计调查单位、确定统计调查项目、确定统计调查时间和统计调查期限及制定统计调查的组织实施计划等五个方面的内容。

（4）统计报表调查是指根据统计法规的规定，自上而下地统一布置，以一定的原始记录为依据，按照统一的方式、统一的指标项目、统一的报送时间和报送程序，自下而上地逐级定期提供基本统计资料的一种统计调查。

（5）普查是一种为某一特定的目的而专门组织的一次性全面调查。抽样调查是指在全部统计调查单位中按照随机原则抽取一部分单位作为样本进行统计调查，根据统计调查结果推断统计总体的一种非全面调查。重点调查是在全部调查单位中，只选择一部分重点单位进行调查，借以了解统计总体基本情况的一种非全面调查。典型调查就是在统计调查对象中有意识地选取若干具有典型意义的或有代表性的单位进行的非全面调查。

（6）统计整理是根据统计研究的目的和任务，对统计调查阶段所收集到的原始资料进行加工，或对收集到的次级资料进行再加工，使其系统化、条理化、科学化，以得到反映事物总体综合特征的统计资料的工作过程。

（7）统计分组就是根据统计研究的需要，将统计总体按照一定的统计标志分为若干组成部分的一种统计方法。统计分组的作用主要有划分现象的类型、揭示现象的内部结构和分析现象的依存关系。

（8）分配数列是指在统计分组的基础上，将统计总体的所有单位按组归类整理，并按一定的顺序排列，形成统计总体中各个总体单位在各组间的分布的分组形式，又称为次数分布。分配数列有品质分配数列和变量分配数列两种。

（9）统计表就是以纵横交叉的线条所绘制的表格来表现统计资料的一种形式，在形式上主要由总标题、横行标题、纵栏标题和指标数值四个部分构成。统计图是在统计表的基础上，用几何图形或具体形象来描述统计资料的一种形式。

习题集

统 计 调 查

一、单项选择题

1. 某地区对小学学生情况进行普查,每所小学是( )。
   A. 统计调查对象　　B. 统计调查单位　　C. 填报单位　　D. 统计调查项目

2. 对百货商店工作人员进行普查,统计调查对象是( )。
   A. 各百货商店　　　　　　　　B. 各百货商店的全体工作人员
   C. 一个百货商店　　　　　　　D. 每位工作人员

3. 对某停车场中的汽车进行一次性登记,统计调查单位是( )。
   A. 全部汽车　　　B. 每辆汽车　　　C. 一个停车场　　D. 所有停车场

4. 在统计调查阶段,对有限统计总体( )。
   A. 只能进行全面调查
   B. 只能进行非全面调查
   C. 既能进行全面调查,也能进行非全面调查
   D. 以上答案都对

5. 某城市拟对占全市储蓄额五分之四的几个大储蓄所进行调查,以了解全市储蓄的一般情况,这种统计调查方式是( )。
   A. 普查　　　　　B. 典型调查　　　C. 抽样调查　　　D. 重点调查

6. 有意识地选择三个农村点调查农民收入情况,这种统计调查方式是( )。
   A. 重点调查　　　B. 普查　　　　　C. 抽样调查　　　D. 典型调查

7. 统计报表调查大多属于( )。
   A. 一次性全面调查　　　　　　B. 经常性全面调查
   C. 经常性非全面调查　　　　　D. 一次性非全面调查

8. 目前我国进行的职工家庭收支统计调查是( )。
   A. 普查　　　　　B. 重点调查　　　C. 全面调查　　　D. 抽样调查

9. 人口普查规定统一的标准时间是为了( )。
   A. 避免登记的重复和遗漏　　　B. 具体确定调查单位
   C. 确定统计调查对象的范围　　D. 为了统一调查时间、一齐行动

10. 假设人口普查的标准时点为7月1日零点,7月2日统计调查员在各家统计调查时,得知王××家6月30日出生一小孩,李××家7月1日出生一小孩,则这两个小孩如何登记?( )
    A. 两家小孩均应登记
    B. 两家小孩均不予登记
    C. 王××家的小孩应予登记,李××家小孩不应登记
    D. 王××家小孩不应登记,李××家小孩应予登记

11. 在统计调查中,统计调查单位和填报单位之间( )。
    A. 是一致的　　　　　　　　　B. 是无区别的
    C. 是无关联的两个概念　　　　D. 一般是有区别的,但有时也一致

12. 在统计调查中,填报单位是( )。
   A. 统计调查项目的承担者　　　　B. 构成统计调查对象的每一个单位
   C. 负责向上报告统计调查内容的单位　　D. 构成统计总体的每一个单位
13. 区别重点调查和典型调查的标志是( )。
   A. 调查单位的数目不同　　　　B. 收集资料的方法不同
   C. 确定调查单位的标准不同　　D. 确定调查调查单位的目的不同
14. 非全面调查中最完善、最有计量科学根据的一种是( )。
   A. 重点调查　　B. 典型调查　　C. 抽样调查　　D. 非全面统计报表
15. 统计调查时间是( )。
   A. 统计调查工作的时限　　　　B. 统计资料所属时间
   C. 统计调查登记的时间　　　　D. 统计调查期限
16. 问卷法属于( )。
   A. 直接观察法　　B. 询问法　　C. 报告法　　D. 一次性调查
17. 某地区为了解轻纺工业生产情况,要进行一次典型调查,在选择统计调查单位时,应选择( )。
   A. 生产情况较差的企业　　　　B. 生产情况中等的企业
   C. 生产情况较好的企业　　　　D. 差、中、好各类企业

二、多项选择题

1. 普查是( )。
   A. 非全面调查　　　　B. 专门调查
   C. 全面调查　　　　　D. 经常性调查
   E. 一次性调查
2. 下列选项中,属于非全面调查的有( )。
   A. 重点调查　　　　B. 抽样调查
   C. 典型调查　　　　D. 非全面统计报表
   E. 统计报表调查
3. 乡镇企业抽样调查中,抽取的每一个乡镇企业是( )。
   A. 统计调查主体　　B. 统计调查对象
   C. 统计调查单位　　D. 统计调查项目
   E. 填报单位
4. 在全国工业企业普查中,( )。
   A. 全国工业企业数是统计调查对象　　B. 每个工业企业是统计调查单位
   C. 每个工业企业是填报单位　　　　　D. 全国工业企业数是统计指标
   E. 全国工业企业是统计调查主体
5. 属于一次性调查的有( )。
   A. 人口普查　　　　　　　　B. 大中型基本建设项目投资效果调查
   C. 职工家庭收支变化调查　　D. 单位产品成本变动调查
   E. 全国实有耕地面积调查
6. 统计调查按收集资料的方法可以分为( )。
   A. 采访法　　　　　　　　B. 抽样调查

C. 直接观察法　　　　　　　　D. 典型调查

E. 报告法

7. 下列统计调查中,统计调查单位与填报单位一致的有(　　)。

A. 工业企业设备普查　　　　　B. 零售商店统计调查

C. 人口普查　　　　　　　　　D. 工业企业普查

E. 学校学生健康状况统计调查

8. 重点调查是在调查对象中,选择其中的一部分重点单位所进行的统计调查。重点单位(　　)。

A. 是指在统计总体中举足轻重的单位

B. 在总体单位数中占有很大比重

C. 在统计总体中数目不多

D. 就统计调查的标志值来说,在统计总体中占有很大的比重

E. 是指能够反映出统计总体的基本情况的那些单位

9. 统计调查单位和填报单位既有区别又有联系,是指(　　)。

A. 某一客体不可能既是统计调查单位又是填报单位

B. 某一客体可以同时作为统计调查单位和填报单位

C. 统计调查单位是统计调查项目的承担者,填报单位是向上报告统计调查内容的单位

D. 统计调查单位是向上报告统计调查内容的单位,填报单位是统计调查项目的承担者

E. 统计调查单位和填报单位都是总体单位

10. 专门组织的调查包括(　　)。

A. 典型调查　　　　　　　　　B. 统计报表

C. 重点调查　　　　　　　　　D. 普查

E. 抽样调查

11. 重点调查(　　)。

A. 可用于经常性调查　　　　　B. 不能用于经常性调查

C. 可用于一次性调查　　　　　D. 不可用于一次性调查

E. 既可用于经常性调查,也可用于一次性调查

三、填空题

1. 按调查对象包括的范围不同,统计调查可分为_____和_____;按统计调查的组织形式不同,统计调查可分为_____和_____;按统计调查登记的时间是否连续来分,统计调查可分为_____和_____。

2. 一个完整的统计调查方案设计应包括的主要内容有_____、_____、_____、_____和_____。

3. 统计调查对象就是需要统计调查的那些社会经济现象的_____,它是由性质上相同的许多_____所组成的。

4. 统计调查单位与填报单位是有区别的,统计调查单位是_____,而填报单位是_____。

5. 当任务只要求掌握统计调查对象的_____,而在统计总体中确实

存在着_____时,进行重点调查是比较适合的。

6.典型调查有两个特征:第一,它是_____调查;第二,统计调查单位是_____地选择出来的。

7.抽样调查是以_____指标数值为推算_____指标数值的一种统计调查。所以,虽然抽样调查是_____调查,但它的目的在于取得反映_____情况的统计资料,在一定意义上,可以起到_____调查的作用。

8.普查一般用于统计调查属于一定_____上的社会经济现象的总量,但也可用来反映_____现象。

9.确定统计调查对象和统计调查单位,是为了回答_____和_____问题。

四、简答题

1.完整的统计调查方案设计包括哪些内容?

2.重点调查、典型调查、抽样调查有什么相同点和不同点?

3.统计调查单位与填报单位有何区别与联系?

4.某工业企业为了解本企业工人的文化程度,进一步加强工人业余文化技术学习,于2019年12月28日向所属各车间颁发调查表,要求填报2019年底所有工人的性别、姓名、年龄、工龄、工种、技术等级、现有文化程度等7个项目。

(1)上述统计调查属于什么调查?

(2)统计调查对象、统计调查单位、填报单位是什么?

(3)指明统计调查时间。

统 计 整 理

一、单项选择题

1.将统计总体按照一定的统计标志划分为若干组成部分的统计方法是(　　)。

A.统计整理　　　B.统计分析　　　C.统计调查　　　D.统计分组

2.统计整理的资料(　　)。

A.只包括原始资料　　　　　　B.只包括次级资料

C.包括原始资料和次级资料　　D.是统计分析的结果

3.反映统计调查对象属性的标志是(　　)。

A.主要标志　　　B.品质标志　　　C.辅助标志　　　D.数量标志

4.采用两个或两个以上统计标志对社会经济现象总体分组的统计方法是(　　)。

A.品质标志分组　　　　　　B.复合分组

C.混合标志分组　　　　　　D.数量标志分组

5.统计分配数列(　　)。

A.都是变量分配数列　　　　　　B.都是品质分配数列

C.是变量分配数列或品质分配数列　D.是统计分组

6.国民收入水平分组是(　　)。

A.品质标志分组　　　　　　B.数量标志分组

C.复合分组　　　　　　　　D.混合标志分组

7.将25个企业按产值分组而编制的变量分配数列中,变量值是(　　)。

A.产值　　　B.企业数　　　C.各组的产值数　　　D.各组的企业数

8. 一般情况下,按年龄分组的人口死亡率表现为( )。
   A. 钟形分布　　　B. 正J形分布　　　C. U形分布　　　D. 对称分布
9. 按同一数量标志分组时,( )。
   A. 只能编制一个分组数列　　　　B. 只能编制一个组距数列
   C. 只可能编制组距数列　　　　　D. 可以编制多种分布数列
10. 统计分组的核心问题是( )。
    A. 选择分组标志　　　　　　　　B. 划分各组界限
    C. 区分事物的性质　　　　　　　D. 对分组资料再分组
11. 划分连续型变量的组限和离散型变量的组限时,相邻组的组限( )。
    A. 必须重叠　　　　　　　　　　B. 必须间断
    C. 前者必须重叠,后者可以间断　　D. 前者必须间断,后者必须重叠
12. 在分组时,凡是遇到某总体单位的变量值刚好等于相邻两组下上限数值时,一般( )。
    A. 将此值归入上限所在的组
    B. 将此值归入下限所在的组
    C. 将此值归入上限所在的组或下限所在的组均可
    D. 另立一组
13. 12名工人分别看管机器的台数资料如下:2、5、4、4、3、4、3、4、4、2、2、4。按以上资料编制变量分配数列,应采用( )。
    A. 单项式分组　　　　　　　　　B. 等距分组
    C. 不等距分组　　　　　　　　　D. 以上几种分组均可
14. 简单分组和复合分组的区别在于( )。
    A. 统计总体的复杂程度不同　　　B. 组数不同
    C. 选择分组标志的性质不同　　　D. 选择分组标志的数量不同
15. 在等距数列中,组距的大小与组数的多少( )。
    A. 成正比　　　B. 等比　　　C. 成反比　　　D. 不成比例
16. 说明统计表名称的词句,在统计表中称为( )。
    A. 横行标题　　B. 主词　　　C. 纵栏标题　　D. 总标题
17. 某连续型变量分配数列的末组为开口组,下限为500,又知其邻组的组中值为480,则末组的组中值为( )。
    A. 520　　　　B. 510　　　　C. 500　　　　D. 490
18. 某研究生院学生按学科、性别分组资料如题表2-1所示。

题表2-1　某研究生院学生按学科、性别分组表

按学科和性别分组		学生数/人
按学科分组	理科	180
	文科	70
按性别分组	男生	190
	女生	60

从统计主词性质来看,该统计表是( )。

A. 简单表　　　　B. 简单分组表　　　C. 平衡表　　　　D. 复合表

二、多项选择题

1. 统计整理是( )。

A. 统计调查的继续　　　　　　　　B. 统计汇总的继续

C. 统计调查的基础　　　　　　　　D. 统计分析的前提

E. 对社会经济现象从个体量观察到总体量认识的连续点

2. 统计分组( )。

A. 是一种统计方法　　　　　　　　B. 对统计总体而言是"组"

C. 对统计总体而言是"分"　　　　 D. 对个体而言是"组"

E. 对个体而言是"分"

3. 统计分组的关键在于( )。

A. 按品质标志分组　　　　　　　　B. 按数量标志分组

C. 选择分组标志　　　　　　　　　D. 划分各组界限

E. 按主要标志分组

4. 按分组标志特征不同,分配数列可分为( )。

A. 等距数列　　　　　　　　　　　B. 异距数列

C. 属性分布数列　　　　　　　　　D. 变量分布数列

E. 次数与频率

5. 分配数列的两个组成要素为( )。

A. 品质标志　　　　　　　　　　　B. 数量标志

C. 分组　　　　　　　　　　　　　D. 次数

E. 分组标志

6. 统计分组( )。

A. 是全面研究社会经济现象的重要方法　B. 可将复杂社会经济现象分类

C. 可分析统计总体的内部结构　　　D. 可采用多种统计标志分组

E. 利于揭示现象间的依存关系

7. 分组标志的选择( )。

A. 是对统计总体划分的标准　　　　B. 要根据统计调查目的进行

C. 要适应统计调查对象的特征　　　D. 必须是数量标志

E. 必须考虑历史资料的可比性

8. 按分组的情况分类,统计表可分为( )。

A. 调查表　　　　　　　　　　　　B. 简单表

C. 汇总表　　　　　　　　　　　　D. 简单分组表

E. 复合表

9. 统计分组体系的形式有( )。

A. 品质标志分组和平行分组体系　　B. 数量标志分组和复合分组体系

C. 简单分组和平行分组体系　　　　D. 复合分组和平行分组体系

E. 复合分组和复合分组体系

10. 次数分布的主要类型有( )。

A. J 形分布 B. S 形分布
C. 钟形分布 D. U 形分布
E. Z 形分布

11. 影响次数分布的要素是（　　）。
 A. 变量值的大小 B. 变量性质不同
 C. 选择的分组标志 D. 组距与组数
 E. 组限与组中值

12. 组距数列组距的大小与（　　）。
 A. 组数成正比 B. 组数成反比
 C. 总体单位数成反比 D. 全距的大小成正比
 E. 全距的大小成反比

13. 在组距数列中，组中值（　　）。
 A. 是上限和下限的中点值 B. 用来代表各组标志值的平均水平
 C. 在开口组中无法确定 D. 在开口组中可以参照邻组的组距来确定
 E. 就是组平均数

14. 现将某班级 40 名学生按成绩分别列入不及格（59 分以下），及格（60～69 分），中等（70～79 分），良好（80～89 分），优秀（90 分以上）5 个组中去，这种分组（　　）。
 A. 形成变量分配数列 B. 形成组距数列
 C. 形成品质分配数列 D. 形成开口组
 E. 是按品质标志分组

三、填空题

1. 统计整理是指根据统计研究的_____，对经统计调查所得各种原始资料进行加工，或对收集到的次级资料进行再加工，从而得到反映_____的综合统计资料的工作过程。

2. 统计分组是根据统计调查的需要，将统计总体按照_____区分若干组成部分的一种_____。

3. 统计分组的关键在于_____和_____。

4. 变量分配数列是由_____和_____两个部分构成的。

5. 统计表的内容可分为两个组成部分，一部分是说明的统计总体，习惯上称为_____，另一部分是说明统计总体的统计指标，习惯上称为_____。

6. 按品质标志分组形成的分配数列称为_____数列，按数量标志分组形成的分配数列称为_____数列。

7. 统计表从形式上看由_____、_____、_____和_____等四个部分组成。

8. 对同一统计总体选择两个或两个以上的统计标志分别进行_____分组，就形成平行分组体系。

9. 统计分组体系的形式有两种，它们是_____、_____。

四、简答题

1. 统计整理的作用是什么？主要内容有哪些？

2.影响分配数列的主要要素有哪些?

3.统计分组的作用是什么?如何选择分组标志?

4.什么是统计表?它有什么优点?

5.什么叫组中值?为什么说组中值只是每组变量值的代表数值而不是平均数?

五、计算应用题

1.某地区工业企业按职工人数分组如下:99人及以下,100～499人,500～999人,1 000～2 999人,3 000人及以上。试说明统计分组的标志变量是离散型的还是连续型的,编制形成的分配数列属于什么类型的组距数列。

2.题表2-2所示为某公司工人月收入水平分组情况和各组工人数情况。

题表2-2 某公司工人月收入水平分组和各组工人数情况表

月收入/元	工人数/人
400～500	20
501～600	30
601～700	50
701～800	10
801～900	10

指出这属于哪一种分配数列,并计算各组的组中值,分析频率分布状况。

第三章 综合指标

一、教学目的与要求

通过对本章的学习,学生应相当熟练地掌握一些常用的综合指标的性质、特点、计算方法。

二、教学内容

第一节"总量指标":总量指标的概念和作用,总量指标的种类,总量指标的计算。

第二节"相对指标":相对指标的概念、作用和表现形式,相对指标的种类和计算方法,正确运用相对指标的原则。

第三节"平均指标":平均指标的概念、特点和作用,算术平均数,调和平均数,几何平均数,众数,中位数,各种平均指标之间的关系。

第四节"标志变异指标":标志变异指标的概念和作用,全距,平均差,标准差,离散系数,用 Excel 计算描述性统计量。

第五节"案例研究":以直方图分析该喷泉喷发的间隔时间,利用描述统计分析工具分析该喷泉喷发的间隔时间。

三、重点与难点

常用综合指标的计算方法及其运用。

这不仅是本章的重点与难点,也是本门课程的重点与难点。

四、教学方法

多媒体教学和计算机相关处理实验。

五、学习方法

本章重在理解。

六、计划安排课时

6~8 课时。

七、作业

习题集。

用统计指标去概括和分析现象总体的数量特征和数量关系的方法,称为综合指标法。

综合指标是指反映社会经济现象总体基本数量特征的统计指标,从作用和方法特点的角度可概括为三类:总量指标(又称绝对指标或绝对数)、相对指标和平均指标。

第一节 总量指标

一、总量指标的概念和作用

总量指标是指反映社会经济现象在一定时间、地点、条件下的总规模、总水平或工作总量的统计指标,也称为绝对指标或绝对数。

总量指标的表现形式是有计量单位的绝对数,即有名数。

二、总量指标的种类

(一)总体单位总量和总体标志总量

按反映的统计总体内容分,总量指标分为总体单位总量和总体标志总量两种。

1. 总体单位总量

总体单位总量是指总体单位数,如企业数、学校数、职工人数、学生人数等。

2. 总体标志总量

总体标志总量是指总体单位数量标志值之和,如总产量、总产值、工资总额、税金总额等。

(二)时期指标和时点指标

按反映的时间状况不同分,总量指标分为时期指标和时点指标两种。

1. 时期指标

时期指标反映现象在某一时期发展过程中的总数量,如某种产品的产量、商品销售量(额)、工资总额、国民(内)生产总值、人口增长量、人口出生数等。

2. 时点指标

时点指标反映现象在某一时刻(瞬间)状况的总量,如人口数、商品库存量、固定资产的价值等。

3. 时期指标和时点指标的区别

(1)时期指标连续计数,时点指标间断计数。

(2)时期指标具有累加性,时点指标不具有累加性。

(3)时期指标受时期长短的影响,时点指标不受时点间隔的影响。

(三)实物指标、价值指标和劳动量指标

按所采用计量单位的不同,总量指标可分为实物指标、价值指标和劳动量指标。

1. 实物指标

实物指标表明现象总体的使用价值总量。它根据现象的自然属性和特点采用实物单位计量。

2. 价值指标

价值指标表明现象总体的价值总量。它以货币单位计量。

3. 劳动量指标

劳动量指标以劳动过程中消耗的劳动时间为计量单位,如工时、工日、人工数等,为成本核算和计算劳动生产率提供依据。

三、总量指标的计算

(一)总量指标计算应注意的问题

(1)同类现象才能加总。

(2)明确总量指标的含义。

(3)在统计汇总时,必须有统一的计量单位。

(二)计量单位

1. 实物单位

(1)自然单位:人、辆等。

(2)度量衡单位:千克、吨等。

(3)双重单位:千瓦/台、吨/艘等。

(4)复合单位:吨·千米、千瓦·时等。

2. 货币单位

(1)现行价。

(2)不变价。

3. 劳动单位

劳动单位包括工时、工日等。

第二节 相对指标

一、相对指标的概念、作用和表现形式

1. 相对指标的概念

相对指标是指两个有联系的指标数值对比的结果。

2. 相对指标的作用

(1)综合反映社会经济现象之间的比例关系。

(2)使不能直接对比的事物进行比较。

(3)便于记忆。

3. 相对指标的表现形式

(1)有名数:以分子、分母的双重单位表示。例如,人口密度以人/平方千米为单位表示,人均国民生产总值以元/人为单位表示。

(2)无名数:以系数、倍数、成数(1 成 = 10%)、百分数(% 或 1/100)、千分数(‰ 或 1/1 000)表示。

二、相对指标的种类和计算方法

(一)计划完成程度相对指标

1. 计划完成相对数的一般计算公式

$$\text{计划完成相对数} = \frac{\text{实际完成数}}{\text{计划数}} \times 100\%$$

2. 计划完成相对数的计算

1）根据总量指标计算

例如，某厂计划完成工业增加值 200 万元，实际完成 220 万元，则

$$计划完成相对数 = \frac{220}{200} \times 100\% = 110\%$$

2）根据相对指标计算

例如，某厂计划 2019 年劳动生产率要比 2018 年提高 4%，实际提高 5%，则

$$计划完成相对数 = \frac{100\% + 5\%}{100\% + 4\%} \times 100\% = 100.96\%$$

即超额 0.96% 完成计划。

例如，某企业计划本年产品单位成本比上年降低 5%，实际降低 6%，则

$$计划完成相对数 = \frac{100\% - 6\%}{100\% - 5\%} \times 100\% = 98.95\%$$

即本年产品单位成本实际比计划多降低 1.05%。

计划相对完成数的计算示例如表 3-1 所示。

表 3-1 计划相对完成数的计算示例

商场	1996 年				完成计划 /(%)	1995 年实际销售额/万元	1996 年相比 1995 年增长率/(%)
	计划		实际				
	销售额/万元	比重/(%)	销售额/万元	比重/(%)			
甲	1 200	30	1 224	30.9	102	1 100	11.3
乙	1 000	25	1 026	25.9	102.6	900	14.0
丙	1 800	45	1 710	43.2	95.0	1 640	4.3
合计	4 000	100	3 960	100	—	3 640	—

3. 长期计划的检查

1）水平法

某钢铁公司"八五"计划规定钢产量达到年产钢材 630 万吨，计划的执行情况如表 3-2 所示。

表 3-2 某钢铁公司计划执行情况表（一） 单位：万吨

时间	1991 年	1992 年	1993 年		1994 年				1995 年			
			上半年	下半年	一季度	二季度	三季度	四季度	一季度	二季度	三季度	四季度
产量	420	448	238	266	140	140	147	154	161	178	182	182
合计					602							
合计									640			
合计												703

该钢铁公司 1995 年共产钢材 703 万吨（161 万吨 + 178 万吨 + 182 万吨 + 182 万吨），所以该钢铁公司计划完成程度计算如下。

$$计划完成相对数 = \frac{703}{630} \times 100\% = 111.59\%$$

计划完成相对数为 111.59%，表明超额 11.59% 完成了计划。这类计划完成的时间是以整个计划期内连续一年(够 12 个月,可以跨年度)的实际完成数达到计划规定水平的时间为准,以后的时间即为提前完成计划的时间了。例如,在 1994 年第三季度到 1995 年第二季度这四个季度里,钢材总产量已达 640 万吨,表明到此已超额完成了计划,这就意味着提前期超过了两个季度,那么是两个季度零多少天呢？现假定多 x 天,则提前完成计划的时间为 2 个季度+x 天,于是有

$$\frac{x}{90} \times 140 + 147 + 154 + 161 + \frac{90-x}{90} \times 178 = 630$$

$$x \approx 23.68 \approx 24$$

2) 累计法

例如,某钢铁公司"八五"计划规定钢产量达 2 400 万吨,计划的执行情况如表 3-3 所示。

表 3-3　某钢铁公司计划执行情况表(二)　　　　　　　　单位:万吨

时间	1991年	1992年	1993年		1994年				1995年			
			上半年	下半年	一季度	二季度	三季度	四季度	一季度	二季度	三季度	四季度
产量	420	448	238	266	140	140	147	154	161	178	182	182
合计					2 474							
合计					2 656							

该钢铁公司"八五"期间共产钢材 2 656 万吨,计划完成相对数为

$$\frac{2\ 656}{2\ 400} \times 100\% = 110.67\%$$

设该钢铁公司提前完成时间为 1 个季度+x 天,则

$$x = 74 \div 182 \times 90 \approx 36.59 \approx 37$$

(二)结构相对指标

1. 结构相对数的计算公式

$$结构相对数 = \frac{总体部分数值}{总体全部数值} \times 100\%$$

2. 结构相对数的计算举例

结构相对数的计算示例如表 3-4 所示。

表 3-4　某班学生的性别构成情况

按性分组	绝对数人数	比重/(%)
男	30	75
女	10	25
合计	40	100

(三)比例相对指标

1. 比例相对数的计算公式

$$比例相对数 = \frac{总体中某部分数值}{总体中另一部分数值} \times 100\%$$

2. 比例相对数的计算举例

例如,对于表3-4,男女生比例为3:1。

(四) 比较相对指标

1. 比较相对数的计算公式

$$比较相对数 = \frac{某条件下某类指标数值}{另一条件下同类指标数值} \times 100\%$$

2. 比较相对数的计算举例

例如,某地陆地面积为960万平方千米,另一地陆地面积为937万平方千米,两者之比为

$$960/937 \times 100\% = 102.45\%$$

(五) 强度相对指标

1. 强度相对数的计算公式

$$强度相对数 = \frac{某一总量指标数值}{另一有联系而性质不同的总量指标数值} \times 100\%$$

2. 强度相对数的计算举例

例如,1998年末我国人口密度为

$$\frac{124\,810\,万人}{960\,万平方千米} = 130\,人/平方千米$$

(六) 动态相对指标

1. 动态相对数的计算公式

$$动态相对数 = \frac{报告期水平}{基期水平} \times 100\%$$

2. 动态相对数的计算举例

例如,温州市某年1—3季度工业总产值同比增加17%,则

$$动态相对数 = \frac{报告期水平}{基期水平} \times 100\% = 117\%$$

三、正确运用相对指标的原则

(1) 注意可比性。
(2) 总量指标和相对指标结合起来使用。
(3) 多种相对指标结合使用。

第三节 平 均 指 标

一、平均指标的概念、特点和作用

(一) 平均指标的概念

平均指标是指在同质总体内将各总体单位的数量差异抽象化,反映统计总体一般水平的代表值。

在社会经济统计中常用的平均指标有数值平均数和位置平均数两种。数值平均数是

指根据分布数列中各总体单位的标志值计算而来的平均指标,包括算术平均数、调和平均数和几何平均数。位置平均数是指根据分布数列某些标志值所处的位置确定的平均指标,包括众数和中位数。

(二)平均指标的特点

(1)将数量差异抽象化。
(2)必须具有同质性。
(3)反映总体变量值的集中趋势。

(三)平均指标的作用

平均指标经常用来进行同类现象在不同空间、不同时间条件下的对比分析,从而反映现象在不同地区之间的差异,揭示现象在不同时间的发展趋势。

二、算术平均数

(一)算术平均数的基本计算公式

算数平均数的基本计算公式为

$$算术平均数 = \frac{总体标志总量}{总体单位总量}$$

在计算算术平均数时,分子与分母必须同属一个统计总体,在经济内容上有着从属关系,即分子数值是分母各总体单位标志值的总和。也就是说,分子与分母具有一一对应的关系,有一个总体单位,必有一个标志值与之对应。只有这样,计算出的平均指标才能表明统计总体的一般水平。正是在这点上,平均数与强度相对数表现出性质上的差异。强度相对数是两个有联系的不同统计总体的总量指标对比,这两个总量指标没有依附关系,而只是在经济内容上存在客观联系。以此标准来衡量,职工平均工资、农民人均粮食产量等是平均数,而人均收入、人均粮食产量是强度相对数。

例如,5名工人日产零件数分别为12件、13件、14件、14件、15件,计算平均每人日产量。

这里以手持计算器进行计算,操作如下。

(1)用存储功能算。

12,M+,13,M+,14,M+,14,M+,15,M+,RM,÷,5,=,得计算结果13.6。

注意:每次开机后按 X→M 键,清内存。

(2)用统计功能计算。

开机,2ndF,ON,在 0 的上方出现 STAT。

12,M+,13,M+,14,M+,14,M+,15,M+,X→M,出现结果13.6。

(二)算术平均数的计算

例如,某车间24名工人对某种零件的生产情况如表3-5所示,求平均日产量。

表3-5 某车间24名工人对某种零件的生产情况

日产量/(件/人)	18	19	20	21	22	合计
工人数/人	4	3	9	5	3	24
各组产量/件	72	57	180	105	66	480

平均日产量为

$$\bar{x} = \frac{18\times 4 + 19\times 3 + 20\times 9 + 21\times 5 + 22\times 3}{4+3+9+5+3}件/人 = \frac{480}{24}件/人 = 20\ 件/人$$

经拓展,得

$$\bar{x} = \frac{x_1 \cdot f_1 + x_2 \cdot f_2 + x_3 \cdot f_3 + x_4 \cdot f_4 + x_5 \cdot f_5 + \cdots}{f_1 + f_2 + f_3 + f_4 + f_5 + \cdots} = \frac{\sum xf}{\sum f}$$

这就是加权算术平均数的基本公式。

例如,某厂工人生产情况如表 3-6 所示。

表 3-6 某厂工人生产情况

按日产零件分组 x	工人人数 f
20	1
21	4
22	6
23	8
24	12
25	10
26	7
27	2
合计	50

使用手持计算器的统计功能进行计算,操作如下:开机,2ndF,ON,20,M+,21,×,4,M+,22,×,6,M+,23,×,8,M+,24,×,12,M+,25,×,10,M+,26,×,7,M+,27,×,2,M+,X→M,出现结果 23.88。

在分组资料时,x 用组中值代替。

可见,加权算术平均数 $\bar{x}$ 不但受各组标志值 x 的影响,而且受各组次数 f 的影响。次数越多,对标志总量的影响越大;次数越少,对标志总量的影响越小。各组标志次数在平均数的计算中具有权衡轻重的作用,因此,在统计上又称为权数。

权数有两种形式:一种是以绝对数表示,称次数或频数;另一种是以比重表示,称频率。同一统计总体资料,用这两种权数所计算的加权算术平均数完全相同。

权数采用频率形式计算平均数时,表现为

$$\bar{x} = \frac{\sum xf}{\sum f} = \frac{x_1 f_1 + x_2 f_2 + x_3 f_3 + \cdots + x_n f_n}{f_1 + f_2 + f_3 + \cdots + f_n} = \frac{x_1 f_1}{\sum f} + \frac{x_2 f_2}{\sum f} + \frac{x_3 f_3}{\sum f} + \cdots + \frac{x_n f_n}{\sum f}$$

$$= x_1 \frac{f_1}{\sum f} + x_2 \frac{f_2}{\sum f} + x_3 \frac{f_3}{\sum f} + \cdots + x_n \frac{f_n}{\sum f} = \sum x \frac{f}{\sum f}$$

当各个标志值的权数都完全相等时,权数就失去了权衡轻重的作用。这时候,加权算术平均数就成为简单算术平均数,即当 $f_1 = f_2 = f_3 = \cdots = f_n = f$ 时,有

$$\bar{x} = \frac{\sum xf}{\sum f} = \frac{x_1 f_1 + x_2 f_2 + x_3 f_3 + \cdots + x_n f_n}{f_1 + f_2 + f_3 + \cdots + f_n} = \frac{x_1 f_1 + x_2 f_2 + x_3 f_3 + \cdots + x_n f_n}{f + f + f + \cdots + f}$$

$$= \frac{f(x_1 + x_2 + x_3 + \cdots + x_n)}{nf} = \frac{\sum x}{n}$$

这就是简单算术平均数的计算公式。

三、调和平均数

（一）简单调和平均数

【例 3-1】 某种蔬菜价格早上为 0.5 元/斤(1 斤＝500 克)、中午为 0.4 元/斤、晚上为 0.25 元/斤。现早、中、晚各买 1 斤该蔬菜，求平均价格。

【例 3-2】 某种蔬菜价格早上为 0.5 元/斤、中午为 0.4 元/斤、晚上为 0.25 元/斤。现早、中、晚各买 1 元的该蔬菜，求平均价格。

在例 3-1 中，用简单算术平均数即可求得，即

$$\bar{x} = \frac{0.5 + 0.4 + 0.25}{1 + 1 + 1} 元/斤 = \frac{1.15}{3} 元/斤 = 0.383 元/斤$$

在例 3-2 中，先求早、中、晚购买的斤数，即早 1/0.5 斤、中 1/0.4 斤、晚 1/0.25 斤，然后继续求解，得

$$\bar{x} = \frac{1 + 1 + 1}{\frac{1}{0.5} + \frac{1}{0.4} + \frac{1}{0.25}} 元/斤 = \frac{3}{8.5} 元/斤 = 0.353 元/斤$$

实际上，例 3-2 可用下列公式计算。

$$\bar{x}_h = \frac{n}{\sum \frac{1}{x}}$$

这就是简单调和平均数的公式。

（二）加权调和平均数

【例 3-3】 某种蔬菜价格早上为 0.5 元/斤、中午为 0.4 元/斤、晚上为 0.25 元/斤。现早、中、晚各买 2 元、3 元、4 元的该蔬菜，求平均价格。

$$\bar{x}_h = \frac{2 + 3 + 4}{\frac{2}{0.5} + \frac{3}{0.4} + \frac{4}{0.25}} 元/斤 = \frac{9}{27.5} 元/斤 = 0.327 元/斤$$

由该例可以看出，加权调和平均数的计算公式为

$$\bar{x}_h = \frac{\sum m}{\sum \frac{m}{x}}$$

调和平均数是统计总体中各总体单位标志值倒数的算术平均数的倒数，是在资料受到限制的条件下算术平均数的一种变形。

如何判断在什么情况下可以采用算术平均数或调和平均数呢？关键在于以算术平均数的基本计算公式为依据。

如果缺分子资料，则可采用算术平均数；如果缺分母资料，则可采用调和平均数。总之，根据所掌握的资料来决定是采用算数平均数还是采用调和平均数。

在已知每种价格 x、销售量 f 时，求平均价格用加权算术平均数。在已知每种价格 x、销售额 m 时，求平均价格用加权调和平均数。

四、几何平均数

几何平均数是 n 项变量值连乘积的 n 次方根。

(一)简单几何平均数

简单几何平均数的计算公式为

$$\overline{x}_g = \sqrt[n]{x_1 \cdot x_2 \cdot x_3 \cdot \cdots \cdot x_n}$$

例如,1994—1998 年我国工业品的产量分别是上年的 107.6%、102.5%、100.6%、102.7%、102.2%,计算这 5 年的平均发展速度:

$$\overline{x}_g = \sqrt[n]{x_1 \cdot x_2 \cdot \cdots \cdot x_n} = \sqrt[5]{1.076 \times 1.025 \times 1.006 \times 1.027 \times 1.022}$$
$$= 1.031 = 103.1\%$$

用手持计算器计算主要操作如下:1.067,×,1.025,×,1.006,×,1.027,×,1.022,=,2ndF,$\sqrt[x]{y}$,5,=,出现结果 1.030 9,即 103.1%。

(二)加权几何平均数

加权几何平均数的计算公式为

$$\overline{x}_G = \sum\nolimits^f \sqrt{x_1 f_1 \cdot x_2 f_2 \cdot \cdots \cdot x_n f_n}$$

例如,某投资银行 25 年的年利率分别是 1 年 3%、4 年 5%、8 年 8%、10 年 10%、2 年 15%,求平均年利率:

$$\overline{x}_G = \sum\nolimits^f \sqrt{x_1 f_1 \cdot x_2 f_2 \cdot \cdots \cdot x_n f_n} = \sqrt[25]{1.03 \times 1.05^4 \times 1.08^8 \times 1.1^{10} \times 1.15^2}$$
$$= 1.086 = 108.6\%$$

用手持计算器计算主要操作如下:1.03,×,(,1.05,y^x,4,),(,1.08,y^x,8,),(,1.1,y^x,10,),(,1.15,y^x,2,),=,2ndF,$\sqrt[x]{y}$,25,=,出现结果 1.087,即 108.7%。

五、众数

(一)众数的概念

众数是统计总体中出现次数最多的标志值,用 M_0 表示。它能直观地说明客观现象分配中的集中趋势。例如,某车间 80 名工人中技术等级为 4 级的有 58 人,人数最多,则 4 级为众数,用它表示该车间工人技术等级的一般水平。

如果统计总体中出现次数最多的标志值不是一个,而是两个,那么,合起来就是复(双)众数。

由众数的定义可看出众数存在的条件。只有当统计总体中的总体单位数较多,各标志值的次数分配又有明显的集中趋势时才存在众数。如果总体单位数很少,尽管次数分配较集中,计算出来的众数意义也不大。如果总体单位数较多,但次数分配不集中,即各总体单位的标志值在统计总体分布中出现的比重较均匀,那么也无所谓众数。

众数是由标志值出现的次数决定的,不受资料中极端数值的影响,这样增强了众数对统计总体一般水平的代表性。

根据变量分配数列的不同种类,确定众数可采用不同的方法。

(二)众数的确定方法

(1)单项数列确定众数:观察次数,出现次数最多的标志值就是众数。这种方法比较简单。

例如,某种商品的价格情况如表 3-7 所示,价格为 3.00 元/千克的商品销售量最多,即出现次数最多,因此众数 $M_0=3.00$ 元/千克。

表 3-7 某种商品的价格情况

价格/(元/千克)	销售数量/千克
2.00	20
2.40	60
3.00	140
4.00	80
合计	300

(2)组距数列确定众数:观察次数,先由最多次数来确定众数所在组,然后用比例插值法推算众数的近似值。众数近似值的计算公式如下。

下限公式:

$$M_0 = x_L + \frac{\Delta_1}{\Delta_1 + \Delta_2} \times d$$

上限公式:

$$M_0 = x_U - \frac{\Delta_2}{\Delta_1 + \Delta_2} \times d$$

式中:x_L、x_U——众数所在组的下限、上限;

Δ_1——众数所在组与以前一组次数之差;

Δ_2——众数所在组与以后一组次数之差;

d——众数所在组的组距。

由于各组次数既可以用绝对数表示,也可以用相对数表示,因而根据次数来确定众数时,既可以根据绝对次数来计算,也可以根据相对次数来计算。

例如,某班学生"统计学"考试成绩情况如表 3-8 所示,按绝对值计算众数,用下限公式,有

$$M_0 = x_L + \frac{\Delta_1}{\Delta_1 + \Delta_2} \times d = 70 \text{ 分} + \frac{46-14}{(46-14)+(46-10)} \times 10 \text{ 分} = 74.706 \text{ 分}$$

按相对数计算众数,用上限公式,有

$$M_0 = x_U + \frac{\Delta_2}{\Delta_1 + \Delta_2} \times d$$

$$= 80 \text{ 分} - \frac{57.5\% - 12.5\%}{(57.5\% - 17.5\%) + (57.5\% - 12.5\%)} \times 10 \text{ 分} = 74.706 \text{ 分}$$

表 3-8 某班学生统计学考试成绩情况表

学生成绩/分	学生人数/人	学生人数比重/(%)
50 以下	2	2.5
50~60	4	5.0
60~70	14	17.5
70~80	46	57.5

续表

学生成绩/分	学生人数/人	学生人数比重/(%)
80~90	10	12.5
90 以上	4	5.0
合计	80	100.0

(三)众数的特点

由众数的计算可看到众数具有以下特点。

(1)众数是一个位置平均数,它只考虑统计总体分布中最频繁出现的变量值,而不受极端值和开口组数列的影响,从而增强了对变量分配数列一般水平的代表性。

(2)众数是一个不容易确定的平均指标,当统计总体分布没有明显的集中趋势而趋于均匀分布时,无众数可言;当变量分配数列是异距数列时,众数的位置也不好确定。

六、中位数

(一)中位数的概念

将各总体单位标志值按大小排列,居于中间位置的那个总体单位标志值就是中位数。中位数用 M_e 表示。

(二)中位数的计算

(1)如果统计资料为未分组资料,则有

$$M_e = \frac{n+1}{2}$$

将数据按从小到大的顺序排列,如果项数为奇数,则居于中间的那个总体单位标志值即为中位数。例如,有 9 个数字,即 2,3,5,6,9,10,11,13,14,中位数为第 5 个,即 9。

将数据按从小到大的顺序排列,如果项数为偶数,中位数为居于中间的那两个总体单位标志值的平均值。例如,有 10 个数字,即 2,3,5,6,9,10,11,13,14,15,中位数为第 5 个数字和第 6 个数字的平均值,即 9.5。

(2)如果统计资料为单项式分组资料,则要将次数进行累计,中位数为居于中间位置所对应的总体单位标志值,即

$$M_e = \frac{\sum f}{2}$$

由分组资料确定中位数与由未分组资料确定中位数不同,是因为由分组资料确定中位数,一般要通过累计次数来计算,而累计次数有两种表示方法:向上累计和向下累计。如果按照确定中位数的位次,则在组距数列的情况下,根据向上累计次数和向下累计次数所计算的中位数不一致,而中位数只有一个。因而,确定中位数的位次通常采用 $\frac{\sum f}{2}$ 而不采用 $\frac{\sum f + 1}{2}$。

例如,某厂工人日产零件中位数计算表如表 3-9 所示,中位数所在的位置为 80/2=40,按向上累计次数,到 34 所在组为 54,到 32 所在组为 27,故中位数应在 34 所在组,即

中位数＝34。

表 3-9　某厂工人日产零件中位数计算表

按日产零件分组/件	工人数/人	工人数向上累计次数
26	3	3
31	10	13
32	14	27
34	27	54
36	18	72
41	8	80
合计	80	

（3）如果统计资料为组距式分组资料，应先按公式 $\dfrac{\sum f}{2}$ 求出中位数所在组的位置，然后用比例插值法确定中位数的值。计算公式如下。

下限公式（向上累计时用）：

$$M_e = x_L + \dfrac{\dfrac{\sum f}{2} - s_{m-1}}{f_m} \cdot d$$

上限公式（向下累计时用）：

$$M_e = x_U + \dfrac{\dfrac{\sum f}{2} - s_{m+1}}{f_m} \cdot d$$

式中：x_L、x_U——中位数所在组的下限、上限；

f_m——中位数所在组的次数；

s_{m-1}——中位数所在组以前各组的累计次数；

s_{m+1}——中位数所在组以后各组的累计次数；

$\sum f$——总次数；

d——中位数所在组的组距。

例如，某班学生"统计学"期末考试成绩情况如表 3-10 所示，中位数位次 $= \dfrac{\sum f}{2} = \dfrac{80}{2} = 40$，由于 20＜40＜66，所以中位数在 70～80 这一组，代入下限公式计算，有

$$M_e = x_L + \dfrac{\dfrac{\sum f}{2} - s_{m-1}}{f_m} \cdot d = 70 \text{ 分} + \dfrac{\dfrac{80}{2} - 20}{46} \times (80 - 70) \text{ 分} = 74.35 \text{ 分}$$

表 3-10　某班学生"统计学"期末考试成绩情况表

学生成绩/分	学生人数/人	人数向上累计	人数向下累计
50 以下	2	2	80
50～60	4	6	78
60～70	14	20	74

续表

学生成绩/分	学生人数/人	人数向上累计	人数向下累计
70~80	46	66	60
80~90	10	76	14
90以上	4	80	4
合计	80	—	—

七、各种平均指标之间的关系

(一)算术平均数、几何平均数和调和平均数之间的关系

(1)算术平均数、几何平均数和调和平均数之间具有以下关系。

$$\overline{x}_h \leqslant \overline{x}_G \leqslant \overline{x}$$

证明:设有两个不等的数值 x_1、x_2(均大于0),则

因为

$$(\sqrt{x_1} - \sqrt{x_2})^2 = x_1 + x_2 - 2\sqrt{x_1 x_2} \geqslant 0$$

所以

$$\frac{x_1 + x_2}{2} \geqslant \sqrt{x_1 x_2}$$

即

$$\overline{x} \geqslant \overline{x}_G$$

又因为

$$\left(\frac{1}{\sqrt{x_1}} - \frac{1}{\sqrt{x_2}}\right)^2 = \frac{1}{x_1} + \frac{1}{x_2} - \frac{2}{\sqrt{x_1 x_2}} \geqslant 0$$

所以

$$\sqrt{x_1 x_2} \geqslant \frac{2}{\frac{1}{x_1} + \frac{1}{x_2}}$$

即

$$\overline{x}_G \geqslant \overline{x}_h$$

因此

$$\overline{x}_h \leqslant \overline{x}_G \leqslant \overline{x}$$

这种关系推广到有限的几个变量值也同样成立。

例如,有5个工人,他们的劳动生产率水平分别是10件/时、12件/时、15件/时、20件/时、30件/时,则他们的劳动生产率正指标的平均数为

$$\overline{x} = \frac{10+12+15+20+30}{5} \text{ 件/时} = 17.4 \text{ 件/时}$$

$$\overline{x}_G = \sqrt[5]{10 \times 12 \times 15 \times 20 \times 30} \text{ 件/时} = 16.1 \text{ 件/时}$$

$$\overline{x}_h = \frac{5}{\frac{1}{10} + \frac{1}{12} + \frac{1}{15} + \frac{1}{20} + \frac{1}{30}} \text{ 件/时} = 15 \text{ 件/时}$$

(2)根据两个正数值计算的结果,有 $\overline{x}_G = \sqrt{\overline{x} \cdot \overline{x}_h}$。

例如,在上例中,$\sqrt{\overline{x} \cdot \overline{x}_h} = \sqrt{15 \times 17.4}$ 件/时 $= 16.09$ 件/时 $\approx \overline{x}_G$。

(二)算术平均数、众数和中位数三者的关系

(1)当统计总体次数分配为对称的钟形分布时,三个平均指标相等,即 $\overline{x} = M_e = M_0$。

(2)当统计总体分布呈左偏时,$\overline{x} > M_e > M_0$。

(3)当统计总体分布呈右偏时,$\bar{x} < M_e < M_0$。

英国统计学家卡尔·皮尔逊认为,当统计总体分布只是适当偏态时,三者之间的数量关系是:中位数与算术平均数的距离是众数与算术平均数距离的三分之一,即

$$|\bar{x} - M_0| = 3|\bar{x} - M_e|$$

由此可以推算出:在轻微偏态的次数分布中,一旦三者之中两者为已知时,就可以近似估计出第三者。

以左偏为例:

$$M_0 - \bar{x} = 3(M_e - \bar{x}) \rightarrow \begin{cases} M_0 = 3M_e - 2\bar{x} \\ M_e = \dfrac{1}{3}(M_0 + 2\bar{x}) \\ \bar{x} = \dfrac{1}{2}(3M_e - M_0) \end{cases}$$

例如,某企业工人的月收入众数为 800 元,月收入的算术平均数为 1 100 元,则月收入的中位数近似值是

$$M_e = \frac{1}{3}(M_0 + 2\bar{x}) = \frac{1}{3}(800 + 2 \times 1\,100) \text{元} = 1\,000 \text{元}$$

之所以直接套用上述公式,是因为由 $\bar{x} > M_e$ 看出统计总体的分布呈左偏。

第四节 标志变异指标

一、标志变异指标的概念和作用

(一)标志变异指标的概念

标志变异指标是描述统计总体中各总体单位标志值差别程度(又称离散程度或离中程度)的指标。

例如,某车间两个生产小组各人日产量如下:甲组,20,40,60,70,80,100,120;乙组,67,68,69,70,71,72,73。由图 3-1 可以看出,甲组离散程度大,乙组离散程度小。

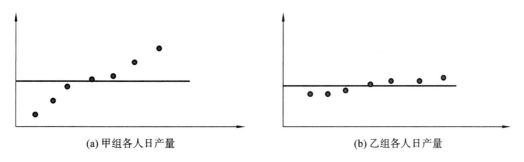

(a)甲组各人日产量　　　　　　　(b)乙组各人日产量

图 3-1　某车间两个生产小组各人日产量

(二)标志变异指标的作用

(1)标志变异指标是评价平均数代表性的依据。

(2)标志变异指标反映社会经济活动过程的均衡性或协调性,以及产品质量的稳定性。

二、全距

1. 全距的概念与计算公式

全距是指统计总体中各总体单位统计标志的最大值和最小值之差,一般用 R 表示,计算公式为

$$R = x_{\max} - x_{\min}$$

2. 全距的特点

全距具有计算方便、易于理解的特点。

三、平均差

1. 平均差的概念与计算公式

平均差是指统计总体中各总体单位标志值对平均数离差绝对值的平均数,一般用 AD 表示。离差是统计总体各总体单位标志值与算术平均数之差,用公式表示为 $x - \bar{x}$。由于各总体单位标志值与算术平均数的离差总和恒等于零,即 $\sum(x - \bar{x}) = 0$,因此在计算平均差时,采用离差的绝对值来计算。

平均差的计算公式如下。

未分组资料:
$$AD = \frac{\sum |x - \bar{x}|}{n}$$

分组资料:
$$AD = \frac{\sum |x - \bar{x}| f}{\sum f}$$

2. 平均差的特点

平均差具有计算方便、易于理解的特点。

3. 平均差的计算

某乡耕地化肥施用量的平均差计算表如表 3-11 所示。

表 3-11 某乡耕地化肥施用量的平均差计算表

按每亩耕地化肥施用量分组/千克	耕地面积 f/万亩	组中值 x	总施肥量 xf/万千克	$x - \bar{x}$	$\lvert x - \bar{x} \rvert f$
5～10	30	7.5	225	−8.85	265.5
10～15	70	12.5	875	−3.85	269.5
15～20	100	17.5	1 750	1.15	115
20～25	50	22.5	1 125	6.15	307.5
25～30	10	27.5	275	11.15	111.5
合计	260	—	4 250	—	1 069

注:1 500 亩=1 平方千米。

(1)用加权算术平均数公式计算加权算术平均数。

用手持计算器进行计算,主要操作为:2ndF,ON,7.5,×,30,M+,12.5,×70,M+,17.5,×,100,M+,22.5,×,50,M+,27.5,×,10,M+,X→M。结果为 16.35。

(2)计算离差绝对值,分别为 8.85、3.85、1.15、6.15、11.15。

(3)对离差绝对值计算加权算术平均数。

用手持计算器进行计算,主要操作为:2ndF,ON,8.85,×,30,M+,3.85,×70,M+,1.15,×,100,M+,6.15,×,50,M+,11.15,×,10,M+,X→M。结果为 4.11。

四、标准差

标准差是各总体单位标志值与其算术平均数离差平方的算术平均数的平方根,一般用 σ 表示。标准差的计算公式如下。

未分组资料:

$$\sigma = \sqrt{\frac{\sum(x-\overline{x})^2}{n}}$$

分组资料:

$$\sigma = \sqrt{\frac{\sum(x-\overline{x})^2 f}{\sum f}}$$

例如,某企业工人日产量的标准差计算表如表 3-12 所示。

用手持计算器进行计算,主要操作为:2ndF,ON,55,×,10,M+,65,×,19,M+,75,×,50,M+,85,×,36,M+,95,×,27,M+,105,×,14,M+,115,×,8,M+,2ndF,RM。结果为 14.85。

表 3-12 某企业工人日产量的标准差计算表

按日产量分组/千	工人数 f/人	组中值 x	$x-\overline{x}$	$(x-\overline{x})^2 f$
60 以下	10	55	−27.62	7 628.644 0
60~70	19	65	17.62	5 898.823 6
70~80	50	75	−7.62	2 903.220 0
80~90	36	85	2.38	203.918 4
90~100	27	95	12.38	4 138.138 8
100~110	14	105	22.38	7 012.101 6
110 以上	8	115	32.38	8 387.715 2
合计	164	—	—	36 172.561 6

σ^2 称为方差。

五、离散系数

标志变异指标的数值大小,不仅受离散程度的影响,而且受平均水平高低的影响,因此,当平均数不相等时,不能简单地根据标准差或平均差来比较离散程度。

例如,有两组工人日产量:甲组,60,65,70,75,80;乙组,2,5,7,9,12。虽然

$$\overline{x}_{甲} = 70, \quad \sigma_{甲} = 7.07$$
$$\overline{x}_{乙} = 7, \quad \sigma_{乙} = 3.41$$

但是不能简单断言甲组的离散程度大于乙组的离散程度。

此时可以通过计算离散系数来比较两组的离散程度。常用的离散系数有平均差系数和标准差系数。其中,标准差系数一般用 v 表示,计算公式为

$$标准差系数 = \frac{\sigma}{\bar{x}} \times 100\%$$

本例中,

$$v_甲 = \frac{7.07}{70} \times 100\% = 10.1\%$$

$$v_乙 = \frac{3.41}{7} \times 100\% = 48.7\%$$

由此可知,乙组的离散程度大于甲组的离散程度。

由此可见,当我们比较两组数据的离散程度时,如果两组数据的平均数相等,则可以直接比较标准差;如果两组数据的平均数不等,则需要比较两组数据的离散系数。

六、用 Excel 计算描述性统计量

用 Excel 计算平均数、标准差等描述性统计量有两种方法,一种是用函数,另一种是用"数据分析"工具。

第一次使用"数据分析"工具时,需要在 Excel"工具"菜单中依次选"加载宏""分析工具库"。这样在"工具"菜单中就会出现"数据分析"工具。

对在 Excel 中用"数据分析"工具计算平均数、标准差等描述性统计量的步骤举例说明如下。

(1)打开"4 数据描述.xls"工作簿,选择"网上冲浪"工作表。

(2)打开"工具"菜单,选择"数据分析"选项,打开"数据分析"对话框,如图 3-2 所示。

图 3-2 "数据分析"对话框

(3)双击"描述统计"项或先单击此项再单击"确定"按钮,打开"描述统计"对话框,如图 3-3 所示。

(4)在"输入区域"中输入 A1:A21。

(5)由于所选数据范围包括一个标志名称,单击"标志位于第一行"项的复选框。

(6)单击"输出区域"项,旁边出现一个输入框,单击此框出现插入符,单击 C1,在输入框中出现输出地址"＄C＄1",这是输出结果的左上角起始位置。

(7)单击"汇总统计"项(如果不选此项,则 Excel 省略部分输出结果)。

(8)单击"确定"按钮,将产生输出结果,如图 3-4 所示。

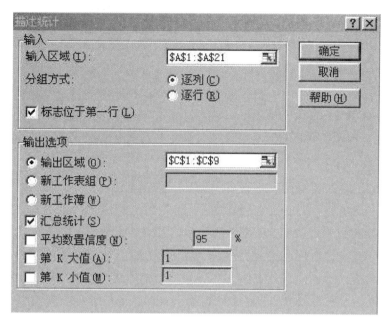

图 3-3　“描述统计”对话框

年龄	年龄	
16		
18	平均	28.75
19	标准误差	2.002466
19	中值	29
19	模式	19
21	标准偏差	8.955298
22	样本方差	80.19737
24	峰值	-1.01664
29	偏斜度	0.325715
29	区域	28
29	最小值	16
30	最大值	44
31	求和	575
31	计数	20

图 3-4　用 Excel 计算描述性统计量输出结果

在图 3-4 中，平均——算术平均数；标准误差——估计标准误差；中值——中位数；模式——众数；标准偏差——样本标准差 s，分母为 $n-1$；样本方差——s 的平方；峰值——反映钟形分布峰高的一个指标；偏斜度——反映偏斜程度的一个指标；区域——全距，等于最大值减最小值；计数——总体单位数。

第五节 案例研究

"Old Faithful"间歇喷泉是一种向空中喷出热水和热气的温泉,因要经过一段相对稳定的状态后才能喷发而得名。有时它喷射的时间间隔不太稳定。

美国俄亥俄州黄石国家公园中的"Old Faithful"间歇喷泉是世界上最著名的间歇喷泉之一。参观者都希望到公园后不用等很久就能看到喷泉的喷发,于是公园的服务部门就在喷泉处安装了一个指示牌预报下次喷泉喷发的时间,如表3-13所示。

表 3-13 "Old Faithful"间歇喷泉喷发时间表

开始时间	持续时间	预测区间	预测下一次喷发时间
6:35	1分55秒	58分	7:33 am
7:32	接近4分	82分	8:54 am
8:59	1分51秒	58分	9:57 am
10:12	4分33秒	89分	11:41 am
11:46	1分42秒	58分	12:44 pm
中午吃饭			
2:06	1分41秒	55分	3:01 pm

那么,公园是如何得到这个结果的呢?

一、以直方图分析该喷泉喷发的间隔时间

为了了解喷泉喷发间隔时间的规律,以1978年8月至1979年8月间喷泉222次喷发的间隔时间记录为样本,以直方图进行分析,步骤如下。

(1)打开"4数据描述.xls"工作簿,选择"喷泉"工作表。

(2)打开"工具"菜单,选择"数据分析"选项,打开"直方图"对话框。

(3)在"输入区域"输入单元格C1:C223,选择"标志",在"输出区域"中输入单元格"D1",选择"图表输出",单击"确定"按钮。

对所得的直方图进行修饰,便得到图3-5。

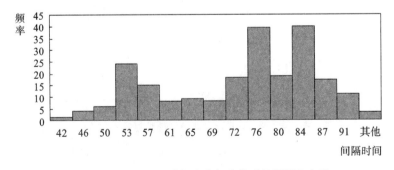

图 3-5 "Old Faithful"间歇喷泉喷发时间间隔直方图

从图3-5中可以看出,喷泉喷发的间隔时间一般在40~100分钟内变动。但是,在数据中明显地存在两个子群,它们的中心大约分别在喷发间隔55分钟和80分钟,这样在图

形中间形成一个缺口。

然而我们利用描述统计分析工具所得的结果与此大不一样。

二、利用描述统计分析工具分析该喷泉喷发的间隔时间

利用描述统计分析工具分析该喷泉的间隔时间的方法如下。

(1) 打开"4 数据描述.xls"工作簿,选择"喷泉"工作表。

(2) 从"工具"菜单中选择"数据分析"选项,打开"描述统计"对话框。

(3) 在"输入区域"中输入"C1:C223",勾选"标志位于第一行"选项的复选框。"输出区域"选择 D19。

(4) 勾选"汇总统计"和"平均数置信度",单击"确定"按钮,结果如表 3-14 所示。

表 3-14 "Old Faithful"喷泉间隔时间描述统计表

统计指标	数值	统计指标	数值
平均数	71.009 01	偏度	−0.485 52
标准误差	0.859 024	全距	53
中位数	75	最小值	42
众数	75	最大值	95
标准差	12.799 018	合计	15 764
样本方差	163.818 9	单位数	222
峰度	−0.485 52	置信度	1.692 928

描述性统计量的概括性与抽象性,容易使人对事物的真实情况产生误解。例如:从表 3-14 中可以看出平均间隔时间大约为 71 分钟。事实上,间歇时间大致呈现双峰分布,因而这一平均数并不能确切描述上述两个子群中任何一个子群的特征。

按喷发持续的时间将观察值分成两组,可以对两种喷发的不同特性在更多细节上做出检测。表 3-15 所示是以喷发持续时间是小于或等于 3 分钟还是大于 3 分钟为依据分组,分别列出喷发间歇时间的主要统计指标。

表 3-15 喷泉喷发间歇时间的主要统计指标

统计指标	喷发持续时间≤3 分钟	喷发持续时间>3 分钟
样本数	67	155
平均数	54.463	78.161
标准差	6.298 9	6.891 1
最小值	42.000	53.000
中位数	53.000	78.000
最大值	78.000	95.000

根据上述统计指标和图表,可以得出一个简单的预测规律:一个持续时间少于或等于 3 分钟的喷发将必然伴随着一个大约 55 分钟的间歇;一个持续时间大于 3 分钟的喷发将必然伴随着一个大约 80 分钟的间歇。并且,后者这种较长的间歇发生的可能性为 70%。

这样,通过一个非常简单的规则,公园的工作人员能够保证来公园的游客不用等很长

时间就会观看到喷泉的喷发。

本章小结

（1）综合指标是指反映社会经济现象总体基本数量特征的统计指标。它分为三类，即总量指标、相对指标和平均指标。

（2）总量指标是反映社会经济现象在一定的时间、地点、条件下的总规模、总水平或工作总量的统计指标，是最基本的综合指标。

（3）总量指标按反映的统计总体内容不同可分为总体单位总量和总体标志总量，按反映的时间状况不同可分为时期指标和时点指标，按所采用计量单位的不同可分为实物指标、价值指标和劳动量指标。

（4）相对指标是反映现象在数量上的联系程度和对比关系的综合指标。相对指标的表现形式是相对数，具体表现为两种：一种为无名数，一般用系数、倍数、成数、百分数、千分数来表示；另一种为有名数，主要表明事物的密度、强度和普遍程度。

（5）常用的相对指标有计划完成程度相对指标、结构相对指标、比例相对指标、比较相对指标、强度相对指标和动态相对指标等。

（6）严格保持两指标的可比性是正确应用相对指标的条件。

（7）平均指标是反映现象总体各单位某一数量标志在一定时间、地点条件下达到的一般水平的综合指标。平均指标的表现形式为平均数。平均数的种类主要有算术平均数、调和平均数、几何平均数、众数和中位数。

①算术平均数的基本公式是总体标志总量除以总体单位总量；调和平均数是统计总体中各总体单位标志值倒数的算术平均数的倒数。

②几何平均数是 n 项变量值连乘积的 n 次方根，主要用于计算平均比率和平均速度。

③众数是统计总体中最普遍出现的标志值，在实际工作中可利用众数代替算术平均数来说明社会现象的一般水平。

④中位数是现象总体各总体单位标志值按大小排列，处于中间位置的标志值。

（8）计算和运用平均指标有三个原则：必须在同质总体中计算或应用平均指标，用组平均数补充说明总平均数，用变量分配数列补充说明总平均数。

（9）标志变异指标是反映统计总体各总体单位标志值变异程度的综合指标，表明统计总体各总体单位标志值的离散程度和离中趋势，说明平均指标的代表性程度，测定现象变动的均匀性或稳定性程度。按计算方法不同，标志变异指标可以分为全距、平均差、标准差和变异系数。

（10）全距又称为极差，是数列中最大标志值与最小标志值之差，用来反映现象的实际变动范围。平均差是各总体单位标志值对算术平均数的离差绝对值的算术平均数。标准差又称为均方差，是统计总体各总体单位标志值与平均数离差平方的算术平均数的平方根。

（11）如果两个统计总体的平均数不等，就不能用平均差或标准差来测定平均数的代表性，必须通过离散系数来测定。通常运用的离散系数是平均差系数和标准差系数。标志变异程度越小，平均数的代表性越大。

习题集

一、单项选择题

1. 按反映的时间状况不同,总量指标可以分为( )。
   A. 总体总量和标志总量　　　　B. 总体总量和时期指标
   C. 标志总量和时期指标　　　　D. 时点指标和时期指标

2. 按所反映的统计内容不同,总量指标可以分为( )。
   A. 时点指标和时期指标　　　　B. 时期指标和总体标志总量
   C. 总体单位总量和总体标志总量　　D. 总体单位总量和时点指标

3. 某厂的劳动生产率计划比去年提高5%,执行结果为提高了8%,劳动生产率计划执行提高程度为( )。
   A. 8%−5%=3%　　　　　　B. 5%+8%=13%
   C. $\frac{105\%}{108\%}-100\%=-2.78\%$　　D. $\frac{108\%}{105\%}-100\%=2.86\%$

4. 在5年计划中,用水平法检查计划完成程度适用于( )的情况下。
   A. 规定计划期初应达到的水平　　B. 规定计划期末应达到的水平
   C. 规定5年累计应达到的水平　　D. 规定计划期内某一时期应达到的水平

5. 总量指标( )。
   A. 是有计量单位的　　　　　　B. 是没有计量单位的
   C. 无所谓有无计量单位　　　　D. 有的有计量单位,有的无计量单位
   E. 是抽象的、无什么经济内容的数字

6. 比例相对指标是用来反映统计总体内部各部分之间内在的( )。
   A. 计划关系　　B. 质量关系　　C. 强度关系　　D. 数量关系

7. 在相对指标中,主要用有名数表示的指标是( )。
   A. 结构相对指标　　B. 强度相对指标　　C. 比较相对指标　　D. 动态相对指标

8. 标准差数值越小,反映标志值( )。
   A. 越分散,平均数的代表性越低　　B. 越集中,平均数的代表性越高
   C. 越分散,平均数的代表性越高　　D. 越集中,平均数的代表性越低

9. 标准差属于( )。
   A. 强度相对指标　　B. 绝对指标　　C. 相对指标　　D. 平均指标

10. 按人口平均计算的钢产量是( )。
    A. 算术平均数　　B. 比例相对数　　C. 比较相对数　　D. 强度相对数

11. 某地区有40个工业企业,职工人数为8万人,工业总产值为4.5亿元,研究工业企业职工分布和劳动生产率的情况时,( )。
    A. 40个企业既是总体标志总量,又是总体单位总量
    B. 8万人既是总体标志总量,又是总体单位总量
    C. 4.5亿元既是总体标志总量,又是总体单位总量
    D. 每个企业的产值既是总体标志总量,又是总体单位总量

12. 产品合格率、设备利用率这两个相对数是( )。

A. 结构相对数　　B. 强度相对数　　C. 比例相对数　　D. 比较相对数

13. 我国第四次全国人口普查结果,我国男女之间的对比关系为 1.063∶1,这个指标是(　　)。

A. 比较相对数　　B. 比例相对数　　C. 强度相对数　　D. 结构相对数

14. 加权算术平均数 $\bar{x}$ 的大小(　　)。

A. 受各组次数 f 的影响最大

B. 受各组标志值 x 的影响最大

C. 只受各组标志值 x 的影响

D. 受各组标志值 x 和次数 f 的共同影响

15. 利用标准差比较两个统计总体平均数代表性的大小时,要求这两个统计总体的平均数(　　)。

A. 不等　　B. 相差不大　　C. 相差很大　　D. 相等

16. 权数对算术平均数的影响,取决于(　　)。

A. 权数本身数值的大小

B. 作为权数的总体单位数占总体单位数的比重大小

C. 各组标志的大小

D. 权数的经济意义

17. 分配数列中,当标志值较小,而权数较大时,计算出来的算术平均数(　　)。

A. 接近标志值大的一方　　B. 接近标志值小的一方

C. 接近大小合适的标志值　　D. 不受权数的影响

18. 平均指标反映了(　　)。

A. 统计总体分布的集中趋势　　B. 统计总体分布的特征

C. 总体单位的集中趋势　　D. 统计总体的变动趋势

19. 计算平均指标的基本要求是要计算平均指标的总体单位是(　　)。

A. 大量的　　B. 同质的　　C. 差异的　　D. 少量的

20. 某公司下属有 5 个企业,共 2 000 名工人。已知每个企业某月产值计划完成百分比和实际产值,要计算该公司月平均产值计划完成程度,应采用加权调和平均数的方法计算,其权数是(　　)。

A. 计划产值　　B. 实际产值　　C. 工人数　　D. 企业数

21. 若把全部产品分为合格品与不合格品,则所采用的统计标志属于(　　)。

A. 不变标志　　B. 是非标志　　C. 品质标志　　D. 数量标志

22. 标志变异指标中易受极端数值影响的是(　　)。

A. 全距　　B. 平均差　　C. 标准差　　D. 标准差系数

23. 用是非标志计算平均数,其计算结果为(　　)。

A. $p+q$　　B. $p-q$　　C. $1-p$　　D. p

24. 同质总体标志变异指标反映(　　)。

A. 离中趋势　　B. 集中趋势　　C. 变动情况　　D. 一般水平

25. 两个统计总体的平均数不等,但标准差相等,则(　　)。

A. 平均数小,代表性大　　B. 平均数大,代表性大

C. 两个平均数代表性相同　　D. 无法进行正确判断

26.在变量分配数列中,计算标准差的公式为( )。

A. $\sqrt{\dfrac{\sum(x-\bar{x})^2 f}{n}}$ B. $\sqrt{\dfrac{\sum(x-\bar{x})^2 f}{\sum f}}$

C. $\sqrt{\dfrac{\sum(x-\bar{x})f}{\sum f}}$ D. $\sqrt{\dfrac{\sum(x-\bar{x})}{n}}$

27.在甲、乙两个变量分配数列中,若 $\sigma_甲<\sigma_乙$,则将两个变量分配数列平均数的代表性程度相比较,( )。

A.两个变量分配数列的平均数的代表性相同
B.甲变量分配数列的平均数的代表性高于乙变量分配数列
C.乙变量分配数列的平均数的代表性高于甲变量分配数列
D.不能确定哪个变量分配数列的平均数的代表性好一些

二、多项选择题

1.总量指标的计量单位有( )。

A.实物单位   B.劳动时间单位
C.价值单位   D.百分比和千分比
E.倍数、系数和成数

2.在社会经济中,计算总量指标有着重要的意义,是因为总量指标是( )。

A.对社会经济现象认识的起点   B.实行社会管理的依据之一
C.计算相对指标和平均指标的基础   D.唯一能进行统计推算的指标
E.没有统计误差的统计指标

3.在相对指标中,分子和分母可以互相对换的有( )。

A.比较相对指标   B.比例相对指标
C.动态相对指标   D.结构相对指标
E.强度相对指标

4.相对指标的数值表现形式是( )。

A.抽样数   B.有名数
C.无名数   D.样本数
E.平均数

5.总量指标和相对指标的计算运用的原则有( )。

A.可比性原则   B.与典型事物相结合的原则
C.相对指标和总量指标相结合的原则   D.多项指标综合运用的原则
E.结合经济内容的原则

6.下列指标中,属于强度相对指标的有( )。

A.按人口计算平均每人占有国民收入   B.人口自然增长率
C.人口密度   D.按人口计算平均每人占有粮食产量
E.职工出勤率

7.时点指标的特点是( )。

A.数值可以连续计算   B.数值只能间断计算
C.数值可以连续相加   D.数值不能直接相加
E.数值大小与所属时间长短无关

8. 在相对指标中,属于不同总体数值对比的指标有(　　)。
   A. 动态相对数　　　　　　　　　B. 结构相对数
   C. 比较相对数　　　　　　　　　D. 比例相对数
   E. 强度相对数

9. 平均指标的计算原则包括(　　)。
   A. 只能由同类的社会经济现象计算平均数
   B. 只能由具有可比性的社会经济现象计算平均数
   C. 只能从具有同质性的社会经济现象计算平均数
   D. 只有从相似的社会经济现象计算平均数
   E. 只能从不同的统计总体计算平均指标

10. 加权算术平均数等于简单算术平均数是在(　　)。
    A. 各组变量值不相同的条件下　　　B. 各组次数相等的条件下
    C. 各组权数都为1的条件下　　　　D. 在分组组数较少的条件下
    E. 各组次数不相等的条件下

11. 下列各项中,可以应用加权算术平均法计算平均数的有(　　)。
    A. 由各个工人的工资额计算平均工资
    B. 由工人按工资分组的变量分配数列计算平均工资
    C. 由工人总数和工资总额求平均工资
    D. 由各个环比发展速度求平均发展速度
    E. 由各产品等级及各级产品产量求平均等级

12. 下列关于权数的描述,正确的有(　　)。
    A. 权数衡量相应的变量对总平均数作用的强度
    B. 权数起作用在于次数占总次数的比重大小
    C. 权数起作用在于次数本身绝对值的大小
    D. 权数起作用的前提之一是各组的变量值必须互有差异
    E. 权数起作用的前提之一是各组的频率必须有差别

13. 加权算术平均数和加权调和平均数计算方法的选择应根据已知资料的情况而定:(　　)。
    A. 如果掌握基本形式的分母,则用加权算术平均数计算
    B. 如果掌握基本形式的分子,则用加权算术平均数计算
    C. 如果掌握基本形式的分母,则用加权调和平均数计算
    D. 如果掌握基本形式的分子,则用加权调和平均数计算
    E. 如无基本形式的分子、分母,则无法计算平均数

14. 标志变异指标可以反映(　　)。
    A. 平均数代表性的大小　　　　　B. 总体单位标志值分布的集中趋势
    C. 总体单位标志值的离中趋势　　D. 社会生产过程的均衡性
    E. 产品质量的稳定性

15. $\dfrac{\sigma}{\bar{x}}$ 和 $\dfrac{\bar{x}}{\sigma}$ (　　)。
    A. 反映的是同一个问题

B. 反映的不是同一个问题
C. 是从绝对数上对统计总体分布特征的测定
D. 是从相对数上对统计总体分布特征的测定
E. 一个是从绝对数上对统计总体分布特征的测定,一个是在相对数上对统计总体分布特征的测定

16. 是非标志的标准差是(　　)。
  A. $\sqrt{q+p}$　　　　　　　　　B. $\sqrt{pq}$
  C. $\sqrt{p-q}$　　　　　　　　　D. $\sqrt{(1-q)(1-p)}$
  E. $\sqrt{p(1-q)}$

17. 某小组 3 名工人的工资分别为 102 元、104 元和 109 元,根据这一资料计算的各种标志变异指标的关系是(　　)。
  A. 全距大于平均差　　　　　　　B. 全距大于标准差
  C. 标准差大于平均差　　　　　　D. 标准差大于标准差系数
  E. 平均差系数小于标准差系数

18. 利用标准差比较两个统计总体的平均数代表性的大小,要求(　　)。
  A. 两个平均数相等　　　　　　　B. 两个统计总体的单位数相等
  C. 两个统计总体的标准差相等　　D. 两个平均数的计量单位相同
  E. 两个平均数反映的现象相同

19. 在比较两个统计总体的平均数代表性的大小时,(　　)。
  A. 如果两个统计总体的平均数相等,则可用标准差来比较
  B. 如果两个统计总体的平均数相等,则可用标准差系数来比较
  C. 如果两个统计总体的平均数不等,则可用标准差来比较
  D. 如果两个统计总体的平均数不等,则不能用标准差来比较
  E. 如果两个统计总体的平均数不等,则可用标准差系数来比较

20. 两组工人加工同样的零件,第一组工人每人加工零件数(件)为 32、25、29、28、26,第二组工人每人加工零件数(件)为 30、25、22、26、27,比较这两组工人加工零件数的变异程度可知,(　　)。
  A. 第一组工人加工零件数的变异程度大于第二组
  B. 第二组工人加工零件数的变异程度大于第一组
  C. 只有选项 A 正确
  D. 只有选项 B 正确
  E. 无法比较这两组工人加工零件数的变异程度

三、填空题

1. 总量指标是反映社会经济现象总体规模或水平的指标,是计算_____和_____的基础。

2. 相对指标是互相关联的现象_____的对比,反映事物之间的_____程度。

3. 考核中长期计划执行情况的方法有_____和_____两种。

4. 单位产品成本计划降低 5%,实际降低 7%,则单位成本计划完成相对数为_____%。

5. 计划完成相对数是将现象在某时期内的_____做对比,用以表明_____的综合指标。

6. 强度相对指标的数值大小与现象的_____成正比例,称为正指标;与现象的_____成反比例,称为逆指标。

7. 相对指标和平均指标一般都是由两个有关系的_____计算出来的。它们是总量指标的_____指标。

8. 计算计划完成程度相对指标时,不能以实际增长率(或降低率)除以计划增长率(或降低率),而应当包括_____在内。

9. 检查相对指标的可比性,主要应检查进行对比的综合指标所包含的_____、_____和_____等方面是否相适应、彼此协调。

10. 根据研究目的和比较标准的不同,相对指标可分为_____、_____、_____、_____、_____和_____等六种。

11. 平均指标就是在_____内,将各单位_____,用以反映总体在一定时间、地点条件下的一般水平。

12. 统计中的变量分配数列以_____为中心面左右波动,所以平均数反映了统计总体分布的_____。

13. 利用组中值计算算术平均数是假定各组内的_____分配的,计算结果只是一个_____值。

14. 权数对算术平均数的影响,不取决于权数_____的大小,而取决于权数的_____的比重大小。

15. 在计算加权算术平均数时,必须慎重选择权数,务必使各组的_____和_____的乘积等于各组的_____。

16. 调和平均数是平均指标的一种,是_____的算术平均数的_____,又称_____平均数。

17. 几何平均数是_____,是计算平均比率和平均速度最适用的一种指标,凡是变量值的连乘积等于_____或_____的现象,都可以使用几何平均数计算平均比率或平均速度。

18. 社会现象的_____是计算或应用平均数的一个原则。

19. 平均指标说明变量分配数列中变量值的_____,而标志变异指标说明变量的_____。

20. 标志变异指标的大小与平均数代表性的大小呈_____关系。

21. 是非标志的平均数为_____,标准差为_____。

22. 某种产品的合格率为95%,废品率为5%,则该种产品的平均合格率为_____,标准差是_____。

23. 某企业职工按工资额分组,最高组为 14 000~15 000 元,最低组为 5 000~6 000 元,其全距为_____。

24. 标志变异指标是衡量_____的尺度。

25. 已知平均数 $\bar{x}=120$ 元,标准差系数 $v=30\%$,则标准差 $\sigma=$_____。

26. 全距是标志值的_____与_____之差。在组距式分组资料中,可以用_____和_____之差来近似地表示全距。

27. 标准差系数是_____与_____之比,计算公式为_____。

四、简答题

1. 什么叫总量指标?计算总量指标有什么重要意义?总量指标的种类如何划分?
2. 什么是相对指标?相对指标的作用有哪些?
3. 分析长期计划执行情况时,水平法和累计法有什么区别?
4. 结构相对指标和比例相对指标有何区别?
5. 在组距数列中,组中值为什么只是一个近似值?
6. 加权算术平均数和加权调和平均数在计算上有什么不同?
7. 平均指标的计算原则是什么?有何作用?
8. 为什么要研究标志变异指标?
9. 为什么说标准差是各种标志变异指标中最常用的一种指标?

五、计算题

1. 某企业的生产情况如题表 3-1 所示。

题表 3-1　某企业生产情况表

分厂	2000 年总产值			2001 年总产值		
	计划/万元	实际/万元	完成计划/(%)	计划/万元	实际/万元	完成计划/(%)
一分厂		200	105	230		110
二分厂	300		115	350	315	
三分厂		132	110	140		120
企业合计						

要求:
(1) 填满表内空格;
(2) 对比全厂两年总产值计划完成程度。

2. 我国"八五"计划中规定,到"八五"计划的最后一年,钢产量规定为 7 200 万吨,假设"八五"期最后两年钢产量情况如题表 3-2 所示。

题表 3-2　我国"八五"期最后两年钢产量情况

季度	第一季度	第二季度	第三季度	第四季度
第四年/万吨	1 700	1 700	1 750	1 750
第五年/万吨	1 800	1 800	1 850	1 900

根据表中资料计算:
(1) 钢产量"八五"计划完成程度;
(2) 钢产量"八五"计划提前完成的时间。

3. 某城市 1987 年末和 1999 年末人口数、商业网点数和商业职工数如题表 3-3 所示。

题表 3-3　某城市 1987 年末和 1999 年末人口数、商业网点数和商业职业数

年份	1987	1999
人口数/万人	110	210
商业网点数/个	54 000	12 500

续表

年份	1987	1999
商业职工数/人	138 000	96 000

计算:

(1)每个商业网点平均服务人数;

(2)每个商业职工平均服务人数;

4.某企业工人按日产量分组如题表3-4所示。

题表3-4 某企业工人按日产量分组表

工人按日产量分组/件	工人数/人	
	七月份	八月份
20以下	30	18
20～30	78	30
30～40	108	72
40～50	90	120
50～60	42	90
60以上	12	30
合计	360	360

试计算七、八月份平均每人日产量,并简要说明八月份相比七月份平均每人日产量变化的原因。

5.某地区甲、乙两个农贸市场三种主要蔬菜价格及销售额资料如题表3-5所示。

题表3-5 某地区甲、乙两个农贸市场三种主要蔬菜价格及销售额表

品种	价格/(元/千克)	销售额/万元	
		甲市场	乙市场
甲	0.30	75.0	37.5
乙	0.32	40.0	30.0
丙	0.36	45.0	45.0

试计算比较该地区哪个农贸市场的蔬菜平均价格高,并说明原因。

6.某纺织厂生产某种棉布,经测定两年中各级产品的产量资料如题表3-6所示。

题表3-6 某纺织厂生产某种棉布各级产品的产量表

产品等级	产量/万米	
	1998年	1999年
一级	200	270
二级	40	24
三级	10	6
合计	250	300

试比较这两年产品的平均等级,并说明该厂棉布生产在质量上有何变化及其原因。

7. 甲、乙两企业生产同种产品,一月份各批产量和单位产品成本资料如题表 3-7 所示。

题表 3-7 甲、乙两企业一月份生产同种产品的产量和成本资料表

批次	甲企业		乙企业	
	单位产品成本/元	产量比重/(%)	单位产品成本/元	产量比重/(%)
第一批	1.0	10	1.2	30
第二批	1.1	20	1.1	30
第三批	1.2	70	1.0	40

试比较和分析哪个企业的单位成本高,并说明原因。

8. 某研究所职工工资资料如题表 3-8 所示。

题表 3-8 某研究所职工工资表

按月工资分组/元	职工人数/人
6 000~7 000	20
7 000~8 000	45
8 000~9 000	35
9 000 以上	10

试用次数权数和比重权数分别计算该研究所平均工资。

9. 有四个地区销售同一种产品,其销售量和销售额资料如题表 3-9 所示。

题表 3-9 某地区同一种产品的销售量和销售额表

地区	销售量/件	销售额/万元
甲	50 000	200
乙	40 000	176
丙	60 000	300
丁	80 000	384

试计算各地区的平均价格和此种产品在四个地区总的平均价格。

10. 某地区 20 个商店某年第四季度资料如题表 3-10 所示。

题表 3-10 某地区 20 个商店某年第四季度资料表

商品销售计划完成程度分组/(%)	商店数目/家	实际商品销售额/万元	流通费用率/(%)
80~90	3	45.9	14.8
90~100	4	68.4	13.2
100~110	8	34.4	12.0
110~120	5	94.3	11.0

试计算该地区 20 个商店平均完成销售计划指标以及总的流通费用率(提示：流通费用率＝流通费用额/实际销售额)。

11. 某商店售货员的工资资料如题表 3-11 所示。

题表 3-11　某商店售货员的工资表

工资额/元	售货员人数/人
3 750	4
4 300	3
5 100	7
5 900	3
6 900	3

根据上表计算该商店售货员工资的全距、平均差、标准差、平均差系数和标准差系数。

12. 某工厂生产一批零件共 10 万件，为了解这批产品的质量，采取不重复抽样的方法抽取 1 000 件进行检查，检查结果如题表 3-12 所示。

题表 3-12　某工厂生产一批零件的质量情况表

使用寿命/时	零件数/件
700 以下	10
700～800	60
800～900	230
900～1 000	450
1 000～1 200	190
1 200 以上	60
合计	1 000

根据质量标准，使用寿命在 800 小时及以上者为合格品。试计算平均合格率、标准差及标准差系数。

13. 某厂 400 名职工的工资资料如题表 3-13 所示。

题表 3-13　某厂 400 名职工的工资表

按月工资分组/元	职工人数/人
4 500～5 500	60
5 500～6 500	100
6 500～7 500	140
7 500～8 500	60
8 500～9 500	40
合计	400

试根据上述资料计算该厂职工的平均工资和标准差。

第四章 动态数列

一、教学目的与要求

通过对本章的学习,学生应掌握动态数列的概念、种类及编制,熟悉现象发展的几个水平分析指标和速度分析指标、长期趋势的测定与预测、相应的微机处理。

二、教学内容

第一节"动态数列的编制":动态数列的概念,动态数列的种类,动态数列的编制原则。

第二节"动态数列水平分析指标":发展水平与平均发展水平,增长量和平均增长量。

第三节"动态数列速度分析指标":发展速度与增长速度,平均发展速度与平均增长速度。

第四节"长期趋势的测定与预测":长期趋势测定与预测的意义,移动平均法,趋势线拟合法,利用 Excel 进行趋势预测。

三、重点与难点

水平分析指标、速度分析指标、长期趋势的测定与预测及相应的微机处理。

四、教学方法

多媒体教学与计算机处理实验。

五、学习方法

掌握本章内容的方法是在理解的基础上适当加以记忆。

六、计划安排课时

6～8 课时。

七、作业

习题集。

第一节 动态数列的编制

一、动态数列的概念

动态数列也称时间数列,是指按时间先后顺序排列的一列数。

动态数列具有两个基本要素,一是时间,二是各时间指标值,如表 4-1 所示。

表 4-1 20 世纪 90 年代我国 GDP

年份	GDP/亿元
1990	18 872.9
1991	22 005.6
1992	27 194.5
1993	35 673.2
1994	48 637.5
1995	61 339.9
1996	71 813.6
1997	79 715.0
1998	85 195.5
1999	90 564.4

二、动态数列的种类

根据不同的研究任务,动态数列可用绝对数编制,也可用相对数或平均数编制。相应地,动态数列可分为绝对数动态数列、相对数动态数列和平均数动态数列三种。其中,绝对数动态数列是基本数列,其余两种动态数列是派生数列。

(一)绝对数动态数列

把一系列总量指标(统计绝对数)按时间先后顺序排列起来所形成的动态数列称为绝对数动态数列。

如果按所反映的社会经济现象所属的时间不同,绝对数动态数列又可分为时期数列和时点数列。

1. 时期数列

时期数列是指各项指标反映社会经济现象在一段时期内发展过程的总量(如工业总产值等)的一种绝对数动态数列。时期数列具有以下特点。

(1)各项指标数值是可加的。

(2)指标数值的大小与时期的长短有关。

(3)每个指标数值通过连续登记而得。

2. 时点数列

时点数列是指各项指标反映社会经济现象在一时点所达到的水平(如职工人数、人口数等)的一种绝对数动态数列。时点数列具有以下特点。

(1)各项指标数值是不可加的。

(2)指标数值的大小与时期的长短无关。

(3)每个指标数值通过一定时期登记一次而得。

(二)相对数动态数列

把一系列同类的相对指标按时间先后顺序排列起来所形成的动态数列称为相对数动态数列。相对数动态数列示例如表 4-2 所示。

表 4-2 20 世纪 90 年代我国 GDP 指数(以上年为 100%)

年份	GDP 指数
1990	103.9
1991	109.3
1992	114.2
1993	113.9
1994	113.0
1995	111.0
1996	109.9
1997	109.2
1998	107.8
1999	107.7

（三）平均数动态数列

把一系列同类的平均指标按时间先后顺序排列起来所形成的动态数列称为平均数动态数列。平均数动态数列示例如表 4-3 所示。

表 4-3 1991—1998 年我国职工年人平均工资

年份	年人平均工资/(元/(年·人))
1991	2 340
1992	2 711
1993	3 371
1994	4 538
1995	5 500
1996	6 210
1997	6 470
1998	7 479

三、动态数列的编制原则

动态数列的编制原则如下。
(1)编制绝对数动态数列时,时期的长短应统一。
(2)统计总体范围应一致。
(3)统计指标的经济内容应相同。
(4)计算口径(计算方法、计量单位)应统一。

第二节 动态数列水平分析指标

反映现象发展水平的指标有发展水平、平均发展水平、增长量和平均增长量。

一、发展水平与平均发展水平

(一) 发展水平

发展水平是指动态数列各个时期(时点)的指标数值。

发展水平一般用总量指标表示,如表 4-4 所示,也可以用相对指标或平均指标表示。

表 4-4　1995—1999 年我国进出口总额

指标	年份				
	1995	1996	1997	1998	1999
进出口总额/亿元	23 499.94	24 133.86	26 967.24	26 849.68	29 896.23

如果用符号 $a_0, a_1, a_2, a_3, \cdots, a_{n-1}, a_n$ 代表动态数列中的各个发展水平,则在表 4-4 中,如果以 1995 年作为基期发展水平(作为对比的基础时期的指标水平),将 1995 年我国进出口总额记为 a_0,则 1996 年、1997 年、1998 年、1999 年我国进出口总额分别用 a_1, a_2, a_3, a_4 表示。

$a_0, a_1, a_2, a_3, \cdots, a_{n-1}, a_n$ 称为报告期水平或计算期发展水平(所要反映与研究的那一时期的指标水平)。其中:a_0 又称为最初水平;$a_1, a_2, a_3, \cdots$ 又称为中间水平;a_n 又称为最末水平。在表 4-4 中,a_0 为最初水平;a_1, a_2, a_3 为中间水平;a_4 为最末水平。

(二) 平均发展水平

平均发展水平又称序时平均数或动态平均数,是指不同时期发展水平的平均数。平均发展水平一般用 $\bar{a}$ 表示。

平均发展水平和前文讲的一般平均数既有相同点,又有不同点。相同点是:二者都是所有变量值的代表值,表现的都是现象的一般水平。不同点是:平均发展水平平均的是现象在不同时间指标数值的差别,是从动态的角度说明现象的一般水平,是根据动态数列计算的;而一般平均数平均的是现象在同一时间的数量差别,是从动态的角度说明现象的一般水平,是根据变量分配数列计算的。

(三) 平均发展水平的计算

1. 由绝对数动态数列计算平均发展水平

1) 由时期数列计算平均发展水平

由时期数列计算平均发展水平的公式为

$$\bar{a} = \frac{a_1 + a_2 + \cdots + a_n}{n} = \frac{\sum a}{n}$$

例如,某企业 2000 年上半年各月份的增加值如表 4-5 所示,根据此表可计算该企业 2000 年上半年的月平均增加值为

$$月平均增加值 = \frac{21.4 + 18.6 + 23.5 + 39.2 + 35.7 + 28.2}{6} 万元 = \frac{166.6}{6} 万元 = 27.8 \text{ 万元}$$

表 4-5　某企业 2000 年上半年各月份的增加值

月份	1月	2月	3月	4月	5月	6月
增加值/万元	21.4	18.6	23.5	39.2	35.7	28.2

2)由时点数列计算平均发展水平

(1)由连续时点(日)数列计算平均发展水平。

由连续时点(日)数列计算平均发展水平分为两种情况,计算公式如下。

①间隔相等(逐日登记): $\bar{a} = \dfrac{\sum a}{n}$

②间隔不等(间隔登记): $\bar{a} = \dfrac{\sum af}{\sum f}$

例如,某企业4月1日职工有300人,4月11日新进厂9人,4月16日离厂4人,则该企业4月份平均职工人数为

$$\bar{a} = \frac{\sum af}{\sum f} = \frac{300 \times 10 + 309 \times 5 + 305 \times 15}{10 + 5 + 15} \text{人} = 304 \text{人}$$

(2)由间断时点(月、季、年)数列计算平均发展水平。

由间断时点(月、季、年)数列计算平均发展水平分为两种情况,计算公式如下。

①间隔相等:首末折半法。

$$\bar{a} = \frac{\dfrac{a_1}{2} + a_2 + a_3 + \cdots + a_{n-1} + \dfrac{a_n}{2}}{n-1}$$

例如,某企业1998年第二季度商品库存额如表4-6所示,用手持计算器计算该企业1998年第二季度商品月平均库存额的主要操作如下:100,÷,2,=,M+,86,M+,104,M+,114,÷,2,=,M+,RM,÷,3,=。结果为99万元。

表4-6 某企业1998年第二季度商品库存额

月份	3月	4月	5月	6月
月末库存额/万元	100	86	104	114

②间隔不等。

$$\bar{a} = \frac{\dfrac{a_1 + a_2}{2} \times f_1 + \dfrac{a_2 + a_3}{2} \times f_2 + \cdots + \dfrac{a_{n-1} + a_n}{2} \times f_{n-1}}{\sum_{i=1}^{n-1} f_i}$$

例如,某农场生猪存栏数如表4-7所示,用手持计算器计算该农场生猪月平均存栏数的主要操作如下:1 420,+,1 400,=,÷,2,=,×,2,M+,1 400,+,1 200,=,÷,2,=,×,5,M+,1 200,+,1 250,=,÷,2,=,×,2,M+,1 250,+,1 460,=,÷,2,=,×,3,M+,RM,÷,12,=。结果为1 319.58头。

用公式验证:

$$\bar{a} = \frac{\dfrac{1\,420 + 1\,400}{2} \times 2 + \dfrac{1\,400 + 1\,200}{2} \times 5 + \dfrac{1\,200 + 1\,250}{2} \times 2 + \dfrac{1\,250 + 1\,460}{2} \times 3}{12} \text{头}$$

= 1 319.58头

结果正确。

表4-7 某农场生猪存栏数

日期	1月1日	3月1日	8月1日	10月1日	12月1日
生猪存栏数/头	1 420	1 400	1 200	1 250	1 460

2. 由相对数动态数列计算平均发展水平

由于相对数动态数列是将两个相互联系的绝对数动态数列相对比而得到的,因此求相对数动态数列的平均发展水平,可先找到形成相对数的分子、分母两个绝对数动态数列,分别计算这两个绝对数动态数列的平均发展水平,再相除,即由相对数动态数列计算平均发展水平的公式为

$$\bar{a} = \frac{\bar{c}}{\bar{b}}$$

式中:$\bar{c}$——分子的平均发展水平;

$\bar{b}$——分母的平均发展水平。

这里需提请注意的是,必须分清 c、b 是时期数列还是时点数列,然后分别求出 $\bar{c}$、$\bar{b}$。

二、增长量和平均增长量

(一)增长量

增长量也称为增减量,是报告期发展水平与基期发展水平之差,说明社会经济现象在一定时期内增减变化的绝对数量。增长量的基本计算公式为

$$增长量 = 报告期发展水平 - 基期发展水平$$

增长量可正可负。若为正,表明报告期相比基期的增加量;若为负,表明报告期相比基期的减少量。根据采用的基期不同,增长量可分为逐期增长量和累计增长量。

逐期增长量是各报告期发展水平与前一期发展水平之差,说明现象逐期增减的数量,用符号可表示为

$$a_1 - a_0, a_2 - a_1, \cdots, a_n - a_{n-1}$$

累计增长量是各报告期发展水平与某一固定基期发展水平之差,说明现象从某一固定基期到报告期这一段时间内增减的总量,用符号可表示为

$$a_1 - a_0, a_2 - a_0, \cdots, a_n - a_0$$

逐期增长量与累计增长量的关系是:逐期增长量之和等于累计增长量,即

$$累计增长量 = \sum 各逐期增长量$$

用公式表示为

$$a_n - a_0 = (a_n - a_{n-1}) + \cdots + (a_3 - a_2) + (a_2 - a_1) + (a_1 - a_0)$$

例如,增长量计算示例如表 4-8 所示。

表 4-8 我国 1994—1998 年家用电冰箱产量

年份	1994	1995	1996	1997	1998
产量/万台	768	918	980	1 044	1 060
逐期增长量/万台		150	62	64	16
累计增长量/万台		150	212	276	292

(二)平均增长量

平均增长量又称为平均增减量,是现象在一段时期内各逐期增长量的平均发展水平,说明现象在一定时期内平均每期增加或减少的数量。平均增长量一般用 $\overline{\Delta a}$ 表示,计算公式为

$$\text{平均增长量} = \frac{\text{逐期增长量之和}}{\text{逐期增长量个数}} = \frac{\text{累计增长量}}{\text{动态数列项数}-1}$$

计算表 4-8 中 1994—1998 年我国家用电冰箱年平均增长量,结果为

$$\overline{\Delta a} = \frac{292}{4} \text{万台} = 73 \text{万台}$$

第三节 动态数列速度分析指标

动态数列速度分析指标是反映国民经济速度的主要指标,主要有发展速度、增长速度、平均发展速度和平均增长速度。其中,发展速度是基本的动态数列速度分析指标。

一、发展速度与增长速度

(一)发展速度

发展速度是将报告期发展水平与基期发展水平对比而计算得到的动态相对指标,用以反映现象报告期发展水平比基期发展水平的相对程度。发展速度一般用百分数或倍数表示,计算公式为

$$\text{发展速度} = \frac{\text{报告期发展水平}}{\text{基期发展水平}} \times 100\%$$

根据基期的不同,发展速度可分为环比发展速度、定基发展速度和同比发展速度。

环比发展速度又称作年速度,是各报告期发展水平与前一期发展水平之比,说明现象逐期发展的相对速度。环比发展速度的计算公式为

$$\text{环比发展速度} = \frac{\text{报告期发展水平}}{\text{前一期发展水平}}$$

用符号可表示为

$$\frac{a_1}{a_0}, \frac{a_2}{a_1}, \cdots, \frac{a_n}{a_{n-1}}$$

定基发展速度是报告期发展水平与某一固定基期发展水平(通常是最初水平)之比,说明现象从某一固定基期到计算期这一段较长时间之内的总发展速度,因此也称为总速度。定基发展速度的计算公式为

$$\text{定基发展速度} = \frac{\text{报告期发展水平}}{\text{固定基期发展水平}}$$

用符号可表示为

$$\frac{a_1}{a_0}, \frac{a_2}{a_0}, \cdots, \frac{a_n}{a_0}$$

同比发展速度一般是指本期发展水平与上年同期发展水平之比,即

$$\text{同比发展速度} = \frac{\text{本期发展水平}}{\text{上年同期发展水平}}$$

环比发展速度和定基发展速度计算示例如表 4-9 所示。

表 4-9 1994—1998 年我国家用电冰箱生产发展速度

年份	1994	1995	1996	1997	1998
产量/万台	768	918	980	1 044	1 060

续表

年份	1994	1995	1996	1997	1998
环比发展速度/(%)	—	119.5	106.8	106.5	101.5
定基发展速度/(%)	100	119.5	127.6	135.9	138.0

定基发展速度与环比发展速度的关系如下。

第一，各期环比发展速度的连乘积等于相应的定基发展速度，即

$$\frac{a_n}{a_0} = \frac{a_1}{a_0} \times \frac{a_2}{a_1} \times \cdots \times \frac{a_n}{a_{n-1}}$$

第二，两个相邻时期的定基发展速度之比等于相应的环比发展速度，如

$$\frac{a_n}{a_0} \div \frac{a_{n-1}}{a_0} = \frac{a_n}{a_{n-1}}$$

(二) 增长速度

增长速度是将报告期增长量与基期发展水平相比而计算得到的动态相对指标，用以反映现象报告期发展水平比基期发展水平纯增减的相对程度。增长速度一般用百分数或系数表示，计算公式为

$$增长速度 = \frac{增长量}{基期发展水平} = \frac{报告期发展水平 - 基期发展水平}{基期发展水平}$$

增长速度可分为环比增长速度、定基增长速度、同比增长速度。

环比增长速度是报告期逐期增长量与前一期发展水平之比，说明社会经济现象较前期的相对增减程度，计算公式为

$$环比增长速度 = \frac{逐期增长量}{前一期发展水平} = 环比发展速度 - 1$$

定基增长速度是报告期累计增长量与固定基期发展水平之比，说明社会经济现象在比较长的时间内总的增减速度，计算公式为

$$定基增长速度 = \frac{累计增长量}{固定基期发展水平} = 定基发展速度 - 1$$

为了消除季节变动的影响，也可计算同比增长速度，它的计算公式为

$$同比增长速度 = \frac{同比增长量}{上年同期发展水平} = 同比发展速度 - 1$$

环比增长速度和定基增长速度计算示例如表 4-10 所示。

表 4-10　1994—1998 年我国家用电冰箱生产发展速度与增长速度

年份	1994	1995	1996	1997	1998
产量/万台	768	918	980	1 044	1 060
环比发展速度/(%)	—	119.5	106.8	106.5	101.5
定基发展速度/(%)	100	119.5	127.6	135.9	138.0
环比增长速度/(%)	—	19.5	6.8	6.5	1.5
定基增长速度/(%)	—	19.5	27.6	35.9	38.0

这里需要提请注意的是：第一，环比增长速度与定基增长速度这两个指标不能直接进行换算，如果要进行换算，则先将环比增长速度加"1"化为环比发展速度后，再连乘得定基

发展速度,然后减"1",才能求得定基增长速度;第二,发展速度大于1,增长速度为正值,说明社会经济现象增减的程度时用"增加了"表示,而发展速度小于1,增长速度为负值,说明社会经济现象增减的程度时用"降低了"表示。

二、平均发展速度与平均增长速度

(一)平均发展速度

平均发展速度是各个时期环比发展速度的平均数,用以反映现象在一个较长时间内逐期发展的平均水平。它的计算公式为

$$\bar{x} = \sqrt[n]{\frac{a_n}{a_0}} = \sqrt[n]{x_1 \times x_2 \times \cdots \times x_n} = \sqrt[n]{\prod x}$$

式中:$x_1, x_2, \cdots, x_n$——各期环比发展速度。

平均发展速度一般采用几何平均的方法计算。例如,某厂有四个车间,若四个车间工序相同,一产品经过这四个车间加工,合格率分别为85%、90%、95%和80%,则该厂的平均合格率为

$$\frac{85\% + 90\% + 95\% + 80\%}{4} = 87.5\%$$

若四个车间工序不同,一产品在出厂前要分别经由它们加工,且合格率分别为85%、90%、95%和80%,则该厂的平均合格率为

$$\bar{x} = \sqrt[n]{x_1 \times x_2 \times \cdots \times x_n} = \sqrt[4]{85\% \times 90\% \times 95\% \times 80\%} = 87.3\%$$

对于表4-10,1994—1998年我国家用电冰箱生产平均发展速度的计算方法有以下几种。

(1)方法一。

$$\bar{x} = \sqrt[4]{\frac{1\,060}{768}} = \sqrt[4]{1.38} = 1.084 = 108.4\%$$

(2)方法二。

$$\bar{x} = \sqrt[n]{x_1 \times x_2 \times \cdots \times x_n} = \sqrt[4]{1.195 \times 1.068 \times 1.065 \times 1.015} = \sqrt[4]{1.38} = 1.084 = 108.4\%$$

(3)方法三。

用手持计算器计算开高次方如下。

$1.38, 2ndF, y^x, 4, =$。

计算结果为1.084。

(二)平均增长速度

平均增长速度是现象在研究时间内的各个时期的环比增长速度的平均数,用以反映现象在一个较长时间内逐期递增或递减的平均速度。需要提请注意的是,不能直接将各个环比增长速度加以平均,而应根据它与平均发展速度之间的关系加以推算。

平均发展速度与平均增长速度之间的关系可表示为

平均增长速度=平均发展速度－1

平均发展速度大于1表明现象在某段时期内是平均逐期递增的,这时平均增长速度可称为平均递增率;平均发展速度小于1表明现象在某段时期内是平均逐期递减的,这时平均增长速度可称为平均递减率。

对于表4-10,1994—1998年我国家用电冰箱生产平均增长速度为8.4%。

第四节 长期趋势的测定与预测

一、长期趋势测定与预测的意义

(一)动态数列的分解与模型

1.动态数列的分解

一般来说,经济指标动态数列是在长期趋势 T、季节变动 S、循环变动 C 和不规则变动 I 四种影响因素的共同作用下形成的。其中,长期趋势 T、季节变动 S、循环变动 C 是可解释的变动,不规则变动 I 是不可解释的变动。

2.动态数列的模型

(1)加法模型:四种影响因素独立作用。
$$Y=T+S+C+I$$
四种影响因素均为绝对数的形式。

(2)乘法模型:四种影响因素相互作用。
$$Y=T \cdot S \cdot C \cdot I$$
其中,T 为绝对数的形式,其他影响因素为相对数的形式。

(3)动态数列模型的意义。

将动态数列实际值波动分解为四种因素,可以通过这些因素之间的关系,测定和预测动态数列长期的变化方向、季节波动、周期变动等。动态数列模型为测定和预测动态数列提供了解决原理。例如,要测定长期趋势,则消除动态数列中的随机波动、循环变动和季节变动,剩余的就是长期趋势。

(二)长期趋势概述

长期趋势是某种现象在一个相当长的时期内发展变动的趋势。测定长期趋势,有利于把握现象随时间演变的趋势和规律,对事物的未来发展趋势做出预测,以及更好地分解研究其他影响因素。测定长期趋势的基本方法有移动平均法和趋势线拟合法。长期趋势有两种基本形式:直线趋势和曲线趋势。描述长期趋势的工具有折线图和散点图。将平面中的交点相继连接起来所得的图形称为折线图。折线图一般用于描述某一变量在一段时期内的变动情况。

例如,已知1990年至1999年各月社会消费品零售总额,观察社会消费品零售总额的发展趋势和变动规律的操作如下。

(1)打开"3 分配数列.xls"工作簿,选择"零售额"工作表,如图 4-1 所示。

(2)打开 Excel"插入"菜单,选择"插入"菜单中的"图表"选项,Excel 会启动"图表向导"工具。

(3)在"图表类型"中选择"折线图"及"数据点折线图",单击"下一步"按钮,进入"图表向导"对话框,如图 4-2 所示。

(4)在"图表向导"对话框中的"数据区域"中输入 C1:D117,单击"下一步"按钮。

(5)在弹出的对话框中单击图表"标题"页面,输入标题"社会消费品零售额趋势图";单击"图例"页面,取消显示图例,如果通过图表预览,认为满意,即可单击"完成"按钮。经过修饰,得到图 4-3。

	A	B	C	D
1	年份	月份	社会消费品零售额	
2	1990	1	651.68	
3		2	572.3	
4		3	572.5	
5		4	557.56	
6		5	568.62	
7		6	569.02	
8		7	549.99	
9		8	557.96	
10		9	607.16	
11		10	613.64	
12		11	638.04	
13		12	732.36	
14	1991	1	706.41	
15		2	698.85	

图 4-1 "零售额"工作表(部分)截图

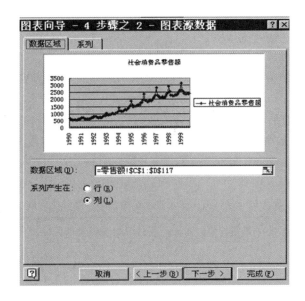

图 4-2 "图表向导"对话框

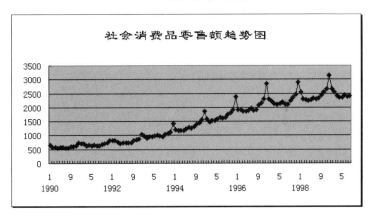

图 4-3 社会消费品零售额趋势图

二、移动平均法

(一)移动平均法的概念

移动平均法是指通过对原动态数列进行修匀,来测定其长期趋势的一种方法。移动平均法的做法是:对动态数列的各项数值,按照一定的时距进行逐期移动,计算出一系列序时平均数,形成一个派生的平均动态数列,以此削弱不规则变动的影响,显示出原动态数列的长期趋势。

这里需提请注意的是,一般应选择奇数项进行移动平均;若原动态数列呈周期性变动,则应选择现象的变动周期作为移动的时距长度。

3 项移动平均是将连续 3 项动态数列值的平均值作为其中间 1 项的移动平均值。

5 项移动平均是将连续 5 项动态数列值的平均值作为其中间 1 项的移动平均值。

移动(移动项数为 n)平均后的动态数列,比原动态数列项数(假设为 N)减少 $n-1$ 项,移动后动态数列的项数为 $N-(n-1)$。

(二)移动平均法的步骤

这里以表 4-11 中的机器台数为例,介绍移动平均法的步骤。

1. 用手持计算器计算

以 3 项移动平均法为例。求 41、42、52 三项的算术平均数,放在与 2 月份对齐的地方,以此类推。

2. 用 Excel 做移动平均

选定单元格 C4,选"粘贴函数",选 AVERAGE,在对话框中输入地址"B3:B5",按回车键,得到 45。然后将该公式复制到 C5:C13,即得到 3 项移动平均的结果,如表 4-11 第三列所示。同理可求得 5 项移动平均的结果,如表 4-11 第四列所示。

表 4-11　某机器厂各月生产机器台数的移动平均数

月份	机器台数/台	3 项移动平均值	5 项移动平均值
1	41	—	—
2	42	45.00	—
3	52	45.67	44.6
4	43	46.67	46.6
5	45	46.33	48.8
6	51	49.67	46.4
7	53	48.00	48
8	40	48.00	48.8
9	51	46.67	49.8
10	49	52.00	50
11	56	53.00	—
12	54	—	—

三、趋势线拟合法

趋势线拟合是通过数学方法对动态数列配合一条理想的趋势线,使其与原动态数列曲线达到最优拟合。

直线趋势方程为

$$y = a + bt$$

曲线趋势方程分为抛物线趋势方程和指数曲线趋势方程两种。抛物线趋势方程为

$$y = a + bt + ct^2$$

指数曲线趋势方程为

$$y = ab^t$$

(一)最小二乘原理

设 y 为实际值,y_c 为估计值,现在要用一条曲线拟合实际值,而且要求满足 $\sum(y - y_c) = 0$,且 $\sum(y - y_c)^2$ 最小。

$$y_c = a + bx \Rightarrow \sum(y - y_c)^2 \text{ 最小} \Rightarrow \sum[y - (a + bx)]^2 \text{ 最小}$$

$$\begin{cases} \dfrac{\partial Q}{\partial a} = 2\sum(y - a - bx)(-1) = 0 \\ \dfrac{\partial Q}{\partial b} = 2\sum(y - a - bx)(-x) = 0 \end{cases}$$

$$\begin{cases} \sum y = na + b\sum x \\ \sum xy = a\sum x + b\sum x^2 \end{cases}$$

$$\begin{cases} b = \dfrac{n\sum xy - \sum x \sum y}{n\sum x^2 - (\sum x)^2} \\ a = \dfrac{\sum y}{n} - b\dfrac{\sum x}{n} = \bar{y} - b\bar{x} \end{cases}$$

(二)建立直线方程

设直线方程为 $y_c = a + bt$,用最小二乘法求解 a, b,有

$$\begin{cases} b = \dfrac{n\sum ty - \sum t \sum y}{n\sum t^2 - (\sum t)^2} \\ a = \bar{y} - b\bar{t} \end{cases}$$

如表 4-12,取 1990 年 t 为 1,取 1991 年 t 为 2,以此类推。

根据该表可得

$$n = 9, \quad \sum t = 45, \quad \sum t^2 = 285, \quad \bar{t} = 5$$

$$\sum y = 2\,347, \quad \sum ty = 12\,591, \quad \bar{y} = 260.78$$

根据上述公式可求得

$$\begin{cases} b = \dfrac{9 \times 12\,591 - 45 \times 2\,347}{9 \times 285 - 45 \times 45} = \dfrac{7\,704}{540} = 14.267 \\ a = 260.78 - 14.267 \times 5 = 189.445 \end{cases}$$

故直线方程为 $y_c = 189.445 + 14.267t$。

若预测该地区 1999 年的粮食产量，则 $t=10$，有

$$y_c = 189.445 \text{ 万吨} + 14.267 \times 10 \text{ 万吨} = 332.12 \text{ 万吨}$$

表 4-12　1990—1998 年某地区粮食产量

年份	粮食产量 y/万吨	t
1990	217	1
1991	230	2
1992	225	3
1993	248	4
1994	242	5
1995	253	6
1996	280	7
1997	309	8
1998	343	9

四、利用 Excel 进行趋势预测

（一）用函数

1. 用 LINEST 建立直线方程

在工作表中选择两个单元格 E2、F2，在函数中选择 LINEST，在对话框中输入相应的地址，如图 4-4 所示。

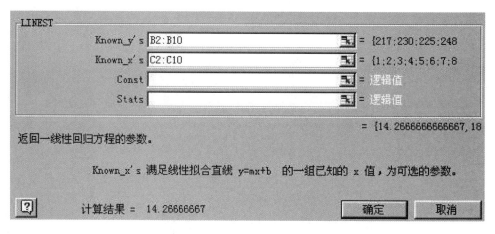

图 4-4　利用 Excel 中 LINEST 函数建立直线方程

同时按 Ctrl 键＋Shift 键＋回车键，在 E2 和 F2 出现两个参数 14.26 和 189.44，即分别为 b 和 a 的值。

2. 用 TREND 函数进行预测

在工作表中选定一个单元格，在函数中选择 TREND，在对话框中输入相应的地址，按"确定"按钮，即得到 1999 年该地区粮食产量预测值 332.11 万吨，如图 4-5 所示。

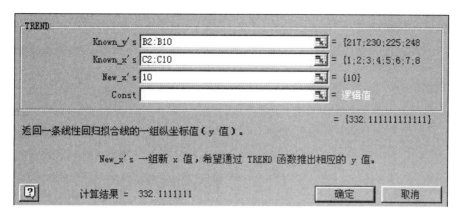

图 4-5 利用 Excel 中 TREND 函数进行趋势预测

(二)通过添加趋势线作曲线方程

某地区工业净产值的数据如图 4-6 所示。

从图 4-6 可见,该地区工业净产值呈曲线趋势。

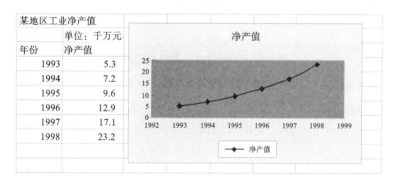

图 4-6 某地区工业净产值年份产量坐标图

选取图中的折线,单击鼠标右键并从快捷菜单中选择"添加趋势线"选项,打开"添加趋势线"对话框,如图 4-7 所示。

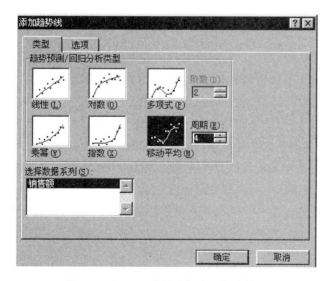

图 4-7 在 Excel 中给坐标点添加趋势线

曲线有以下形式。

二次曲线：$y = a + bt + ct^2$。

幂函数：$y = at^b$。

指数曲线：$y = ab^t$ 或 $y = ae^{bt}$。

对数曲线：$y = a + b\ln t$。

在"添加趋势线对话框"选择"类型"页面，设置好后，进入"选项"页面。在"选项"页面中选择"显示公式"和"显示 R 平方值"，单击"确定"按钮，可得到图 4-8。

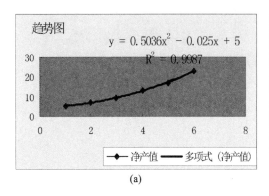
(a)

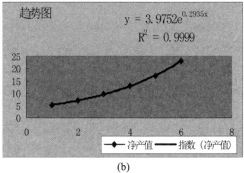
(b)

图 4-8　在 Excel 中给趋势线添加 R^2

经比较，指数曲线的 R^2 较大，故应取指数曲线模型。

如要预测该地区 1999 年的工业净产值，将 $t=7$ 代入模型，得

$$y = 3.9752 \times e^{0.2935 \times 7} = 31.02$$

本章小结

(1) 本章主要介绍了动态数列的概念、水平分析指标、速度分析指标以及现象趋势变动和季节变动的分析。

(2) 动态数列就是将反映社会经济现象的某一指标数值按时间先后顺序排列而成的数列，又称时间数列。根据统计指标的性质不同，动态数列可分为绝对数动态数列、相对数动态数列和平均数动态数列。其中绝对数动态数列又分为时期数列和时点数列。

(3) 动态数列的水平分析指标有发展水平、平均发展水平、增长量和平均增长量。发展水平就是动态数列中的每一项具体的指标数值；平均发展水平是对动态数列中不同时间单位上的发展水平所求的平均数；增长量是报告期发展水平与基期发展水平之差；平均增长量是现象在一定时期内平均每期增加或减少的数量。

(4) 动态数列的速度分析指标有发展速度、增长速度、平均发展速度和平均增长速度。发展速度是报告期发展水平与基期发展水平之比；增长速度是报告期增长量与基期发展水平之比；平均发展速度是各个时期环比发展速度的平均数；平均发展速度减 1 即为平均增长速度。

(5) 长期趋势往往采用移动平均法进行测定。

习题集

一、单项选择题

1. 时间数列由（　　）要素构成。
   A. 一个　　　　B. 两个　　　　C. 三个　　　　D. 四个

2. 由时期数列计算平均数就按（　　）计算。
   A. 简单算术平均数　B. 加权算术平均数　C. 几何平均数　　D. 序时平均数

3. 由日期间隔相等的连续时点数列计算平均数应按（　　）计算。
   A. 简单算术平均数　B. 加权算术平均数　C. 几何平均数　　D. 序时平均数

4. 由日期间隔不等的连续时点数列计算平均数应按（　　）计算。
   A. 简单算术平均数　B. 加权算术平均数　C. 几何平均数　　D. 序时平均数

5. 某车间 1—7 月月初工人数资料如题表 4-1 所示。

题表 4-1　某车间 1—7 月月初工人数统计表

月份	一月	二月	三月	四月	五月	六月	七月
人数/人	280	284	280	300	302	304	320

该车间上半年的月平均工人数为（　　）人。
   A. 345　　　　B. 300　　　　C. 201.5　　　　D. 295

6. 增长量指标的单位与原动态数列发展水平的单位（　　）。
   A. 相同　　　B. 不相同　　　C. 不一定　　　D. 以上说法都不对

7. 累计增长量与其相应的各个逐期增长量的关系表现为（　　）。
   A. 累计增长量等于其相应的各个逐期增长量之积
   B. 累计增长量等于其相应的各个逐期增长量之和
   C. 累计增长量等于报告期发展水平除以基期发展水平
   D. 以上都不对

8. 定基发展速度与环比发展速度之间的关系表现为（　　）。
   A. 定基发展速度等于其相应的各个环比发展速度的连乘积
   B. 定基发展速度等于其相应的各个环比发展速度之和
   C. 定基发展速度等于其相应的各个环比发展速度之商
   D. 以上都不对

9. 增长速度的计算方法为（　　）。
   A. 动态数列发展水平之差　　　　B. 动态数列发展水平之比
   C. 绝对增长量和发展速度之比　　D. 绝对增长量同基期发展水平相比

10. 十年内每年年末国家黄金储备量（　　）。
    A. 是时期数列　　B. 是时点数列　　C. 既不是时期数列，也不是时点数列

11. 假定某产品产量 1990 年比 1985 年增加 135%，那么 1986—1990 年的平均发展速度为（　　）。
    A. $\sqrt[5]{35\%}$　　　B. $\sqrt[5]{135\%}$　　　C. $\sqrt[6]{35\%}$　　　D. $\sqrt[6]{135\%}$

12. 用最小二乘法拟合趋势直线，如果 $y_c = a + bx$，b 为负数，则这条直线（　　）。

A. 呈上升趋势 B. 呈下降趋势
C. 不升不降 D. 上述三种情况都不是

13. 已知1991年某县粮食产量的环比发展速度为103.5%,1992年的环比发展速度为104%,1994年的环比发展速度为105%,1994年的定基发展速度为116.4%,则1993年的环比发展速度为( )。

A. 104.5% B. 101% C. 103% D. 113.0%

14. 当动态数列环比增长速度大体相同时,应拟合( )。

A. 直线 B. 二次曲线 C. 三次曲线 D. 指数曲线

15. 动态数列中的平均发展速度是( )。

A. 各时期定基发展速度的序时平均数 B. 各时期环比发展速度的算术平均数
C. 各时期环比发展速度的调和平均数 D. 各时期环比发展速度的几何平均数

16. 若无季节变动,则各月(或各季)的季节比率为( )。

A. 0 B. 1 C. 大于1 D. 小于1

17. 在时点数列中,称为间隔的是( )。

A. 最初水平与最末水平之间的距离 B. 最初水平与最末水平之差
C. 两个相邻指标在时间上的距离 D. 两个相邻指标数值之间的距离

18. 下列现象中,属于平均数动态数列的是( )。

A. 某企业第一季度各月平均每个职工创造产值
B. 某企业第一季度各月平均每个工人创造产值
C. 某企业第一季度各月产值
D. 某企业第一季度平均每人创造产值

19. 对动态数列进行动态分析的基础指标是( )。

A. 发展水平 B. 平均发展水平 C. 发展速度 D. 平均发展速度

20. 根据1990—1995年某工业企业各年产量资料拟合趋势直线,已知 $\sum x = 21$(1990年为原点), $\sum y = 150$, $\sum x^2 = 91$, $\sum xy = 558$,则直线趋势方程为( )。

A. $y_c = 18.4 + 1.885\,7x$ B. $y_c = 1.885\,7 + 18.4x$
C. $y_c = 18.4 - 1.885\,7x$ D. $y_c = 1.885\,7 - 18.4x$

21. 采用几何平均法计算平均发展速度的理由是( )。

A. 各年环比发展速度之和等于总速度 B. 各年环比发展速度之积等于总速度
C. 各年环比增减速度之积等于总速度 D. 各年环比增减速度之和等于总速度

22. 应用几何法计算平均发展速度的目的在于考察( )。

A. 最初时期发展水平 B. 全期发展水平
C. 最末期发展水平 D. 期中发展水平

23. 当时期数列分析的目的侧重于研究某现象在各时期发展水平的累计总和时,应采用( )。

A. 算术平均法计算平均发展速度 B. 调和平均法计算平均发展速度
C. 累计法(方程法)计算平均发展速度 D. 几何法计算平均发展速度

24. 对原有动态数列进行修匀,以削弱短期的偶然因素引起的变化,从而呈现出较长时期的基本发展趋势的一种简单方法称为( )。

A. 移动平均法　　　　　　　　　B. 移动平均趋势剔除法
C. 按月平均法　　　　　　　　　D. 按季平均法

25. 用最小二乘法拟合趋势线的数学依据是（　　）。

A. $\sum(y-y_c)=0$　　　　　　B. $\sum(y-y_c)^2=$ 最小值
C. $\sum(y-y_c)<$ 任意值　　　　D. $\sum(y-y_c)^2=0$

二、多项选择题

1. 动态数列中，各项指标数值不能直接相加的有（　　）。

A. 时期数列　　　　　　　　　　B. 连续时点数列
C. 间断时点数列　　　　　　　　D. 相对数动态数列
E. 平均数动态数列

2. 下列各项为某地区"九五"计划期间有关电视机的统计资料，属于时期数列的有（　　）。

A. 各年电视机产量　　　　　　　B. 各年电视机销售量
C. 各年年末电视机库存量　　　　D. 各年年末城乡居民电视机拥有量
E. 各年电视机出口数量

3. 时期数列的特点是（　　）。

A. 各项指标数值可以相加
B. 各项指标数值的大小与时期长短有直接关系
C. 各项指标数值的大小与时间长短没有直接关系
D. 各项指标数值都是通过连续不断登记而取得的
E. 各项指标数值都反映现象在某一时点上的状态

4. 编制动态数列应遵循的基本原则有（　　）。

A. 时期长短应该相等
B. 总体范围应该一致
C. 指标的经济内容应该相同
D. 指标的计算方法、计算价格和计量单位应该一致
E. 指标的变化幅度应该一致

5. 某工业企业 1990 年产值为 3 000 万元，1998 年产值为 1990 年的 150%，则年平均增长速度及年平均增长量分别为（　　）。

A. 年平均增长速度＝6.25%　　　B. 年平均增长速度＝5.2%
C. 年平均增长速度＝4.6%　　　　D. 年平均增长量＝125 万元
E. 年平均增长量＝111.111 万元

6. 应用水平法计算平均发展速度适用于（　　）。

A. 时期数列　　　　　　　　　　B. 时点数列
C. 平均数动态数列　　　　　　　D. 相对数动态数列
E. 强度相对数动态数列

7. 应用最小二乘法拟合一条理想的趋势线（方程式），要求满足的条件有（　　）。

A. $\sum(y-y_c)<0$　　　　　　B. $\sum(y-y_c)^2=$ 最小值
C. $\sum(y-y_c)^2>0$　　　　　D. $\sum(y-y_c)=$ 最小值

E. $\sum(y-y_c)=0$

8. 应用最小二乘法拟合趋势直线得到两个标准方程式：$\sum y = na + b\sum x$，$\sum xy = a\sum x + \sum x^2$。若将原点中心化（使 $\sum x = 0$），则参数 a、b 的公式可分别简化为（　　）。

A. $a = \dfrac{\sum xy}{n}$　　　　　　B. $b = \dfrac{\sum y}{\sum x^2}$

C. $b = \dfrac{\sum xy}{\sum x}$　　　　　　D. $a = \dfrac{\sum y}{n}$

E. $b = \dfrac{\sum xy}{\sum x^2}$

9. 应用水平法计算平均发展速度，根据所掌握的资料不同，计算公式可采用（　　）。

A. $\sqrt[n]{R}$　　　　　　　　B. $\sqrt[n]{\dfrac{a_n}{a_0}}$

C. $\dfrac{\sum x}{n}$　　　　　　　D. $\dfrac{\dfrac{a_n}{a_0}}{n}$

E. $\sqrt[n]{\pi\chi}$

10. 定基发展速度和环比发展速度之间的数量关系是（　　）。
A. 定基发展速度等于相应的各个环比发展速度之和
B. 定基发展速度等于各环比发展速度之差
C. 定基发展速度等于相应的各环比发展速度之积
D. 两个相邻定基发展速度之商等于相应的环比发展速度
E. 定基发展速度和环比发展速度的基期是一致的

11. 把某企业1988年各月的总产值按月份排列起来的数列称为（　　）。
A. 动态数列　　　　　　　　B. 变量数列
C. 绝对数动态数列　　　　　D. 相对数动态数列
E. 平均数动态数列

12. 用于分析现象发展水平的指标有（　　）。
A. 发展速度　　　　　　　　B. 发展水平
C. 平均发展水平　　　　　　D. 增减量
E. 平均增减量

13. 动态数列按指标的表现形式不同可分为（　　）。
A. 绝对数动态数列　　　　　B. 时点数列
C. 相对数动态数列　　　　　D. 时期数列
E. 平均数动态数列

14. 下列指标构成的时间数列中属于时点数列的是（　　）。
A. 全国每年大专院校毕业生人数　　B. 某企业年末职工人数
C. 某商店各月月末商品库存额　　　D. 某企业职工工资总额

E. 某农场历年年末生猪存栏数

15. 序时平均数是指( )。
A. 平均发展水平
B. 平均发展速度
C. 平均增长速度
D. 动态平均数
E. 平均增长量

16. 某企业产量1995年比1994年提高2%,1996年与1995年对比为95%,1997年为1994年的1.2倍,1998年该企业年产量为25万吨,比1997年多10%,1999年产量达30万吨,2000年产量为37万吨,则发展速度指标为( )。
A. 2000年以1994年为基期的定基发展速度为158.4%
B. 2000年以1994年为基期的定基发展速度为195.4%
C. 1994年至2000年平均发展速度为111.8%
D. 1994年至2000年平均发展速度为110.0%
E. 1998—1999年环比发展速度为120%

三、填空题

1. 动态数列一般由两个要素构成,一个是现象所属的_____,另一个是反映客观现象的_____。

2. 动态数列按其排列的指标不同可分为_____、_____、_____三种,其中_____是基本数列。

3. 根据动态数列中不同时期的发展水平所求的平均数叫_____,又称_____。

4. 由时期数列计算序时平均数,可以直接应用简单算术平均数方法,这是由于时期数列仍具有_____的特点。

5. 计算平均发展速度的方法有_____和_____。

6. 某校在校学生1998年比1997年增加5%,1999年比1998年增加10%,2000年比1999年增加15%,该校这三年共增加学生_____。

7. 某厂生产某种零件,4月份生产950件,废品率为0.55%,5月份生产1 200件,废品率为0.5%,6月份生产1 500件,废品率为0.4%,该厂第二季度平均废品率为_____。

8. 某工厂1月份平均工人数为190人,2月份平均工人数为215人,3月份平均工人数为220人,4月份平均工人数230人,该工厂第一季度的平均工人数为_____。

9. 分别用几何平均法与方程法计算平均发展速度,结果一般是不同的。必须按照动态数列的性质和研究目的来决定采用哪种计算方法,如果动态分析中侧重于考察_____,采用几何平均法为好。如果动态分析中侧重于考察_____,宜采用方程法。

10. 季节变动分析是在现象呈现_____季节波动的情况下,为了研究它们的变动规律而进行的。最常用的方法是计算各月份的水平对全年各月水平的_____。

11. 增长量有_____之分,两者的关系是_____。

12. 根据30年的产量资料做5项移动平均,得到的新动态数列较原动态数列的项数少_____项。

13. 在实际统计工作中,为了消除_____的影响,也常计算年距增长量、年距发展速度和年距增长速度等指标,它们的计算公式分别是:

年距增长量＝_____。
年距发展速度＝_____。
年距增长速度＝_____
　　　　　　＝_____。

14. 移动平均法是对原有动态数列进行的_____,以削弱_____引起的变化,从而呈现出较长时间的_____的一种粗略的简单方法。

15. 用最小二乘法拟合趋势直线,得出两个标准方程式是_____和_____,解得 $a=$ _____,$b=$ _____。

四、简答题

1. 序时平均数与一般平均数有什么相同点和不同点?
2. 水平法和累计法计算平均发展速度有什么不同?
3. 什么叫长期趋势?研究长期趋势的主要目的是什么?
4. 时期数列和时点数列有什么不同?
5. 编制动态数列的原则是什么?
6. 分析现象发展的长期趋势,确定拟合直线的曲线的方法有几种?
7. 什么是季节变动?为什么要研究季节变动?

五、计算题

1. 某地区 2000 年各月总产值资料如题表 4-2 所示。

题表 4-2　某地区 2000 年各月总产值统计表

月份	总产值/万元	月份	总产值/万元
1	4 200	7	5 000
2	4 400	8	5 200
3	4 600	9	5 400
4	4 820	10	5 400
5	4 850	11	5 500
6	4 900	12	5 600

请计算该地区各季平均每月总产值和全年平均每月总产值。

2. 某企业 2000 年各月月初和翌年 1 月 1 日职工人数资料如题表 4-3 所示。

题表 4-3　某企业 2000 年各月月初和翌年 1 月 1 日职工人数表

日期	1月	2月	3月	4月	5月	6月	7月	8月	9月	10月	11月	12月	翌年1月1日
职工数/人	300	300	304	306	308	314	312	320	320	340	342	345	350

请计算该企业 2000 年各季平均职工人数和全年平均职工人数。

3. 某企业 2000 年和翌年 1 月 1 日职工人数资料如题表 4-4 所示。

题表 4-4　某企业 2000 年和翌年 1 月 1 日职工人数统计表

日期	1月1日	2月1日	3月1日	7月1日	10月1日	12月1日	翌年1月1日
职工数/人	1 000	950	970	1 100	1 200	1 200	1 300

请计算该企业 2000 年平均职工人数。

4. 1995 年和第八个五年计划时期某地区工业总产值资料如题表 4-5 所示。

题表 4-5　1995 年和第八个五年计划时期某地区工业总产值统计表

时期	1995 年	1996 年	1997 年	1998 年	1999 年	2000 年
工业总产值/万元	343.3	447.0	519.7	548.7	703.6	783.9

请计算各种动态指标，并说明如下关系。

(1) 发展速度和增长速度。
(2) 定基发展速度和环比发展速度。
(3) 逐期增长量与累计增长量。
(4) 平均发展速度与环比发展速度。
(5) 平均发展速度与平均增长速度。

5. 某国对外贸易总额 1998 年较 1995 年增长 7.9%，1999 年较 1998 年增长 4.5%，2000 年又较 1999 年增长 20%，请计算 1995—2000 年该国每年平均增长速度。

6. 某商店上年 12 月和本年上半年有关资料如题表 4-6 所示。

题表 4-6　某商店上年 12 月和本年上半年销售额及月末职工人数统计表

月份	上年 12 月	1 月	2 月	3 月	4 月	5 月	6 月
销售额/万元	245	250	272	271.42	323.08	374.07	372.96
月末职工人数/人	1 850	2 050	1 950	2 150	2 216	2 190	2 250

要求：

(1) 计算各月的平均每人销售额；
(2) 计算各季的平均每人销售额；
(3) 计算本年上半年的月平均每人销售额；
(4) 计算本年上半年的平均每人销售额。

7. 某厂职工人数及非生产人员数资料如题表 4-7 所示。

题表 4-7　某厂职工人数及非生产人员数统计表

日期	1 月 1 日	2 月 1 日	3 月 1 日	4 月 1 日	5 月 1 日	6 月 1 日	7 月 1 日
职工人数/人	4 000	4 040	4 050	4 080	4 070	4 090	4 100
非生产人员数/人	724	716	682	694	666	666	660

要求：

(1) 计算第一季度和第二季度非生产人员比重，并进行比较；
(2) 计算上半年非生产人员比重。

8. 某地区 1995 年至 1999 年水稻产量资料如题表 4-8 所示。

题表 4-8　某地区 1995—1999 年水稻产量情况

年份	1995	1996	1997	1998	1999
水稻产量/万吨	320	332	340	356	380

试用最小二乘法拟合直线趋势方程，并据此方程预测该地区 2002 年水稻产量。

9. 某企业历年若干指标资料如题表 4-9 所示。

题表 4-9　某企业历年若干指标统计表

年度	发展水平/万元	增减量/万元		平均增减量/万元	发展速度/(%)		增减速度/(%)	
		累计	逐期		定基	环比	定基	环比
1983	285	—	—	—	—	—	—	—
1984				42.5				
1985		106.2						
1986							45.2	
1987						136.0		
1988								3.2

试根据上述资料,计算表中所缺的数字。

第五章 统 计 指 数

一、教学目的与要求

通过对本章的学习,学生应了解统计指数的概念、种类,掌握综合指数、平均指标指数的编制及指数体系和因素分析方法。

二、教学内容

第一节"指数的概念、作用和分类":指数的概念,指数的作用,指数的分类。

第二节"综合指数":数量指标综合指数,质量指标综合指数。

第三节"平均指标指数":平均指标指数的基本形式,平均指标指数的应用,平均指标指数与综合指数的比较,几种常用的经济指数。

第四节"指数体系":指数体系的概念和作用,指数体系的编制和应用,指数体系中的因素推算。

三、重点与难点

各种指数的编制及因素分析。

四、教学方法

多媒体教学。

五、学习方法

掌握本章内容的方法重在理解。

六、计划安排课时

4~6课时。

七、作业

习题集。

第一节 指数的概念、作用和分类

一、指数的概念

(1)广义的概念:一切说明社会经济现象数量对比关系的相对数,如动态相对数、比较相对数、计划完成相对数等,都可以称为指数。

(2)狭义的概念:不能直接相加和对比的复杂现象总体综合变动的相对数,如零售物价指数、股票价格指数、工业产品产量指数等。

复杂现象总体是由度量单位不同、性质不同的个体组成的,在数量上不能直接相加的现象总体。

二、指数的作用

(1)综合分析事物的变动方向和变动程度。
(2)分析多因素影响现象的总变动中,各个因素的影响大小和影响程度。
(3)研究事物在长时间内的变动趋势。

三、指数的分类

采用不同的分类方法,统计指数可以划分成不同的类型。

(一)按照说明现象的范围不同分

1. 个体指数

个体指数是说明单项事物动态的比较指标,也叫单项指数。例如,说明一种商品价格动态的个体价格指数,说明一种产品产量动态的个体产量指数,以及个体销售量指数、个体成本指数等。

$$个体指数 \begin{cases} 数量指标指数: k_q = \dfrac{q_1}{q_0} \\ 质量指标指数: k_p = \dfrac{p_1}{p_0} \end{cases}$$

2. 总指数

总指数是说明多种事物综合动态的比较指标。例如,说明多种商品价格综合变动的批发价格总指数、零售价格总指数,说明多种产品产量综合变动的工业产品产量总指数,以及商品销售量总指数、商品成本总指数等。

(二)按照指标的内容不同分

1. 数量指标指数

数量指标指数是说明总体规模变动情况的指数,如工业产品物量指数、商品销售量指数、职工人数指数等。

$$数量指标指数 \begin{cases} 实物单位 \begin{cases} 自然单位 \\ 度量衡单位 \\ 多重单位 \\ 复合单位 \end{cases} \\ 货币单位 \\ 劳动单位 \end{cases}$$

2. 质量指标指数

质量指标指数是说明总体内涵变动情况的指数,如价格指数、工资水平指数、单位成本指数。

数量指标指数与质量指标指数的乘积为价值指标指数。

(三) 按照指数表现形式不同分

1. 综合指数

综合指数是指将两个总量指标进行对比，表明事物综合变动的指标。

$$综合指数\begin{cases}数量指标指数：\overline{k_q} = \dfrac{\sum q_1}{\sum q_0} \\ 质量指标指数：\overline{k_p} = \dfrac{\sum p_1}{\sum p_0}\end{cases}$$

2. 平均指标指数

平均指标指数是指对个体指数用加权平均法算出的指数。它可分为算术平均数指数和调和平均数指数。

3. 平均指标对比指数

平均指标对比指数是指通过将两个加权算术平均指标进行对比来计算的指数。

(四) 按指数所说明的因素不同分

1. 两因素指数

例如，商品销售额指数＝商品销售量指数×商品价格指数。

2. 多因素指数

例如，农产品产值指数＝播种面积指数×单产指数×单价指数。

第二节 综合指数

综合指数有两种：数量指标综合指数和质量指标综合指数。

要编制综合指数，关键是要解决以下两个问题：

(1) 寻找同度量因素（与之相应的是指数化指标）。

作用：同度量（媒介）作用，权数作用。

(2) 同度量因素固定在哪一期（拉斯贝尔认为应固定在基期，帕舍认为应固定在报告期）。

在第一个问题中，同度量因素的作用是把不能直接相加的指标过渡为可以相加的因素。

例如，有表 5-1 所示的三种商品。

表 5-1 商品销售量和商品价格资料

商品名称	计量单位	销售量		价格/元	
		基期 q_0	报告期 q_1	基期 p_0	报告期 p_1
甲	件	480	600	25	26
乙	千克	500	600	40	36
丙	米	200	180	50	70

假如要编制商品销售量综合指数，由于三种商品计量单位不同，不能相加，因此需要用同度量因素（价格）把销售量过渡为销售额，然后相加。

编制商品价格综合指数,不能简单相加,需要用同度量因素(销售量)把价格过渡为销售额。这是因为:

(1)三种商品的价格表面上看起来相同,都是"元",但实际上不一样,甲的是"元/件",乙的是"元/千克",丙的是"元/米";

(2)三种商品的销售量是不同的,有的大,有的小,现在把它们的价格简单相加,无异于把它们的销售量同等看待,如此计算得出的价格综合指数,显然与事实不符,因而是不科学的;

(3)商品的计量单位是人为规定的,如果把甲的计量单位改为"尺",将乙的计量单位改为"吨",将丙的计量单位改为"打",用简单总和法得出的价格综合指数前后不同,这样,价格综合指数便没有确定的数值了,这显然不符合事实,因而也是不科学的。

由于商品销售额=商品销售量×商品销售单价,因此编制商品销售量综合指数(数量指标综合指数)时,以商品价格(质量指标)为同度量因素;编制商品价格综合指数(质量指标综合指数)时,以商品销售量(数量指标)为同度量因素。

商品销售量综合指数:

$$\overline{K_q} = \frac{\sum q_1 p}{\sum q_0 p}$$

商品价格综合指数:

$$\overline{K_p} = \frac{\sum p_1 q}{\sum p_0 q}$$

关于第一个问题,以分苹果为例:

q_0	30 人	q_1	60 人
p_0	2 个/人	p_1	4 个/人
	60 个		240 个
	($q_0 \times p_0$)		($q_1 \times p_1$)

人数增加,需要增加的苹果数为

$$(60 人 - 30 人) \times 2 个/人 = 60 个$$
$$(q_1 - q_0) \times p_0 = q_1 \times p_0 - q_0 \times p_0$$

每人平均分到的苹果增加,需要增加的苹果数为

$$(4 个/人 - 2 个/人) \times 60 人 = 120 个$$
$$(p_1 - p_0) \times q_1 = p_1 \times q_1 - p_0 \times q_1$$

这可以解释为:先有物,后有价,价不能超物出现。$q_1 p_0$ 表示报告期的销售量按基期的价格计算,是有意义的;$q_0 p_1$ 表示基期的销售量按报告期的价格计算,是没有意义的;$q_1 p_0$ 表示报告期的销售量按基期的价格计算,是有意义的;$q_0 p_1$ 表示基期的销售量按报告期的价格计算,是没有意义的。

一、数量指标综合指数

数量指标综合指数是说明总体规模变动情况的相对指标指数,如商品销售量综合指数、产品产量综合指数等。

例如:试建立商品销售量综合指数,相关数据如表 5-2 所示。

表 5-2 商品销售量和商品价格资料

商品名称	计量单位	销售量		价格/元	
		基期 q_0	报告期 q_1	基期 p_0	报告期 p_1
甲	件	480	600	25	30
乙	千克	500	600	40	36
丙	米	200	180	50	70

计算个体指数如下：

$$k_{q甲} = \frac{q_1}{q_0} = \frac{600 \text{ 件}}{480 \text{ 件}} = 125\%$$

$$k_{q乙} = \frac{q_1}{q_0} = \frac{600 \text{ 千克}}{500 \text{ 千克}} = 120\%$$

$$k_{q丙} = \frac{q_1}{q_0} = \frac{180 \text{ 米}}{200 \text{ 米}} = 90\%$$

由于同度量因素有基期和报告期两类，因此这里有个问题，就是将价格固定在什么时期。

如果固定在基期，则计算公式（称为拉氏公式）为

$$\overline{K_q} = \frac{\sum q_1 p_0}{\sum q_0 p_0}$$

如果固定在报告期，则计算公式（称为帕氏公式）为

$$\overline{K_q} = \frac{\sum q_1 p_1}{\sum q_0 p_1}$$

可以证明，对于数量指标综合指数，应将同度量因素固定在基期，即用拉氏公式。

这可以解释为：先有物，后有价，$q_1 p_0$ 表示报告期的销售量按基期的价格计算，是有意义的；而如果用帕氏公式，会出现 $q_0 p_1$，它表示基期的销售量按报告期的价格计算，是没有意义的。

计算商品销售量综合指数如下：

$$\sum q_1 p_0 = (600 \times 25 + 600 \times 40 + 180 \times 50) \text{ 元} = 48\,000 \text{ 元}$$

$$\sum q_0 p_0 = (480 \times 25 + 500 \times 40 + 200 \times 50) \text{ 元} = 42\,000 \text{ 元}$$

于是有，

$$\overline{K_q} = \frac{\sum q_1 p_0}{\sum q_0 p_0} = \frac{48\,000 \text{ 元}}{42\,000 \text{ 元}} = 114.29\%$$

二、质量指标综合指数

质量指标综合指数是说明总体内涵数量变动情况的比较指标指数，如价格综合指数、成本综合指数。

例如：建立商品价格综合指数，具体数据如表 5-2 所示。

计算个体指数如下：

$$k_{p_甲} = \frac{p_1}{p_0} = \frac{25\ 元}{25\ 元} = 100\%$$

$$k_{p_乙} = \frac{p_1}{p_0} = \frac{36\ 元}{40\ 元} = 90\%$$

$$k_{p_丙} = \frac{p_1}{p_0} = \frac{70\ 元}{50\ 元} = 140\%$$

商品价格综合指数的计算原理如下。

计算商品价格综合指数,同度量因素为商品销售量,同样有个问题,就是将销售量固定在什么时期。

如果固定在基期,则计算公式(称为拉氏公式)为

$$\overline{K_p} = \frac{\sum p_1 q_0}{\sum p_0 q_0}$$

如果固定在报告期,则计算公式(称为帕氏公式)为

$$\overline{K_p} = \frac{\sum p_1 q_1}{\sum p_0 q_1}$$

按照前面的解释,先有物,后有价,$q_1 p_0$ 表示报告期的销售量按基期的价格计算,是有意义的;而 $q_0 p_1$ 表示基期的销售量按报告期的价格计算,是没有意义的。因此,对质量指标综合指数,应将同度量因素固定在报告期,即用帕氏公式。

计算商品销售量指数如下:

$$\sum q_1 p_1 = (600 \times 25 + 600 \times 36 + 180 \times 70)\ 元 = 49\ 200\ 元$$

$$\sum q_1 p_0 = (600 \times 25 + 600 \times 40 + 180 \times 50)\ 元 = 48\ 000\ 元$$

于是有

$$\overline{K_p} = \frac{\sum p_1 q_1}{\sum p_0 q_1} = \frac{49\ 200\ 元}{48\ 000\ 元} = 102.5\%$$

第三节 平均指标指数

一、平均指标指数的基本形式

平均指标指数的计算公式实际上是综合指数计算公式的变形。受统计资料的限制,不能用综合指数计算公式时,须改变计算公式的形式。例如:

$$\overline{K_q} = \frac{\sum k_q q_0 p_0}{\sum q_0 p_0} = \frac{\sum \frac{q_1}{q_0} \times q_0 p_0}{\sum q_0 p_0} = \frac{\sum q_1 p_0}{\sum q_0 p_0}$$

平均指标指数主要有以下两种。

(一)加权算术平均数指数

加权算术平均数指数主要适用于已知销售量个体指数和基期销售额的情况。

对于数量指标综合指数,有

$$\overline{K_q} = \frac{\sum q_1 p_0}{\sum q_0 p_0}$$

$$k_q = \frac{q_1}{q_0} \Rightarrow \begin{cases} q_1 = k_q \times q_0 \\ q_0 = \dfrac{q_1}{k_q} \end{cases}$$

对于质量指标综合指数,有

$$\overline{K_p} = \frac{\sum p_1 q_1}{\sum p_0 q_1}$$

$$k_p = \frac{p_1}{p_0} \Rightarrow \begin{cases} p_1 = k_p \times p_0 \\ p_0 = \dfrac{p_1}{k_p} \end{cases}$$

经归纳总结,得到表 5-3。

表 5-3 综合指数和平均指标指数的计算公式

指标名称	综合指数	加权算术平均数指数形式	加权调和平均数指数形式
数量指标	$\dfrac{\sum q_1 p_0}{\sum q_0 p_0}$	$\dfrac{\sum k_q q_0 p_0}{\sum q_0 p_0}$	$\dfrac{\sum q_1 p_0}{\sum \dfrac{1}{k_q} q_1 p_0}$
质量指标	$\dfrac{\sum p_1 q_1}{\sum p_0 q_1}$	$\dfrac{\sum k_p p_0 q_1}{\sum p_0 q_1}$	$\dfrac{\sum p_1 q_1}{\sum \dfrac{1}{k_p} p_1 q_1}$

由此可以看出,由综合指数变形为平均指标指数的一般方法是:将综合指数变形为加权算术平均数指数时,应以相应的综合指数的分母为权数;将综合指数变形为加权调和平均数指数时,应以相应的综合指数的分子为权数。

例如:甲、乙、丙三类商品的销售量个体指数与基期销售额的情况如表 5-4 所示,由于已知基期销售额 $q_0 p_0$,因此有

$$\overline{K_q} = \frac{\sum k_q q_0 p_0}{\sum q_0 p_0} = \frac{1.25 \times 12\,000 + 1.2 \times 20\,000 + 0.9 \times 10\,000}{12\,000 + 20\,000 + 10\,000} = 114.29\%$$

表 5-4 三类商品的销售量个体指数与基期销售额的情况

商品名称	销售量个体指数 $k_q = q_1/q_0$	基期销售额 $q_0 p_0$
甲	1.25	12 000
乙	1.2	20 000
丙	0.9	10 000
合计		42 000

(二)加权调和平均数指数

加权调和平均数指数主要适用于已知价格个体指数和报告期销售额的情况。

$$\overline{K_p} = \frac{\sum p_1 q_1}{\sum \dfrac{1}{k_p} p_1 q_1} = \frac{\sum p_1 q_1}{\sum \dfrac{p_0}{p_1} p_1 q_1} = \frac{\sum p_1 q_1}{\sum p_0 q_1}$$

例如，已知三类商品的价格个体指数和报告期销售额情况如表 5-5 所示，由于已知报告期销售额 $q_1 p_1$，因而可求得

$$\overline{K_p} = \frac{\sum p_1 q_1}{\sum \frac{1}{k_p} p_1 q_1} = \frac{49\ 200}{\frac{1}{1} \times 15\ 000 + \frac{1}{0.9} \times 21\ 600 + \frac{1}{1.4} \times 12\ 600} = \frac{49\ 200}{48\ 000} = 102.5\%$$

表 5-5　三类商品的价格个体指数和报告期销售额情况

商品名称	价格个体指数 $k_p = p_1/p_0$	报告期销售额 $q_1 p_1$
甲	1	15 000
乙	0.9	21 600
丙	1.4	12 600
合计		49 200

二、平均指标指数的应用

我国居民消费指数的编制，采用的是固定权数的方法，其中权数是以销售额来确定的。

例如，某市居民消费指数综合情况如表 5-6 所示，于是有

$$\overline{K_p} = \frac{\sum k_p q_1 p_1}{\sum q_1 p_1} = \sum k_p w$$

把各大类指数乘以相应的权数即得到总指数：

$$\overline{K_p} = \sum k_p w = 117.37\% \times 0.46 + 108.34\% \times 0.10 + 112\% \times 0.12 + 108.42\% \times 0.08$$
$$+ 124.28\% \times 0.06 + 108.54\% \times 0.07 + 110.84\% \times 0.08 + 106.87\% \times 0.03$$
$$= 114.07\%$$

表 5-6　某市居民消费指数综合情况

商品类别和名称	权数/(%)	个体指数/(%)
（一）食品类	46	117.37
（二）衣着类	10	108.34
（三）家庭设备及用品	12	112
（四）医疗保健类	8	108.42
（五）交通和通信类	6	124.28
（六）娱乐教育文化用品类	7	108.54
（七）居住类	8	110.84
（八）服务项目类	3	106.87
合计	100	

三、平均指标指数与综合指数的比较

平均指标指数和综合指数是计算总指数的两种形式，它们之间既有区别，又有联系。平均指标指数和综合指数的区别如下。第一，在解决复杂总体不能直接加总问题上

的思路不同。综合指数是通过引入同度量因素,先计算出总体的总量,然后进行对比,即先综合,后对比;而平均指标指数是在个体指数的基础上计算总指数,即先对比,后综合。第二,在运用资料的条件上不同。综合指数需要研究总体的全面资料,对起综合作用的同度量因素的资料的要求也比较严格,一般应采用与指数化指标有明确经济联系的指标,且应有一一对应的全面实际资料;平均指标指数则既适用于全面的资料,也适用于非全面的资料。第三,在经济分析中发挥的具体作用不同。综合指数的资料是总体的有明确经济内容的总量指标。因此,综合指数除可表明复杂总体的变动方向和程度外,还可从指数化指标变动的绝对效果上进行因素分析;而平均指标指数除作为综合指数的变形加以应用的情况外,一般能通过总指数表明复杂总体的变动方向和程度,但不能对现象进行因素分析。

平均指标指数和综合指数的联系主要表现在:在一定的权数条件下,两类指数间有变形关系。由于这种变形关系的存在,当掌握的资料不能直接用综合指数形式计算时,可用它的变形平均指标指数形式计算。在这种条件下,平均指标指数与相应的综合指数具有完全相同的经济意义和计算结果。

四、几种常用的经济指数

(一)固定资产投资价格指数

固定资产投资价格指数是反映固定资产投资额价格变动趋势和程度的相对数。固定资产投资额是由建筑安装工程投资完成额和设备、工器具购置投资完成额及其他费用投资完成额三个部分组成的。编制固定资产投资价格指数时,应首先分别编制上述三个部分投资的价格指数,然后采用加权算术平均法求出固定资产投资价格指数。

(二)居民消费价格指数

居民消费价格指数是反映一定时期内城乡居民所购买的生活消费品的价格和服务项目价格变动趋势和程度的相对数,是对城市居民消费价格指数和农村居民消费价格指数进行综合汇总计算的结果。利用居民消费价格指数,可以观察和分析消费品的零售价格和服务价格变动对城乡居民实际生活费支出的影响程度。

(三)股票价格指数

1. 上证综合指数

上证综合指数是上海证券交易所股价指数,以 1990 年 12 月 19 日为基期,以现有所有上市的股票为样本,以报告期股票发行量为权数进行编制。

今日股价指数为

$$\overline{K_p} = \frac{今日市价总值}{基日市价总值} \times 100 = \frac{\sum q_1 p_1}{\sum q_0 p_0} \times 100$$

2. 深证综合指数

深证综合指数是以基期的发行量作为权数来计算的,以所有在深圳证券交易所上市的股票为样本,以 1991 年 4 月 3 日为基日,基日指数定为 100 点。

计算日股价指数为

$$\overline{K_p} = \frac{计算日市价总值}{基日市价总值} \times 100$$

(四)进出口贸易指数

进出口贸易指数包括进出口总值指数、进出口价格指数和进出口物量指数。三者之间的关系为

进出口总值指数＝进出口价格指数×进出口物量指数

第四节 指数体系

一、指数体系的概念和作用

1. 指数体系的概念

指数体系是由三个或三个以上有联系的指数所组成的数学关系式。例如：

商品销售额指数＝商品销售量指数×商品销售价格指数

2. 指数体系的作用

(1)可用来推算体系中某一个未知的指数。
(2)可以进行因素分解。

二、指数体系的编制和应用

(一)两因素综合指数的指数体系

1. 进行因素分解

例如，销售额＝销售量×价格→$m = q \times p$。

2. 写出各因素的指数

销售额指数为总量动态指标，等于报告期的销售额除以基期销售额，即

$$\frac{\sum q_1 p_1}{\sum q_0 p_0}$$

销售量指数为数量指标指数，计算公式为

$$\frac{\sum q_1 p_0}{\sum q_0 p_0}$$

销售价格指数为质量指标指数，计算公式为

$$\frac{\sum q_1 p_1}{\sum q_1 p_0}$$

3. 建立指数体系

销售额指数＝销售量指数×销售价格指数，即

$$\frac{\sum q_1 p_1}{\sum q_0 p_0} = \frac{\sum q_1 p_0}{\sum q_0 p_0} \times \frac{\sum q_1 p_1}{\sum q_1 p_0}$$

为了方便记忆，可以按以下方法记忆上述指数体系：量在前，价在后。由 $\sum q_0 p_0$ 变到 $\sum q_1 p_1$，先是量变，价不变，得到 $\sum q_1 p_0$；然后由 $\sum q_1 p_0$ 变到 $\sum q_1 p_1$。

4. 进行绝对量分解

写成指数体系,有

$$\sum q_1 p_1 - \sum q_0 p_0 = (\sum q_1 p_0 - \sum q_0 p_0) + (\sum q_1 p_1 - \sum q_1 p_0)$$

以表 5-7 为例。

表 5-7 商品销售量和商品价格资料

商品名称	计量单位	销售量		价格/元	
		基期 q_0	报告期 q_1	基期 p_0	报告期 p_1
甲	件	480	600	25	25
乙	千克	500	600	40	36
丙	米	200	180	50	70

销售额指数为

$$\frac{\sum q_1 p_1}{\sum q_0 p_0} = \frac{49\ 200}{42\ 000} = 117.14\%$$

销售量指数为

$$\frac{\sum q_1 p_0}{\sum q_0 p_0} = \frac{48\ 000}{42\ 000} = 114.29\%$$

销售价格指数为

$$\frac{\sum q_1 p_1}{\sum q_1 p_0} = \frac{49\ 200}{48\ 000} = 102.5\%$$

相对数分析:

$$117.14\% = 114.29\% \times 102.5\%$$

绝对数分析:

$$\sum q_1 p_1 - \sum q_0 p_0 = (\sum q_1 p_0 - \sum q_0 p_0) + (\sum q_1 p_1 - \sum q_1 p_0)$$
$$49\ 200 - 42\ 000 = (48\ 000 - 42\ 000) + (49\ 200 - 48\ 000)$$
$$7\ 200 = 6\ 000 + 1\ 200$$

分析数字可知:销售额上升 17.14%,是由于销售量上升 14.29%,销售价格上升 2.5%。

从绝对量看:销售额增加 7 200 元,是由于销售量上升影响增加 6 000 元,销售价格上升影响增加 1 200 元。

(二)多因素指数体系

1. 进行因素分解

例如:

原材料费用总额 = 生产量 × 单位产品原材料消耗量 × 单位原材料价格 = $q \times m \times p$

注意:进行因素分解时,仍要注意量在前,价在后。

2. 相对数分析

$$\frac{\sum q_1 m_1 p_1}{\sum q_0 m_0 p_0} = \frac{\sum q_1 m_0 p_0}{\sum q_0 m_0 p_0} \times \frac{\sum q_1 m_1 p_0}{\sum q_1 m_0 p_0} \times \frac{\sum q_1 m_1 p_1}{\sum q_1 m_1 p_0}$$

为了方便记忆,可以按以下方法记忆上述指数体系:由 $\sum q_0 m_0 p_0$ 变到 $\sum q_1 m_1 p_1$,先是 q 变,m、p 不变,得到 $\sum q_1 m_0 p_0$;其次是 m 变,p 不变,得到 $\sum q_1 m_1 p_0$;最后是 p 变,得到 $\sum q_1 m_1 p_1$。

3. 绝对数分析

$$\sum q_1 m_1 p_1 - \sum q_0 m_0 p_0 = \left(\sum q_1 m_0 p_0 - \sum q_0 m_0 p_0\right) + \left(\sum q_1 m_1 p_0 - \sum q_1 m_0 p_0\right) + \left(\sum q_1 m_1 p_1 - \sum q_1 m_1 p_0\right)$$

例如:按表 5-8 中的数据进行多因素分析。

表 5-8　总量指标变动的多因素分析计算表

原材料种类	产品种类	生产量		单位产品原材料消耗量		单位原材料价格/元	
		q_0	q_1	m_0	m_1	p_0	p_1
甲(千克)	A(件)	600	800	0.5	0.4	20	21
乙(米)	B(套)	400	400	1	0.9	15	14
丙(米)	C(套)	800	1 000	2.2	2.3	30	28
合计							

(1) 计算一些中间结果。

$$\sum q_0 m_0 p_0 = 64\ 800$$

$$\sum q_1 m_0 p_0 = 80\ 000$$

$$\sum q_1 m_1 p_0 = 80\ 800$$

$$\sum q_1 m_1 p_1 = 76\ 160$$

(2) 相对数分析。

原材料费用总额指数为

$$\frac{\sum q_1 m_1 p_1}{\sum q_0 m_0 p_0} = \frac{76\ 160}{64\ 800} = 117.53\%$$

生产量指数为

$$\frac{\sum q_1 m_0 p_0}{\sum q_0 m_0 p_0} = \frac{80\ 000}{64\ 800} = 123.46\%$$

单位产品原材料消耗量指数为

$$\frac{\sum q_1 m_1 p_0}{\sum q_1 m_0 p_0} = \frac{80\ 800}{80\ 000} = 101\%$$

单位原材料价格指数为

$$\frac{\sum q_1 m_1 p_1}{\sum q_1 m_1 p_0} = \frac{76\ 160}{80\ 800} = 94.26\%$$

因此,有

$$117.53\% = 123.46\% \times 101\% \times 94.26\%$$

(3)绝对数分析。

$$76\,160 - 64\,800 = (80\,000 - 64\,800) + (80\,800 - 80\,000) + (76\,160 - 80\,800)$$
$$11\,360 = 15\,200 + 800 + (-4\,640)$$

分析数字可知：原材料费用上升17.53%，是由于生产量增加影响上升23.46%，单位产品原材料消耗量增加影响上升1%，单位原材料价格降低影响下降5.74%。

从绝对量看：原材料费用上升11 360元，是由于生产量增加影响上升15 200元，单位产品原材料消耗量增加影响上升800元，单位原材料价格降低影响下降4 640元。

三、指数体系中的因素推算

因素推算是指根据已知因素推算未知因素。

例如：用同一数量人民币，报告期比基期多购买商品5%，问物价是如何变动的？

$$商品销售额指数 = 商品销售量指数 \times 物价指数$$
$$100\% = 105\% \times 物价指数$$
$$物价指数 = \frac{100\%}{105\%} \times 100\% = 95.24\%$$

本章小结

(1)广义指数是一切说明社会经济现象数量对比关系的相对数。狭义指数是指综合反映复杂现象总体数量变动程度的特殊相对数。

(2)总指数的编制方法有两种：综合指数法和平均指标指数法。综合指数是通过两个时期的综合总量对比得到的相对数；平均指标指数是通过计算个体指数再加权平均得到的总指数。两种方法有区别，也有联系。

(3)同度量因素在综合指数的编制中起着非常重要的作用，它使不能直接相加的量转换成可以直接相加的量。

(4)指数体系是指由三个或者三个以上具有内在联系的指数构成的有一定数量对等关系的整体。利用指数体系，可以进行指数之间的相互推断，也可以进行因素分析。

(5)总量指标的两因素分析法是将总量指标分为数量和质量两个因素，通过总量指标指数体系将这两个因素分离出来并进行计算，从而对总量指标的变动做出解释。多因素分析法是当存在三个及三个以上影响因素，总量指标表现为多个因素的乘积时，要根据这种关系进行分析。

(6)平均指标变动的因素分析是一种非常重要的统计分析方法，涉及三种平均指标指数，即可变构成指数、结构影响指数和固定构成指数。

习题集

一、单项选择题

1. 反映个别事物动态变化的相对指标称为(　　)。
A. 总指数　　　　B. 综合指数　　　　C. 定基指数　　　　D. 个体指数

2. 说明现象总的规模和水平变动情况的统计指数是( )。
A. 质量指标指数 B. 平均指标指数
C. 数量指标指数 D. 环比指数

3. 某公司所属三个工厂生产同一产品,要反映三个工厂产量报告期比基期的发展变动情况,三个工厂的产品产量( )。
A. 能够直接加总
B. 不能够直接加总
C. 必须用不变价格作同度量因素才能相加
D. 必须用现行价格作同度量因素才能相加

4. 若销售量增长5%,零售价格增长2%,则商品销售额增长( )。
A. 7% B. 10% C. 7.1% D. 15%

5. 加权算术平均数指数要成为综合指数的变形,其权数( )。
A. 必须用 $q_1 p_1$ B. 必须用 $q_0 p_0$ C. 必须用 $q_0 p_1$ D. 前三者都可用

6. 加权调和平均数指数要成为综合指数的变形,其权数( )。
A. 必须是 $q_1 p_1$ B. 必须是 $q_1 p_0$ C. 可以是 $q_0 p_1$ D. 前三者都不是

7. 某工厂总生产费用今年比去年上升了50%,产量今年比去年增加了25%,则单位成本提高了( )。
A. 25% B. 2% C. 75% D. 20%

8. 某企业职工工资总额今年比去年减少了2%,而平均工资今年比去年上升了5%,则职工人数减少了( )。
A. 3% B. 10% C. 7% D. 6.7%

9. 价格总指数 $\overline{K_q} = \dfrac{\sum p_1 q_1}{\sum p_0 q_1}$ 是( )。
A. 质量指标指数 B. 平均数指数
C. 平均指标指数 D. 数量指标指数

10. 帕氏价格的综合指数公式是( )。
A. $\dfrac{\sum k_q p_0 q_0}{\sum p_0 q_0}$ B. $\dfrac{\sum p_1 q_0}{\sum p_0 q_0}$ C. $\dfrac{\sum p_1 q_1}{\sum \dfrac{p_1 q_1}{k_q}}$ D. $\dfrac{\sum p_1 q_1}{\sum p_0 q_1}$

11. 广义上的指数是指( )。
A. 反映价格变动的相对数 B. 反映物量变动的相对数
C. 反映动态的各种相对数 D. 各种相对数

12. 狭义上的指数是指( )。
A. 反映价格变动的相对数 B. 反映动态的各种相对数
C. 个体指数 D. 总指数

13. $\dfrac{\sum p_1 q_1}{\sum p_0 q_0} = \dfrac{\sum p_1 q_1}{\sum p_0 q_1} \times \dfrac{\sum p_0 q_1}{\sum p_0 q_0}$ 是( )。
A. 个体指数体系 B. 综合指数体系
C. 加权平均数指数体系 D. 平均指标指数体系

14. 在由 3 个指数所组成的指数体系中,2 个因素指数的同度量因素通常(　　)。
   A. 都固定在基期
   B. 都固定在报告期
   C. 一个固定在基期,一个固定在报告期
   D. 采用基期和报告期的平均数

15. 在掌握基期产值和几种产品产量个体指数资料的条件下,要计算产量总指数,要采用(　　)。
   A. 综合指数
   B. 加权算术平均数指数
   C. 加权调和平均数指数
   D. 可变构成指数

16. 在掌握报告期几种产品实际生产费用和这些产品的成本个体指数资料的条件下,要计算产品成本的平均变动情况,应采用(　　)。
   A. 综合指数
   B. 加权算术平均数指数
   C. 加权调和平均数指数
   D. 可变构成指数

二、多项选择题

1. 某企业 1996 年三种不同产品的实际产量为计划产量的 105%,这个指数是(　　)。
   A. 个体指数
   B. 总指数
   C. 数量指标指数
   D. 质量指标指数
   E. 静态指数

2. 加权算术平均数指数是一种(　　)。
   A. 平均数指数
   B. 综合指数
   C. 总指数
   D. 个体指数
   E. 平均指标对比指数

3. 同度量因素的作用有(　　)。
   A. 平衡作用
   B. 比较作用
   C. 权数作用
   D. 稳定作用
   E. 同度量作用

4. 某农户的小麦播种面积报告期为基期的 120%,这个指数是(　　)。
   A. 个体指数
   B. 总指数
   C. 数量指标指数
   D. 质量指标指数
   E. 动态指数

5. 下列属于质量指标指数的有(　　)。
   A. 劳动生产率指数
   B. 商品销售量指数
   C. 价格指数
   D. 产品成本指数
   E. 职工人数指数

6. 编制综合指数的一般原则是(　　)。
   A. 质量指标指数以报告期的数量指标作为同度量因素
   B. 数量指标指数以基期的质量指标作为同度量因素
   C. 质量指标指数以基期的数量指标作为同度量因素
   D. 数量指标指数以报告期的质量指标作为同度量因素
   E. 随便确定同度量因素

7. 指数的应用范畴包括(　　)。

A. 动态的对比　　　　　　　　　　B. 不同地区的对比
C. 不同部门的对比　　　　　　　　D. 不同国家的对比
E. 实际与计划的对比

8. 指数体系中,指数之间的数量对等关系表现为(　　)。

A. 总量指数等于它的因素指数的乘积

B. 总量指数等于它的因素指数的代数和

C. 总量指数等于它的因素指数之间的比例

D. 与总量指数相应的绝对增长额等于它的各因素指数所引起的绝对增长额的代数和

E. 与总量指数相应的绝对增长额等于它的各因素指数所引起的绝对增长额的乘积

9. 以 q 代表销售量,以 p 代表商品价格,那么 $\sum p_1q_1 - \sum p_0q_1$ 的意义是(　　)。

A. 由于销售额本身变动而增减的绝对额

B. 由于物价变动而增减的销售额

C. 由于销售量变动而增减的销售额

D. 由于物价变动而使居民购买商品多支出或减少的人民币

E. 由于销售量变动而使居民购买商品多支出或少支出的人民币

10. 指数的作用是(　　)。

A. 综合反映现象的变动方向

B. 综合反映现象的变动程度

C. 分析现象总变动中各因素的影响方向和程度

D. 研究现象在长时期内的变动趋势

E. 解决不同性质数列之间不能对比的问题

11. 在各类指数中,可以编制指数体系的是(　　)。

A. 个体指数

B. 综合指数

C. 用综合指数变形权数加权的平均数指数

D. 用固定权数加权的平均数指数

E. 平均指标对比指数

12. 若用某企业职工人数和劳动生产率分组资料来进行分析,则该企业总的劳动生产率的变动主要受到(　　)。

A. 企业全部职工人数变动的影响

B. 企业劳动生产率变动的影响

C. 企业各类职工人数在全部职工人数中所占比重变动的影响

D. 企业各类工人劳动生产率变动的影响

E. 各组职工人数和相应劳动生产率两因素变动的影响

三、填空题

1. 按说明现象的特点不同,统计指数分为_____和_____。

2. 按所包括的范围不同,统计指数分为_____和_____。

3. 在只有两个因素以乘积关系构成的经济现象中,必然有一个因素是_____,另一个因素是_____。

4. 在产量综合指数中，_____是指数化指标，而_____是同度量因素。

5. 在价格综合指数中，产品产量是_____，而_____是指数化指标。

6. 平均指标对比指数可分解为_____和_____。

7. 指数体系中，总量指数等于各因素指数的_____，总量指数相应的绝对增减量_____各因素指数引起的相应的绝对增减量的_____。

8. 固定权数的加权算术平均数指数，固定权数是经过调整计算的_____，常用_____表示；数量指标指数的计算公式为_____，质量指标指数的计算公式为_____。

9. 编制指数的一般原则如下：在编制数量指标指数时，应将同度量因素固定在_____；而编制质量指标指数时，应将同度量因素固定在_____。

10. 平均指标指数是个体指数的加权平均数，常用的基本形式有两种，一种是_____平均数指数，另一种是_____平均数指数。

四、简答题

1. 什么叫综合指数？它有什么特点？
2. 综合指数和平均指标指数有何联系和区别？
3. 平均指标指数在什么条件下才能成为综合指数的变形？

五、计算题

1. 用同一数量人民币，报告期比基期多购买商品 5%，问物价是如何变动的？
2. 报告期和基期购买等量的商品，报告期比基期多支付 50% 的货币，物价是否有变动？若有，是如何变动的？
3. 根据题表 5-1 计算产量指数和价格指数。

题表 5-1　某三类产品的产量和出厂价格情况

产品	计量单位	产量		出厂价格/元	
		2000 年	2001 年	2000 年	2001 年
甲	件	100	100	500	600
乙	台	20	25	3 000	3 000
丙	米	1 000	2 000	6	5

4. 某厂产品成本资料如题表 5-2 所示。

题表 5-2　某厂三类产品成本情况统计

产品名称	计量单位	单位成本/元		产品产量	
		基期	报告期	基期	报告期
甲	件	10	9	1 000	1 100
乙	个	9	9	400	500
丙	米	8	7	700	800

计算：

(1) 成本个体指数和产量个体指数；

(2) 综合成本指数；

(3) 总生产费用指数。

5. 某印染厂产量资料如题表 5-3 所示。

题表 5-3　某印染厂三种产品的产量资料

产品名称	上年实际产值 $q_0 p_0$/万元	本年实际产值 $q_1 p_1$/万元	产量本年比上年增长 $\left(\dfrac{q_1}{q_0}-100\%\right)$/(%)
甲	200	240	25
乙	450	485	10
丙	350	480	40
合计	1 000	1 205	—

根据上表计算加权算术平均数指数,以及由于产量增长产值的增加量。

6. 某工厂工人和工资情况如题表 5-4 所示,试计算平均工资的可变构成指数、固定构成指数和结构影响指数,并进行分析。

题表 5-4　某工厂工人和工资情况

工人	平均人数/人		平均工资/元	
	基期	报告期	基期	报告期
技术工人	200	300	80	100
一般工人	400	900	50	60
合计	600	1 200	—	—

7. 某市纺织局所属企业有关资料如题表 5-5 所示。

题表 5-5　某市纺织局所属企业的工人数和劳动生产率资料

企业名称	工人数/人		劳动生产率/(元/人)	
	基期	报告期	基期	报告期
甲	6 000	6 400	5 000	6 000
乙	3 000	6 000	4 000	5 000
丙	1 000	3 600	2 500	3 000

试计算劳动生产率可变构成指数、固定构成指数和结构影响指数,并从相对数和绝对数上对劳动生产率的变动原因进行简要分析。

第六章 抽样调查

一、教学目的与要求

通过对本章的学习,学生应了解抽样调查的概念、特点、作用等,掌握抽样平均误差、极限误差、区间估计、样本容量的确定和对总量指标的推算。

二、教学内容

第一节"抽样调查的概念、特点和作用":抽样调查的概念,抽样调查的特点,抽样调查的作用。

第二节"抽样调查涉及的基本概念及理论依据":总体和样本,总体指标和抽样指标,抽样方法,抽样调查的理论依据。

第三节"抽样平均误差":抽样误差的概念,抽样平均误差的意义,影响抽样平均误差的因素,抽样平均误差的计算。

第四节"总体指标的推断":抽样极限误差,可信程度,抽样推断。

第五节"样本容量的确定和总体总量指标的推算":必要样本容量的确定,抽样估计,总体总量指标的推算方法。

第六节"抽样方案设计":抽样方案设计的基本原则,简单随机抽样,类型抽样,机械抽样,整群抽样。

三、重点与难点

抽样误差、抽样估计及样本容量的确定。

四、教学方法

多媒体教学。

五、学习方法

掌握本章内容的方法在于在理解的基础上加以记忆。

六、计划安排课时

4～6课时。

七、作业

习题集。

第一节　抽样调查的概念、特点和作用

一、抽样调查的概念

抽样调查是非全面调查,是按照随机原则从调查对象(总体)中抽取一部分单位进行调查,用调查所得指标数值对调查对象相应指标数值做出具有一定可靠性的估计和推断的一种统计调查方法。

我国的抽样调查应用主要如下。

1. 国家和地方统计部门

国家和地方统计部门组织抽样调查时施行的抽样调查制度有1‰人口抽样调查制度、城市和农村住户调查制度、农产量抽样调查制度等。

国家和地方统计部门有三支调查队:城市社会经济调查总队、农村社会经济调查总队、企业调查总队。

2. 其他政府部门、社会团体和学术团体

由其他政府部门、社会团体和学术团体组织的抽样调查主要有妇女文化程度调查(国家卫生健康委员会)、科普素养调查(中国科学技术协会)、普通话推广情况调查(教育部、国家语言文字工作委员会)等。

3. 专业调查咨询机构

专业调查咨询机构包括央视调查咨询中心、市场调查与分析公司等。

二、抽样调查的特点

(1)只抽取总体中的一部分单位进行调查。
(2)用一部分单位的指标值去推断总体的指标值。
(3)抽取部分单位要遵循随机原则。
(4)抽样误差可以计算,并且可以控制。

三、抽样调查的作用

(1)有破坏性、不可能进行全面调查的事物可进行抽样调查。
(2)对于全面调查实际办不到的事物,可进行抽样调查。
(3)节省人力、费用和时间,方式灵活。
(4)可对总体进行推断。

第二节　抽样调查涉及的基本概念及理论依据

一、总体和样本

(一)总体

1. 概念

总体,全称为全及总体,又称母体,是指所要认识对象的全体,是同一性质的许多个体

的集合体。

2. 总体的分类

按各单位标志性质不同,总体可分为变量总体和属性总体。

(1)变量总体:各单位可用数量标志计量。

①无限总体:变量值无限,又可分为可列和连续两种。

②有限总体:变量值有限。

(2)属性总体:各单位用品质标志描述。

3. 总体单位数

总体单位数用 N 表示。

(二)样本

1. 概念

从总体中随机抽取的部分单位的集合体称为样本或抽样总体。

2. 样本的大小

大样本超过 30 个,小样本少于 30 个。

3. 样本的容量

样本的总量,也即样本单位数,用 n 表示。

二、总体指标和抽样指标

(一)总体指标

总体指标是指根据总体各单位标志值计算的、反映总体属性的指标。它主要包括总体平均数、总体方差、总体标准差。

总体平均数的计算公式为

$$\overline{X} = \frac{\sum X}{N} (总体未分组)$$

$$\overline{X} = \frac{\sum Xf}{\sum f} (总体已分组)$$

总体方差的计算公式为

$$\sigma^2 = \frac{\sum (X - \overline{X})^2}{N} (总体未分组)$$

$$\sigma^2 = \frac{\sum (X - \overline{X})^2 f}{\sum f} (总体已分组)$$

总体标准差的计算公式为

$$\sigma = \sqrt{\frac{\sum (X - \overline{X})^2}{N}} (总体未分组)$$

$$\sigma = \sqrt{\frac{\sum (X - \overline{X})^2}{\sum f}} (总体已分组)$$

(二)抽样指标

抽样指标是指根据样本各单位标志值计算的、反映样本属性的指标。它主要包括样本平均数、样本方差和样本标准差。

样本平均数的计算公式为

$$\bar{x} = \frac{\sum x}{n} \text{(样本未分组)}$$

$$\bar{x} = \frac{\sum xf}{\sum f} \text{(样本已分组)}$$

样本方差的计算公式为

$$\sigma_i^2 = \frac{\sum (x-\bar{x})^2}{n} \text{(样本未分组)}$$

$$\sigma_i^2 = \frac{\sum (x-\bar{x})^2 f}{\sum f} \text{(样本已分组)}$$

样本标准差的计算公式为

$$\sigma_i = \sqrt{\frac{\sum (x-\bar{x})^2}{n}} \text{(样本未分组)}$$

$$\sigma_i = \sqrt{\frac{\sum (x-\bar{x})^2 f}{\sum f}} \text{(样本已分组)}$$

在属性总体中,设 N_1 个单位具有某种属性,N_0 个单位不具有某种属性,则

$$P = \frac{N_1}{N}, \quad Q = \frac{N_0}{N}$$

称为总体成数。

$$p = \frac{n_1}{n}, \quad q = \frac{n_0}{n}$$

称为样本成数。

$$\sigma_P = \sqrt{P(1-P)}$$

称为总体是非标志标准差。

$$\sigma_p = \sqrt{p(1-p)}$$

称为样本是非标志标准差。

有些社会经济现象只表现为两种性质上的差异。例如:产品的质量表现为合格或不合格;对某一电视节目,观众的表现为收看或不收看;学生成绩表现为及格或不及格等。这些只表现为是或否、有或无的标志称为交替标志或是非标志。

(1)成数。在总体中,交替标志只有两种表现,我们把具有某种表现或不具有某种表现的单位数占总体全部单位数的比重称为成数。若 p 和 q 分别表示具有与不具有某种标志的成数,则同一总体两种成数之和等于 1,用公式表示为:$p+q=1$ 或 $q=1-p$。

(2)交替标志的平均数。交替标志表现了现象质的区别,因此计算它的平均数时首先需要将交替标志的两种表现进行量化处理。用"1"表示具有某种表现,用"0"表示不具有某种表现,如表 6-1 所示。

表 6-1　交替标志的方差计算过程

	x	f	xf	$x-\overline{x}$	$(x-\overline{x})^2$	$(x-\overline{x})^2 f$
是	1	p	p	$1-p$	$(1-p)^2$	$(1-p)^2 p$
非	0	$1-p$	0	$0-p$	p^2	$p^2(1-p)$
合计	1	1	p	—	—	$(1-p)^2 p + p^2(1-p)$

根据表 6-1 可得交替标志的平均数为

$$x_{\text{交替标志}} = \frac{\sum xf}{\sum f} = \frac{p}{1} = p$$

（3）交替标志的标准差。

根据表 6-1 可得交替标志的标准差为

$$\sigma_{\text{交替标志}} = \sqrt{\frac{\sum (x-\overline{x})^2 f}{\sum f}} = \sqrt{\frac{(1-p)^2 p + p^2(1-p)}{1}}$$
$$= \sqrt{pq} = \sqrt{p(1-p)} = \sqrt{q(1-q)}$$

注意：在有些书上，样本标准差用 s 表示。在计算器上，有"σ"和"s"按钮，"σ"代表总体标准差，"s"代表样本标准差。

三、抽样方法

抽样方法按抽取样本的方式不同分为重复（置）抽样和不重复（置）抽样。

（一）重复（置）抽样

重复（置）抽样是指从全及总体中抽取样本时，随机抽取一个样本单位，记录该单位的有关标志表现后，把它放回到全及总体中去，再从全及总体中随机抽取第二个样本单位，记录它的有关标志表现后，也把它放回全及总体中去，照此下去，直到抽选出第 n 个样本单位。

可见，重复（置）抽样时，总体单位数在抽选过程中始终不变，总体中各单位被抽中的可能性前后相同，总体中各单位都有被重复抽中的可能。

（二）不重复（置）抽样

不重复（置）抽样是指从全及总体抽取样本时，随机抽取一个样本单位，记录该单位的有关标志表现后，这个样本单位不再放回全及总体参加下一次抽选；然后，从总体 $N-1$ 个单位中随机抽取第二个样本单位，记录它的有关标志表现后，该单位也不放回全及总体中去，从总体 $N-2$ 个单位中抽取第三个样本单位，照此下去，直到抽选出第 n 个样本单位。

可见，不重复（置）抽样时，总体单位数在抽选过程中逐渐减少，总体中各单位被抽中的可能性前后不断变化，总体中各单位没有被重复抽中的可能。

四、抽样调查的理论依据

1. 大数法则

随着抽样容量 n 的增加，样本平均数 $\overline{x}$ 有接近总体平均数 $\overline{X}$ 的趋势，几乎具有实际的必然性。

2. 中心极限定理

如果总体变量存在有限的平均数和方差,则不论这个总体变量的分布如何,随着抽样容量 n 的增加,样本平均数的分布都趋于正态分布。

第三节 抽样平均误差

一、抽样误差的概念

（一）抽样误差的一般概念

抽样误差是指样本指标与总体指标之间的差距,表示为 $|\bar{x}-\bar{X}|$、$|p-P|$。

（二）统计调查误差的种类

按产生的原因分,统计调查误差可分为登记性误差和代表性误差。

1. 登记性误差

登记性误差是指统计调查时,由于主观原因在登记、汇总、计算、过录中所产生的误差。不论是全面调查,还是非全面调查,都可能产生登记性误差。

2. 代表性误差

代表性误差又可分为两种:系统性误差和随机误差。

系统性误差又称偏差,是指由于抽样调查没有遵循随机原则而产生的误差。只要遵循随机原则,就可以避免系统性误差。

随机误差又称偶然的代表性误差,是指在没有登记性误差的前提下,遵循了随机原则所产生的误差。随机误差是抽样调查固有的误差。抽样误差是指这种代表性误差。

抽样误差包括抽样实际误差和抽样平均误差两种。

抽样实际误差是指某一样本指标与被它估计的总体指标的差数。

从一般意义上说,抽样平均误差是所有抽样实际误差的平均水平。确切地说,抽样平均误差是所有样本指标(样本平均数和样本成数)的标准差。

统计调查误差的分类如图 6-1 所示。

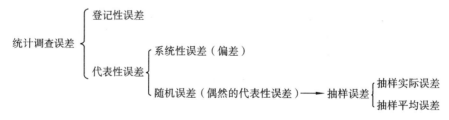

图 6-1 统计调查误差的分类

二、抽样平均误差的意义

抽样平均误差是一系列抽样指标的标准差,即

$$\mu_x = \sqrt{\frac{\sum[\bar{x}-E(\bar{X})^2]}{\text{样本可能数目}}}$$

例如：总体为 2、3、4，如表 6-2 所示，从总体中按重复（置）抽样抽出 2 个单位组成样本。

表 6-2　样本平均数的抽样平均误差

序号	样本总量 [1]	样本总量 [2]	样本平均数	$(\bar{x}-\bar{\bar{x}})^2$
1	2	2	2	1
2	2	3	2.5	0.25
3	2	4	3	0
4	3	2	2.5	0.25
5	3	3	3	0
6	3	4	3.5	0.25
7	4	2	3	0
8	4	3	3.5	0.25
9	4	4	4	1
10	3	3	3	$\sum = 3$

求抽样平均误差就是求所有可能样本平均数的标准差。
用计算器求 2、2.5、3、2.5、3、3.5、3、3.5、4、3 的标准差得

$$\mu_x = 0.5477$$

0.5477 即为抽样平均误差。

三、影响抽样平均误差的因素

（1）全及总体标志的变异程度（σ）：全及总体标志的变异程度大，抽样平均误差大；全及总体标志的变异程度小，抽样平均误差小。

（2）样本单位标志的变异程度（s）。

（3）样本容量（n）的大小：样本容量越大，抽样平均误差越小；样本容量越小，抽样平均误差越大。

（4）抽样组织的方式：有简单随机抽样、类型抽样、整群抽样、机械抽样等。

四、抽样平均误差的计算

（一）样本平均数的抽样平均误差

前面已经举例说明了直接按照可能样本平均数求标准差的方法计算抽样平均误差，但该方法太烦琐。

可以证明：

1. 在重复（置）抽样下

抽样平均误差为

$$\mu_{\bar{x}} = \frac{\sigma}{\sqrt{n}}$$

上式中，σ 为总体标准差，n 为样本容量。当总体标准差 σ 未知，且样本容量较大时，可以用样本标准差代替总体标准差。

例如：从 40、50、70、80 中抽取 3 个组成样本，在重复(置)抽样下，求抽样平均误差。

(1) 求总体标准差。可以直接用计算器统计功能键求出。

$$\sigma = \sqrt{\frac{\sum(x-\overline{x})^2}{N}} = 15.81$$

(2) 求抽样平均误差。

$$\mu_{\overline{x}} = \frac{\sigma}{\sqrt{n}} = \frac{15.81}{\sqrt{3}} = 9.13$$

2. 在不重复(置)抽样下

抽样平均误差为

$$\mu_{\overline{x}} = \sqrt{\frac{\sigma^2}{n}\left(\frac{N-n}{N-1}\right)} \approx \sqrt{\frac{\sigma^2}{n}\left(1-\frac{n}{N}\right)}$$

上式中，σ 为总体标准差，n 为样本容量，N 为总体单位数。当 $N \geqslant 500$ 或做估计推算时，可使用 $\sqrt{\frac{\sigma^2}{n}\left(1-\frac{n}{N}\right)}$ 计算抽样平均误差。

例如：从 40、50、70、80 中抽取 3 个组成样本，在不重复(置)抽样下，求抽样平均误差。

(1) 求总体标准差。可以直接用计算器统计功能键求出。

$$\sigma = \sqrt{\frac{\sum(x-\overline{x})^2}{N}} = 15.81$$

(2) 求抽样平均误差。

$$\mu_{\overline{x}} = \sqrt{\frac{\sigma^2}{n}\left(\frac{N-n}{N-1}\right)} = \sqrt{\frac{15.81^2}{3}\left(\frac{4-3}{4-1}\right)} = 5.27$$

(二) 样本成数的抽样平均误差

前面已经介绍过成数的概念：总体中具有某种属性的单位占所有单位的比重用 P 表示，不具有某种属性的单位占所有单位的比重用 Q 表示，P、Q 为总体成数；样本中具有某种属性的单位占样本所有单位的比重用 p 表示，不具有某种属性的单位占样本所有单位的比重用 q 表示，p、q 为样本成数。

可以证明：

1. 在重复(置)抽样下

抽样平均误差为

$$\mu_p = \sqrt{\frac{p(1-p)}{n}}$$

2. 在不重复(置)抽样下

抽样平均误差为

$$\mu_p = \sqrt{\frac{p(1-p)}{n}\left(\frac{N-n}{N-1}\right)} \approx \sqrt{\frac{p(1-p)}{n}\left(1-\frac{n}{N}\right)}$$

在当 $N \geqslant 500$ 或做估计推算时，可使用 $\sqrt{\frac{p(1-p)}{n}\left(1-\frac{n}{N}\right)}$ 计算抽样平均误差。

已知某工厂所生产的灯泡的平均使用时间、分组和组中值如表 6-3 所示，求样本平均数和样本成数(使用时间在 1 000 时以上为合格品)的抽样平均误差。已知总体单位数为 10 000 个。

表 6-3　某工厂所生产灯泡的平均使用时间、分组和组中值

使用时间/时	抽查灯泡个数/个	组中值
900 以下	2	875
900～950	4	925
950～1 000	11	975
1 000～1 050	71	1 025
1 050～1 100	84	1 075
1 100～1150	18	1 125
1 150～1 200	7	1 175
1 200 以上	3	1 225
合计	200	

(1)求灯泡的平均使用时间、标准差和灯泡合格率(样本)。

$$\bar{x} = \frac{\sum xf}{\sum f} = 1\ 057$$

$$\sigma = \sqrt{\frac{\sum (x-\bar{x})^2 f}{n}} = 53.63$$

$$p = \frac{183}{200} = 91.5\%$$

(2)求灯泡使用时间抽样平均误差。

在重复(置)抽样下,抽样平均误差为:

$$\mu_{\bar{x}} = \frac{\sigma}{\sqrt{n}} = \frac{53.63}{\sqrt{200}}\ \text{时} = 3.79\ \text{时}$$

在不重复(置)抽样下,抽样平均误差为:

$$\mu_{\bar{x}} = \sqrt{\frac{\sigma^2}{n}\left(1-\frac{n}{N}\right)} = \sqrt{\frac{53.63^2}{200}\left(1-\frac{200}{10\ 000}\right)}\ \text{时} = 3.75\ \text{时}$$

(3)求灯泡合格率的抽样平均误差。

在重复(置)抽样下,抽样平均误差为

$$\mu_p = \sqrt{\frac{p(1-p)}{n}} = \sqrt{\frac{0.915 \times 0.085}{200}} = 1.97\%$$

在不重复(置)抽样下,抽样平均误差为

$$\mu_p = \sqrt{\frac{p(1-p)}{n}\left(1-\frac{n}{N}\right)} = \sqrt{\frac{0.915 \times 0.085}{200}\left(1-\frac{200}{10\ 000}\right)} = 1.95\%$$

第四节 总体指标的推断

一、抽样极限误差

(一)抽样极限误差的概念

抽样极限误差是指总体指标和抽样指标之间误差的可能范围。

1.样本平均数的抽样极限误差

$$\Delta \bar{x} = |\bar{x} - \bar{X}|$$

2.样本成数的抽样极限误差

$$\Delta p = |p - P|$$

(二)总体范围的估计

若有了抽样极限误差,则样本平均数和样本成数的可能范围可以用下式估计。

1.总体平均数的范围

$$\bar{x} - \Delta\bar{x} \leqslant \bar{X} \leqslant \bar{x} + \Delta\bar{x}$$

2.总体成数的极限误差

$$p - \Delta p \leqslant P \leqslant p + \Delta p$$

例如:要估计一批产品的合格率,从 1 000 件产品中抽取 200 件,其中有 10 件不合格品,如果确定抽样极限误差的范围为 2%,试估计产品合格率的范围。

样本成数为

$$p = 190/200 = 95\%$$

总体成数下限为

$$95\% - 2\% = 93\%$$

总体成数上限为

$$95 + 2\% = 97\%$$

即该产品合格率在 93%~97%区间。

(三)抽样极限误差与抽样平均误差的关系

抽样极限误差通常用抽样平均误差的倍数表示,即

$$\Delta \bar{x} = t\mu_{\bar{x}}, \quad \Delta p = t\mu_p$$

式中 t 称为概率度。

二、可信程度

可信程度表示估计的可靠程度。

估计区间越大,可靠程度越大;估计区间越小,可靠程度越小。

另外,估计区间又与抽样极限误差有关,在一定的抽样方式下,抽样极限误差又是由概率度 t 决定的,因而可靠程度与 t 之间有一定的正比关系。

概率度 t 与概率保证程度(可靠程度),即概率 $F(t)$ 之间的关系如表 6-4 所示。

表 6-4　概率度 t 与概率保证程度(可靠程度)之间的关系

概率度 t	误差范围(Δ)	概率 $F(t)$	概率度 t	误差范围(Δ)	概率 $F(t)$
0.5	0.5μ	0.382 9	1.96	1.96μ	0.950 0
1.00	1.00μ	0.682 7	2.00	2.00μ	0.954 5
1.50	1.50μ	0.866 4	3.00	3.00μ	0.997 3

例如,若概率为 0.95,则查表 6-4 可得 $t=1.96$。

三、抽样推断

抽样推断的步骤如下。

(1)计算抽样平均误差。
(2)给定可信程度,查表得概率度 t。
(3)计算抽样极限误差。

$$\Delta \bar{x} = t\mu_{\bar{x}}$$
$$\bar{x} - \Delta \bar{x} \leqslant \overline{X} \leqslant \bar{x} + \Delta \bar{x}$$

(4)估计总体指标区间。

例如,某灯泡厂某月生产 5 000 000 个灯泡,在进行质量检查中,随机抽取 500 个进行检查,这 500 个灯泡的耐用时间如表 6-5 所示。

表 6-5　某灯泡厂某月所生产的 5 000 000 个灯泡的质量检查

耐用时间/时	灯泡数/个	组中值
800~850	35	825
850~900	127	875
900~950	185	925
950~1 000	103	975
1 000~1 050	42	1 025
1 050~1 100	8	1 075

试求:(1)该厂全部灯泡平均耐用时间的取值范围(概率保证程度为 0.997 3);

(2)经检查发现 500 个灯泡中不合格产品占 0.4%,试在 0.682 7 的概率保证下,估计全部产品中不合格率的取值范围。

求解如下。

(1)求该厂全部灯泡平均耐用时间的取值范围。

①计算抽样平均误差。

$$\bar{x} = \frac{\sum xf}{\sum f} = 926.40$$

$$\sigma = 55.21$$

$$\mu_{\bar{x}} = \frac{\sigma}{\sqrt{n}} = \frac{55.21}{\sqrt{500}} = 2.47$$

②由概率保证程度 0.997 3 查表得概率度 $t=3.00$。

③计算抽样极限误差。
$$\Delta \bar{x} = t\mu_{\bar{x}} = 3.00 \times 2.47 = 7.41$$

④估计总体指标区间。
$$\bar{x} - \Delta \bar{x} = 926.40 - 7.41 = 918.99$$
$$\bar{x} + \Delta \bar{x} = 926.40 + 7.41 = 933.81$$

(2)估计全部产品中不合格率的取值范围。
$$\mu_p = \sqrt{\frac{p(1-p)}{n}} = \sqrt{\frac{0.004 \times 0.996}{500}} = 0.28\%$$

概率保证程度为 0.682 7 时,$t=1.00$。
$$\Delta p = 1.00 \times \mu_p = 0.28\%$$
$$p - \Delta p = 0.4\% - 0.28\% = 0.12\%$$
$$p + \Delta p = 0.4\% + 0.28\% = 0.68\%$$

第五节 样本容量的确定和总体总量指标的推算

一、必要样本容量的确定

(一)影响必要样本容量的因素

1. 总体各单位标志变异程度

总体各单位标志变异程度即总体方差 σ^2 或样本方差 $p(1-p)$ 的大小。总体各单位标志变异程度大,要求样本容量大一些;总体各单位标志变异程度小,样本容量可以小些。

2. 允许的极限误差 $\Delta \bar{x}$ 或 Δp 的大小

允许的极限误差越大,样本容量越小;允许的极限误差越小,样本容量越大。

3. 抽样方法

在其他条件相同的情况下,与不重复(置)抽样相比,重复(置)抽样要多抽取一些样本单位。

4. 抽样方式

例如,采用类型抽样的样本容量要小于采用简单随机抽样的样本容量。

5. 抽样推断的可信程度即概率 $F(t)$ 的大小

抽样推断的可信程度要求越高即 $F(t)$ 越大,样本容量越大;抽样推断的可信程度要求越低,样本容量越小。

(二)必要样本容量的计算公式

1. 重复(置)抽样的必要样本容量

(1)平均数的必要样本容量。

由 $\Delta \bar{x} = t\mu_{\bar{x}} = t\sqrt{\frac{\sigma^2}{n}}$ 得

$$n_{\bar{x}} = \frac{t^2 \sigma^2}{(\Delta \bar{x})^2} = \frac{\sigma^2}{\mu_{\bar{x}}^2}$$

(2)成数的必要样本容量。

由 $\Delta p = t\mu_p = t\sqrt{\dfrac{p(1-p)}{n}}$ 得

$$n_p = \dfrac{t^2 p(1-p)}{(\Delta p)^2} = \dfrac{p(1-p)}{\mu_p^2}$$

2. 不重复(置)抽样的必要样本容量

(1)平均数的必要样本容量。

由 $\Delta \bar{x} = t\mu_{\bar{x}} = t\sqrt{\dfrac{\sigma^2}{n}\left(1 - \dfrac{n}{N}\right)}$ 得

$$n_{\bar{x}} = \dfrac{Nt^2\sigma^2}{N(\Delta \bar{x})^2 + t^2\sigma^2} = \dfrac{N\sigma^2}{N\mu_{\bar{x}}^2 + \sigma^2}$$

(2)成数的必要样本容量。

由 $\Delta p = t\mu_p = t\sqrt{\dfrac{p(1-p)}{n}\left(1 - \dfrac{n}{N}\right)}$ 得

$$n_p = \dfrac{Nt^2 p(1-p)}{N(\Delta p)^2 + t^2 p(1-p)} = \dfrac{Np(1-p)}{N\mu_p^2 + p(1-p)}$$

【例 6-1】 从某企业 400 名工人中随机抽取 10% 进行调查,获得日产零件资料如表 6-6 所示。已知样本方差 $s^2 = 310$。

要求:

(1)在不重复(置)抽样情况下以 95.45%($t=2$)的可靠性估计平均每位工人的日产零件的置信区间。

(2)若在其他条件不变的情况下,使极限误差减小 20%,则至少应抽多少名工人进行调查? 已知 $N=400$ 人,$n=40$ 人。

表 6-6 从某企业 400 名工人中随机抽取调查

日产零件数/件	工人数/人
100 以下	4
100~200	10
200~300	20
300 以上	6
合计	40

【解】 (1)

$$\bar{x} = \dfrac{\sum xf}{\sum f} = \dfrac{8\,800}{40} = 220$$

$$\mu_{\bar{x}} = \sqrt{\dfrac{s^2}{n}\left(1 - \dfrac{n}{N}\right)} = \sqrt{\dfrac{310}{40}\left(1 - \dfrac{40}{400}\right)} = 2.64$$

$$\Delta \bar{x} = t\mu_{\bar{x}} = 2 \times 2.64 = 5.28$$

$$\bar{x} - \Delta \bar{x} \leqslant \overline{X} \leqslant \bar{x} + \Delta \bar{x}$$

$$220 - 5.28 \leqslant \overline{X} \leqslant 220 + 5.28$$

在不重复(置)抽样情况下,以 95.45%($t=2$)的可靠性估计平均每位工人的日产零件

的置信区间为 $[214.72, 225.28]$。

(2)

$$n = \frac{Nt^2 s^2}{N(\Delta \bar{x})^2 + t^2 s^2} = \frac{400 \times 4 \times 310}{400 \times (5.28 \times 0.8)^2 + 4 \times 310} 人 = 59.21 人 \approx 60 人$$

若在其他条件不变的情况下,使极限误差减小 20%,则至少应抽 60 名工人进行调查。

二、抽样估计

抽样估计就是利用所取得的样本资料,采用一定的估计方法,对总体进行估计和推断。

(一)抽样估计的优良标准

1. 无偏性

无偏性是指用样本指标估计总体指标时,所有可能样本指标的平均数等于被估计的总体指标。

2. 一致性

一致性是指用样本指标估计总体指标时,若样本容量充分大,则样本指标充分靠近总体指标。

3. 有效性

有效性是指用样本指标估计总体指标时,作为无偏估计量的方差比其他估计量的方差小。

(二)抽样估计的方法

1. 点估计

点估计就是用实际样本指标值代替总体指标值的一种估计方法。它没有考虑抽样误差。

2. 区间估计

区间估计就是根据样本指标和抽样平均误差估计总体指标的可能范围,并同时给出总体指标落在该范围的可靠程度,也就是在一定的概率保证下,用以点估计值为中心的一个区间范围来估计总体指标值。

三、总体总量指标的推算方法

(一)直接换算法

直接换算法是指用样本指标或总体指标(总体平均数和总体成数)的区间估计值乘以总体单位数来推算总体总量指标的方法。

样本指标值乘以总体单位数,即 $\bar{x}N$、pN,是总体总量指标的点估计值。

总体指标的区间估计值乘以总体单位数,即

$$[(\bar{x} - \Delta \bar{x})N, (\bar{x} + \Delta \bar{x})N]$$

$$[(p - \Delta p)N, (p - \Delta p)N]$$

是总体总量指标的区间估计值。

例如,求例 6-1 中 40 名工人总产零件的置信区间,为

$$40[214.72,225.28]=[8\,588.80,9\,011.2]$$

(二)修正系数法

修正系数法是用抽样指标去修正全面统计资料时采用的一种方法,是指将抽样调查资料与相应范围的全面资料对比,计算出差错比率,即修正系数,并以此修正全面调查结果。

(1)计算差错比率。

$$差错比率=\frac{抽样复查数-样本全面调查数}{样本全面调查数}\times100\%$$

(2)用差错比率修正全面调查结果。

$$修正后的全面调查数=未修正的全面调查数\times(1+差错比率)$$

第六节 抽样方案设计

一、抽样方案设计的基本原则

(1)保证实现抽样随机性的原则。
(2)保证实现最大的抽样效果原则。

二、简单随机抽样

简单随机抽样又称纯随机抽样,是指按照随机的原则直接从 N 个总体单位中抽取 n 个单位构成样本。

简单随机抽样最符合随机原则。

简单随机抽样可采用抽签法或随机数字法进行。

三、类型抽样

类型抽样又称分类抽样,是指先对总体各单位按一定标志加以分类,然后从各类中按随机原则抽取一定数量的单位,组成一个样本。

将总体 N 分成 $N_1,N_2,\cdots,N_m$,从 N_1 中抽取 n_1 个单位,从 N_2 中抽取 n_2 个单位,…,从 N_m 中抽取 n_m 个单位,由 $n_1,n_2,\cdots,n_m$ 组成样本,即

总体单位数为

$$N=N_1+N_2+\cdots+N_m$$

样本单位数为

$$n=n_1+n_2+\cdots+n_m$$

采用这一抽样方法时,因为从各类型组都抽取了样本单位,所以对各类型组来说是全面调查,组间方差是可以不考虑的,影响抽样误差的总方差是组内方差。

四、机械抽样

机械抽样又称等距抽样、系统抽样,是指将总体按一定的标志和顺序排列,每隔一定的间隔抽取一个或若干个单位,并把这些单位组成样本的一种抽样方法。

按排队的标志不同,等距抽样分为无关标志排队的等距抽样和有关标志排队的等距抽样。

无关标志排队的等距抽样,抽样误差的计算方法比较复杂,一般可以按不重复(置)简单随机抽样的抽样误差公式来计算抽样误差。有关标志排队的等距抽样具有类型抽样的性质,与一般类型抽样相比,所不同的是组分得更多一些,每一个组中只抽取一个单位,因此,可用类型抽样的公式计算抽样误差。

五、整群抽样

整群抽样又称集团抽样,是指将总体划分为由总体单位所组成的若干群,然后以群为抽样单位,抽取一些群作为样本,对群内所有单位进行全面调查的抽样方法。

采用整群抽样时,影响抽样误差的因素是群间方差。

本章小结

(1)抽样调查是按照随机抽样的原则抽选总体中的部分单位进行调查,以部分单位的指标数值作为代表去推断总体的指标数值的一种统计调查方法。

(2)全及总体也叫母体,即被研究事物或现象的总体,一般简称总体,这是开展抽样所面对的总体。抽样总体是从全及总体中抽出来的一部分单位所组成的小总体,简称为样本。抽样估计就是用样本估计量估计总体的未知参数,评价估计量的标准有无偏性、一致性和有效性三个。

(3)一系列抽样指标的标准差叫抽样平均误差,抽样指标与总体指标之间的误差可允许的最大范围叫作抽样极限误差。

(4)抽样误差是一个随机变量,因此我们不能期望抽样平均数和抽样成数落入一个区间内是一个必然事件,而只能给予一定的概率保证程度。概率保证程度称为抽样估计的置信度。

(5)简单随机抽样也称为纯随机抽样,是指按随机原则直接从总体 N 个单位中抽取 n 个单位组成样本。

(6)类型抽样又称分类抽样,是在抽样之前,先将总体 N 个单位按某一标志划分为 k 类,然后在各类内分别独立地进行随机抽样。

(7)机械抽样又叫等距抽样或系统抽样,是指将总体各单元按一定的标志和顺序排列以后,每隔一定的距离(间隔)抽取一个或若干个单元组成样本。

(8)整群抽样也称集团抽样,是将总体各单位划分成若干群,然后从其中随机抽取部分群,对这些群的所有单位进行全面调查的一种抽样方法。

习题集

一、单项选择题

1.随机抽样的基本要求是严格遵守(　　)。
A.准确性原则　　B.随机原则　　C.代表性原则　　D.可靠性原则

2.抽样调查的主要目的是(　　)。
A.广泛运用数学的方法　　　　　　B.计算和控制抽样误差
C.修正普查的资料　　　　　　　　D.用样本指标推算总体指标

3.抽样总体单位也可称( )。
A.样本 B.单位样本数 C.样本单位 D.总体单位

4.反映样本指标与总体指标之间抽样误差可能范围的指标是( )。
A.样本平均误差 B.抽样极限误差 C.可靠程度 D.概率程度

5.在实际工作中,不重复(置)抽样的抽样平均误差的计算,采用重复(置)抽样的公式的场合是( )。
A.样本单位数占总体单位数的比重很小时
B.样本单位数占总体单位数的比重很大时
C.样本单位数很少时
D.样本单位数很多时

6.在其他条件不变的情况下,样本单位数和抽样误差的关系是( )。
A.样本单位数越大,抽样误差越大
B.样本单位数越大,抽样误差越小
C.样本单位数的变化与抽样误差的数值无关
D.样本误差变化程度是抽样单位数变动程度的 $\frac{1}{2}$

7.用简单随机抽样(重复(置)抽样)方法抽取样本单位,如果要使抽样平均误差降低50%,则样本容量需扩大到原来的( )。
A.2倍 B.3倍 C.4倍 D.5倍

8.事先将全及总体各单位按某一标志和顺序排列,然后依固定间隔来抽选调查单位的抽样方法,称为( )。
A.分层抽样 B.简单随机抽样 C.整群抽样 D.等距抽样

9.按各统计单位标志性质不同,全及总体可以分为( )。
A.有限总体和无限总体 B.全及总体和抽样总体
C.可列无限总体和不可列无限总体 D.变量总体和属性总体

10.抽样指标是( )。
A.确定性变量 B.随机变量 C.连续型变量 D.离散型变量

11.在区间估计中,有三个基本要素,它们是( )。
A.概率度、抽样平均误差、样本单位数 B.概率度、点估计值、误差范围
C.点估计值、抽样平均误差、概率度 D.误差范围、抽样平均误差、总体单位数

12.无偏性是用抽样指标估计总体指标应满足的要求之一,无偏性是指( )。
A.样本平均数等于总体平均数 B.样本成数等于总体成数
C.样本指标等于总体指标 D.样本指标的平均数等于总体指标

13.抽样平均误差就是样本平均数(或样本成数)的( )。
A.平均数 B.平均差 C.标准差 D.标准差系数

14.在同样条件下,不重复(置)抽样的抽样平均误差与重复(置)抽样的抽样平均误差相比,( )。
A.前者小于后者 B.前者大于后者 C.两者相等 D.无法判断

15.抽样调查中,( )。
A.既有登记性误差,也有代表性误差 B.只有登记性误差,没有代表性误差

C. 没有登记性误差,只有代表性误差　　D. 既没有登记误差,也没有代表性误差

16. 在抽样方案设计中,最好的方案是( )。
   A. 抽样误差最小的方案　　　　　　B. 调查单位最少的方案
   C. 调查费用最省的方案　　　　　　D. 在一定误差要求下费用最少的方案

17. 随着样本单位数的无限增大,样本指标和未知的总体指标之差的绝对值小于任意小的正整数的可能性趋于必然性,称为抽样估计的( )。
   A. 无偏性　　　B. 一致性　　　C. 有效性　　　D. 充足性

18. 能够事先加以计算和控制的误差是( )。
   A. 抽样误差　　B. 登记性误差　　C. 标准差　　　D. 标准差系数

19. 在一定抽样平均误差的条件下,要提高推断的可靠程度,必须( )。
   A. 扩大误差　　B. 缩小误差　　C. 扩大极限误差　　D. 缩小极限误差

20. 根据抽样调查的资料,某企业生产定额平均完成百分比为165%,抽样平均误差为1%,概率为0.9545时,可据以确定生产定额年均完成百分比为( )。
   A. 不大于167%
   B. 不大于167%和不小于163%
   C. 不小于167%
   D. 不大于163%和不小于167%

21. 对400名大学生抽取19%进行不重复(置)抽样调查,优等生比重为20%,概率为0.9545,优等生比重的抽样极限误差为( )。
   A. 4.0%　　　B. 4.13%　　　C. 9.18%　　　D. 8.26%

22. 事先确定总体范围,并对总体的每个单位编号,然后根据"随机数码表"或抽签的方式来抽取样本单位的抽样方法,被称为( )。
   A. 简单随机抽样　B. 机械抽样　　C. 类型抽样　　D. 整群抽样

23. 先将全及总体各单位按主要标志分组,再从各组中随机抽取一定数量的单位组成样本,称为( )。
   A. 简单随机抽样　B. 机械抽样　　C. 类型抽样　　D. 整群抽样

24. 按地理区域划片所进行的区域抽样,抽样方法属于( )。
   A. 简单随机抽样　B. 等距抽样　　C. 类型抽样　　D. 整群抽样

25. 整群抽样采用的( )。
   A. 只能是重复(置)抽样　　　　　　B. 只能是不重复(置)抽样
   C. 主要是重复(置)抽样　　　　　　D. 主要是不重复(置)抽样

26. 抽样平均误差反映了样本指标与总体指标之间的( )。
   A. 实际误差　　　　　　　　　　　B. 实际误差的绝对值
   C. 平均误差程度　　　　　　　　　D. 可能误差范围

27. 与抽样极限误差相比较,一般来说,抽样平均误差( )。
   A. 大于抽样极限误差
   B. 小于抽样极限误差
   C. 等于抽样极限误差
   D. 可能大于抽样极限误差,可能小于抽样极限误差,可能等于抽样极限误差

28. 所谓小样本,一般是指样本单位数在( )的样本。
   A. 30个以下　　B. 30个以上　　C. 100个以下　　D. 100个以上

二、多项选择题

1. 抽样调查是一种（　　）。
   A. 收集统计资料的方法
   B. 对现象的总体进行科学估计和推断的方法
   C. 随机性的非全面调查的方法
   D. 快速准确的调查方法
   E. 抽选少数典型单位所进行的调查方法

2. 抽样调查中的抽样误差（　　）。
   A. 是不可避免要产生的
   B. 是可以通过改进调查方法来消除的
   C. 是可以事先计算出来的
   D. 只能在调查结束后才能计算
   E. 大小是可以控制的

3. 影响抽样误差的因素有（　　）。
   A. 是有限总体还是无限总体
   B. 是重复（置）抽样还是不重复（置）抽样
   C. 总体被研究标志的变异程度
   D. 样本单位数的多少
   E. 抽样组织方式不同

4. 抽样调查的基本特点是（　　）。
   A. 根据部分实际资料对全部总体的数量特征做出估计
   B. 深入研究某些复杂的专门问题
   C. 按随机原则从全部总体中抽选样本单位
   D. 调查单位少，调查范围小，了解总体基本情况
   E. 抽样调查的抽样误差可以事先计算并加以控制

5. 用抽样指标估计总体指标应满足的要求是（　　）。
   A. 一致性
   B. 准确性
   C. 客观性
   D. 无偏差
   E. 有效性

6. 抽样平均误差（　　）。
   A. 是样本平均数（或样本成数）的平均数
   B. 是样本平均数（或样本成数）的平均差
   C. 是样本平均数（或样本成数）的标准差
   D. 反映样本平均数（或样本成数）与总体平均数（或总体成数）的平均误差程度
   E. 是计算抽样极限误差的衡量尺度

7. 要增大抽样调查的概率保证程度，可以（　　）。
   A. 缩小概率度
   B. 增大抽样误差范围
   C. 缩小抽样误差范围
   D. 增加样本单位
   E. 增大概率度

8. 抽样方案的检查包括（　　）。
   A. 准确性检查
   B. 及时性检查
   C. 全面性检查
   D. 代表性检查
   E. 预测性检查

9. 在其他条件不变的情况下，抽样极限误差的大小和概率保证程度的关系是（　　）。

A. 抽样极限误差越小,概率保证程度越大

B. 抽样极限误差越小,概率保证程度越小

C. 抽样极限误差越大,概率保证程度越大

D. 呈正比关系

E. 呈反比关系

10. 在一定误差范围的要求下,(　　)。

A. 概率度大,要求可靠性低,样本单位相应要多

B. 概率度大,要求可靠性高,样本单位相应要多

C. 概率度小,要求可靠性低,样本单位相应要少

D. 概率度小,要求可靠性高,样本单位相应要少

E. 概率度小,要求可靠性低,样本单位相应要多

11. 抽样方案设计必须遵循的基本原则是(　　)。

A. 随机原则　　　　　　　　B. 可比性原则

C. 系统性原则　　　　　　　D. 可靠性原则

E. 效果原则

三、填空题

1. 一般来说,用抽样指标估计总体指标应该有三个要求,这三个要求是:_____、_____、_____、_____。

2. 抽样平均误差就是样本平均数(或样本成数)的_____。它反映样本平均数(或样本成数)与总体平均数(或总体成数)的_____。

3. 常用的抽样方法有_____抽样、_____抽样、_____抽样和_____抽样。

4. 简单随机抽样的成数抽样平均误差计算公式是:在重复(置)抽样条件下用_____;在不重复(置)抽样条件下用_____。

5. 影响样本规模的主要因素有_____、_____、_____、_____。

6. 点估计是直接用_____估计总体指标的推断方法。点估计不考虑_____及_____。

7. 区间估计是在一定的_____下,用以_____值为中心的一个区间范围估计总体指标值的估计方法。

四、简答题

1. 什么是随机原则?在抽样调查中为什么要坚持随机原则?

2. 什么是抽样估计?它有什么特点?

3. 什么是抽样误差?影响抽样误差的因素有哪些?

4. 抽样估计的优良标准是什么?

五、计算题

1. 进行随机抽样时,为使抽样误差分别减小 50%、10% 和 5%,样本单位数应如何改变?

2. 在某工厂 4 500 名职工中随机抽选 20%,调查每月看电影次数,所得分配数列如题表 6-1 所示。

题表 6-1 某工厂职工观影次数资料

看电影次数/次	0～2	2～4	4～6	6～8	8～10
职工人数占样本单位数的比重/(%)	8	22	40	25	5

试以 95.45% 的可靠性：

(1)估计平均每月看电影次数；

(2)确定每月看电影在 4 次以上的比重，要求误差不超过 3%。

3.某地区采用纯随机抽样的方法，对职工文化程度进行调查，抽查 100 名职工，每个职工文化程度的分配数列如题表 6-2 所示。

题表 6-2 某地区对职工文化程度的调查表

文化程度/年	组中值	人数/人
3～5	4	15
6～8	7	55
9～11	10	24
12～15	13.5	6
合计	—	100

试求：

(1)抽样平均误差；

(2)在概率度 $t=2$ 的条件下平均文化程度的变化范围。

4.某煤矿对所生产的煤的灰分进行抽样测定，要求误差不超过 0.1%，概率为 0.682 7，根据两次抽样的结果(见题表 6-3)所求得的方差，计算抽样调查所必要的样本单位数。

题表 6-3 某煤矿对所生产煤的灰分测定结果

第一次		第二次	
灰分百分比/(%)	样本数	灰分百分比/(%)	样本数
6～8	4	4～6	2
8～10	7	6～8	3
10～12	9	8～10	10
12～14	5	10～12	10
14～16	6	12～14	3
		14～16	2

5.已知某企业职工的收入情况如题表 6-4 所示。

题表 6-4 某企业职工的收入情况

不同收入类型	职工人数/人	抽样人数(5%)/人	年平均收入/元	各类职工收入的标准差/元
较高的	200		1 320	48

续表

不同收入类型	职工人数/人	抽样人数(5%)/人	年平均收入/元	各类职工收入的标准差/元
一般的	1 600		804	30
较低的	1 200		600	45
合计	3 000	150		

根据题表 6-4 中的信息计算：

(1) 抽样年平均收入；

(2) 年平均收入的抽样平均误差；

(3) 概率为 0.95 时，职工平均收入的可能范围。

6. 在 500 个抽样产品中，有 95% 一级品。试测定抽样平均误差，并用 0.954 5 的概率估计全部产品一级品率的范围。

第七章 相关与回归分析

一、教学目的与要求

通过对本章的学习,学生应了解关系的概念、相关的种类和判断方法、回归分析的概念,掌握相关系数的计算、直线回归方程的建立及估计标准差及上机处理。

二、教学内容

第一节"概述":关系的概念,相关的分类,相关分析的主要内容。

第二节"简单线性相关分析":散点图和相关表,相关系数的测定与应用,相关系数的密切程度。

第三节"回归分析":回归分析的概念和分类,直线回归分析,回归分析工具的输出解释,曲线回归分析。

三、重点与难点

直线回归分析,曲线回归分析。

四、教学方法

多媒体教学和计算机相关处理实验。

五、学习方法

掌握本章内容的方法在于理解。

六、计划安排课时

6~8课时。

七、作业

习题集。

第一节 概 述

一、关系的概念

现实世界中现象之间存在着两种关系:函数关系和相关关系。

(一)函数关系

函数关系是指两个变量的关系是确定的,可以用一个数学表达式表示出来。例如,圆

的面积 S 与半径 R 的关系为 $S=\pi R^2$,周长 L 与半径 R 的关系为 $L=\pi R$。

(二)相关关系

相关关系是指两个变量的关系确实存在,但关系数值是不固定的相互依存关系。例如,身高与体重的关系、施肥量与产量的关系都属于相关关系。

(三)相关关系与函数关系的区别

(1)函数关系是变量之间的一种完全确定的关系,即某一变量发生变化,另一变量就有一个确定值与之相对应;相关关系一般是不完全确定的关系,即对自变量的一个值,与之对应的因变量的值不是唯一的。

(2)函数关系通常可以用数学表达式准确地表示出来。

二、相关的分类

(一)根据自变量的多少划分

(1)单相关:只有一个自变量。

(2)复相关:有两个或两个以上的自变量。

(二)根据形式不同划分

(1)线性相关(直线相关):当一个变量变动时,另一个变量相应发生大致均等的变动。

(2)非线性相关(曲线相关):当一个变量变动时,另一个变量相应发生变动,但这种变动是不均等的。

(三)根据相关关系的方向划分

(1)正相关:两个变量的变化趋势一致,都是增长趋势或下降趋势。

(2)负相关:两个变量的变化趋势相反,一个呈下降趋势而另一个呈上升趋势,或一个呈上升趋势而另一个呈下降趋势。

(四)根据相关的程度划分

(1)不相关:两个变量彼此的数量变化互相独立。

(2)完全相关:一个变量的数量变化由另一个变量的数量变化唯一确定(函数关系)。

(3)不完全相关:介于不相关和完全相关之间。

三、相关分析的主要内容

相关分析的主要内容包括回归参数估计、方程拟合效果评价和回归参数推断。

第二节 简单线性相关分析

一、散点图和相关表

与许多其他的统计研究一样,进行相关分析,基本都是采用定性和定量相结合的方法,即先做定性分析,再做定量分析。所谓定性分析,就是要根据有关专业知识和实际经验,判断变量之间是否存在一定的相关性。如果变量之间确实存在相关关系,再通过绘制散点图和编制相关表,对变量之间的相关关系的类型做出大致判断。上述工作完成后,再进行定量分析，即可以计算相关系数，以精确反映相关关系的方向和程度。

【例 7-1】 近年来教育部决定将各高校的后勤社会化。某从事饮食业的企业家认为这是一个很好的投资机会，他得到十组高校人数与周边饭店的季营业额的数据资料，并想根据高校的数据决策其投资规模。

操作过程如下。

(1)绘制散点图。

①打开"8 简单线性回归.xls"工作簿，选择"饭店"工作表，如图 7-1 所示。该表为相关表。

	A	B	C	D
1	饭店	学生人数（千人）	季营业额（千元）	
2	1	2	58	
3	2	6	105	
4	3	8	88	
5	4	8	118	
6	5	12	117	
7	6	16	137	
8	7	20	157	
9	8	20	169	
10	9	22	149	
11	10	26	202	
12				

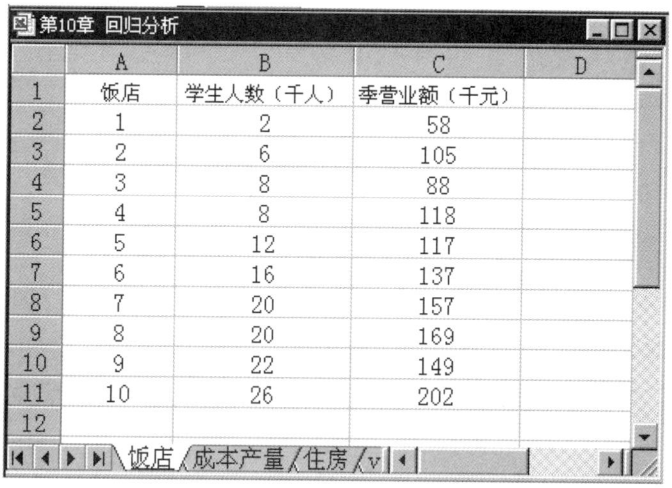

图 7-1　高校人数与周边饭店的季营业额数据

②从"插入"菜单中选择"图表"选项，打开"图表向导"对话框；在"图表类型"列表中选择"XY 散点图"，如图 7-2 所示，单击"下一步"按钮。

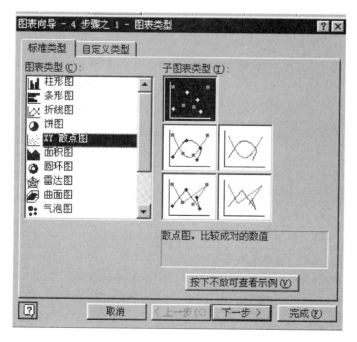

图 7-2　选择"XY 散点图"

③如图7-3所示,在"数据区域"中输入"B2:C11",选择"系列产生在""列",单击"下一步"按钮。

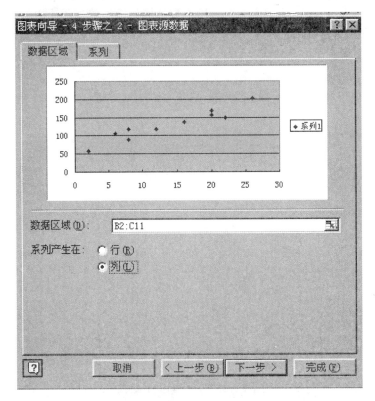

图7-3 选择"系列产生在""列"

④打开"图例"页面,取消"显示图例",省略标题,如图7-4所示。

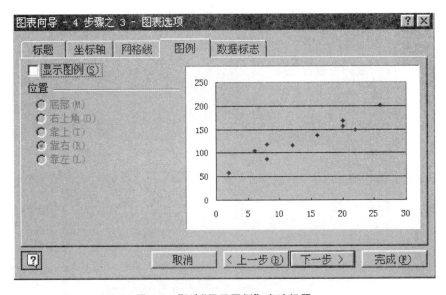

图7-4 取消"显示图例",省略标题

⑤单击"完成"按钮,便得到 X-Y 散点图,如图7-5所示。

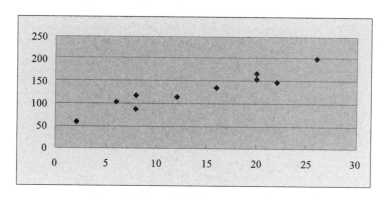

图 7-5 生成的 *X-Y* 散点图

(2)编制相关表。

根据总体单位的原始数据可以编制相关表。对于本例题,将学生人数按照升序排序,即得相关表,如图 7-1 中所示。

二、相关系数的测定与应用

1890 年,英国统计学家卡尔·皮尔逊提出了相关系数的计算公式:

$$r = \frac{\sigma_{xy}^2}{\sigma_x \sigma_y}$$

其中,r 为相关系数,σ_{xy}^2 为变量 x 与变量 y 的协方差,σ_x 为变量 x 的标准差,σ_y 为变量 y 的标准差。

需要说明的是,σ_{xy}^2 为正意味着变量 x 与变量 y 正相关,σ_{xy}^2 为负意味着变量 x 与变量 y 负相关;r 与 σ_{xy}^2 同符号,意味着 r 为正意味着变量 x 与变量 y 正相关,r 为负意味着变量 x 与变量 y 负相关。

对于未分组资料,有

$$\sigma_{xy}^2 = \frac{\sum(x-\overline{x})(y-\overline{y})}{n} = \frac{n\sum xy - \sum x \sum y}{n}$$

$$\sigma_x = \sqrt{\frac{1}{n}\sum(x-\overline{x})^2} = \sqrt{\frac{n\sum x^2 - (\sum x)^2}{n}}$$

$$\sigma_y = \sqrt{\frac{1}{n}\sum(y-\overline{y})^2} = \sqrt{\frac{n\sum y^2 - (\sum y)^2}{n}}$$

将以上各式带入 r 的定义式,可得

$$r = \frac{\sum(x-\overline{x})(y-\overline{y})}{\sqrt{\sum(x-\overline{x})^2 \sum(y-\overline{y})^2}}$$

上式为相关系数 r 的基本计算公式。经推算,还可形成相关系数 r 的简便计算公式:

$$r = \frac{\sum xy - n\overline{x}\,\overline{y}}{\sqrt{\sum x^2 - n\overline{x}^2}\sqrt{\sum y^2 - n\overline{y}^2}}$$

或

$$r = \frac{n\sum xy - \sum x \sum y}{\sqrt{n\sum x^2 - (\sum x)^2}\sqrt{n\sum y^2 - (\sum y)^2}}$$

对于上式,令

$$b = \frac{n\sum xy - \sum x \sum y}{n\sum x^2 - (\sum x)^2}$$

则有

$$r = \frac{n\sum xy - \sum x \sum y}{n\sum x^2 - (\sum x)^2} \times \frac{\sqrt{n\sum x^2 - (\sum x)^2}}{\sqrt{n\sum y^2 - (\sum y)^2}}$$

即

$$r = b \times \frac{\sigma_x}{\sigma_y}$$

相关系数的计算有以下两种方法。

(一)用计算器计算

举例如下。

【例 7-2】 相关系数计算表如表 7-1 所示,求相关系数。

表 7-1 相关系数计算表

序号	x	y
1	1.2	62
2	2	86
3	3.1	80
4	3.8	110
5	5	115
6	6.1	132
7	7.2	135
8	8	160

【解】 $n=8$,用计算器求得

$$\sum x = 36.4, \quad \sum x^2 = 207.54, \quad \sum y^2 = 104\,214$$

$$\sum y = 880, \quad \sum xy = 4\,544.6$$

$$r = \frac{n\sum xy - \sum x \sum y}{\sqrt{n\sum x^2 - (\sum x)^2}\sqrt{n\sum y^2 - (\sum y)^2}}$$

$$= \frac{8 \times 4\,544.6 - 36.4 \times 880}{\sqrt{8 \times 207.54 - 36.4^2}\sqrt{8 \times 104\,214 - 880^2}} = 0.969\,7$$

(二)用计算机计算

用计算机在 Excel 中计算相关系数的步骤如下。

(1)选取"工具"→"数据分析"。

(2)选择"相关系数"。
(3)选择"确定"。
(4)输入"输入区域"。
(5)输入"输出区域"。
(6)在"分组方式"中选"逐列"。
(7)选"标志位于第一行"。
(8)确定。
出现结果,如表 7-2 所示。

表 7-2　计算结果

	x	y
x	1.000 0	0.969 7
y	0.969 7	1.000 0

三、相关系数的密切程度

相关系数在 -1 到 1 之间,即 $-1 \leqslant r \leqslant 1$。$r=1$ 为完全正相关,$r=-1$ 为完全负相关,$r=0$ 为不相关,r 在 [0.3～0.5) 范围内是低度相关,r 在 [0.5～0.8) 范围内是显著相关,r 大于 0.8 是高度相关。

第三节　回　归　分　析

一、回归分析的概念和分类

(一)回归分析的概念

回归分析就是指对具有相关关系的变量之间的数量关系进行测定,确定一个相应的数学表达式。

(二)回归分析的分类

(1)按自变量 x 的多少,回归分析可以分为一元回归分析和多元回归分析。
(2)按 y 与 x 曲线的形式,回归分析可以分为直线回归分析和曲线回归分析。

二、直线回归分析

(一)简单直线回归分析

1. 简单直线回归分析的特点

(1)在两个变量之间,必须确定哪个是自变量、哪个是因变量。
(2)回归方程的主要作用是用自变量来推算因变量。

2. 简单直线回归方程的确定

设 y 为实际值,y_c 为估计值,现在要用直线 $y_c = a + bx$ 来拟合实际值,而且要满足 $\sum (y - y_c) = 0$,且 $\sum (y - y_c)^2$ 最小。

由最小二乘原理可得

$$b = \frac{n\sum xy - \sum x \sum y}{n\sum x^2 - (\sum x)^2}$$

$$a = \frac{\sum y}{n} - b\frac{\sum x}{n} = \bar{y} - b\bar{x}$$

【例 7-3】 相关数据及生产费用与产量的散点图如图 7-6 所示,拟进行直线回归分析,请确定简单直线回归方程。

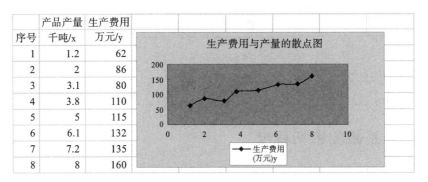

图 7-6 相关数据及生产费用与产量的散点图

【解】 $n=8$,用计算器算得:

$$\sum x = 36.4, \quad \sum x^2 = 207.54, \quad \sum y^2 = 104\,214$$

$$\sum y = 880, \quad \sum xy = 4\,544.6, \quad \bar{x} = 4.55, \quad \bar{y} = 110$$

$$b = \frac{n\sum xy - \sum x \sum y}{n\sum x^2 - (\sum x)^2} = \frac{8 \times 4\,544.6 - 36.4 \times 880}{8 \times 207.54 - 36.4^2} = 12.90$$

$$a = \bar{y} - b\bar{x} = 110 - 12.90 \times 4.55 = 51.31$$

故直线方程为

$$y_c = 51.31 + 12.90x$$

【例 7-4】 某厂商品销售量和商品价格表如表 7-3 所示,试进行简单直线回归分析。

表 7-3 某厂商品销售量和商品价格表

商品销售量 y/百件	商品价格 x/元	xy	x^2
33	8	264	64
32.5	9	292.5	81
26	11	286	121
27	12	324	144
25	12.5	312.5	156.25
23.5	13	305.5	169
21	14	294	196
16.5	16	264	256
15	17	255	289

续表

商品销售量 y/百件	商品价格 x/元	xy	x^2
$\sum y = 219.5$	$\sum x = 112.5$	$\sum xy = 2\,597.5$	$\sum x^2 = 1\,476.25$

由于 $y = a + bx$，因此

$$b = \frac{n\sum xy - \sum x \sum y}{n\sum x^2 - (\sum x)^2} = \frac{9 \times 2\,597.5 - 219.5 \times 112.5}{9 \times 1\,476.25 - 112.5^2} = -2.09$$

$$a = \frac{\sum y}{n} - b\frac{\sum x}{n} = \frac{219.5}{9} - (-2.09) \times \frac{112.5}{9} = 50.51$$

从而有

$$y_c = 50.51 - 2.09x$$

预测商品价格为 20 元时的销售量，为

$$y_{20} = 50.51 \text{百件} - 2.09 \times 20 \text{百件} = 8.71 \text{百件}$$

若自变量为时间，则用 t 表示，此时直线方程为

$$y = a + bt$$

由最小二乘原理可得

$$b = \frac{n\sum ty - \sum t \sum y}{n\sum t^2 - (\sum t)^2}$$

$$a = \frac{\sum y}{n} - b\frac{\sum t}{n} = \bar{y} - b\bar{t}$$

若 $\sum t = 0$，则

$$b = \frac{\sum ty}{\sum t^2}$$

$$a = \frac{\sum y}{n} = \bar{y}$$

那么，怎样使得 $\sum t = 0$？方法如下。

年(编(序)号)	奇	偶
1990	-2	-5
1991	-1	-3
1992	0	-1
1993	1	$+1$
1994	2	$+3$
1995	$\sum t = 0$	$+5$
		$\sum t = 0$

【例 7-5】 某游览点 1993—1999 年观光游客的数量如表 7-4 所示，用最小二乘法建立直线方程，并预测 2005 年的游客数量。

表 7-4 某游览点 1993—1999 年观光游客的数量

年份	时间序号		游客/万人	t^2		ty	
1993	1	−3	100	1	9	100	−300
1994	2	−2	112	4	4	224	−224
1995	3	−1	125	9	1	375	−125
1996	4	0	140	16	0	560	0
1997	5	1	155	25	1	775	155
1998	6	2	168	36	4	1 008	336
1999	7	3	180	49	9	1 260	540
合计	28	0	980	140	28	4 302	382

【解】 设直线方程为 $y=a+bt$，由最小二乘原理可得

$$b=\frac{n\sum ty-\sum t\sum y}{n\sum t^2-(\sum t)^2}=\frac{7\times 4\ 302-28\times 980}{7\times 140-28^2}=13.64$$

$$a=\frac{\sum y}{n}-b\frac{\sum t}{n}=\frac{980}{7}-13.64\times\frac{28}{7}=85.44$$

从而有

$$y_c=85.44+13.64t$$

因此，2005 年的游客数量为

$$y_{2005}=85.44\ \text{万人}+13.64\times 13\ \text{万人}=262.76\ \text{万人}$$

若 $\sum t=0$，则

$$b=\frac{\sum ty}{\sum t^2}=\frac{382}{28}=13.64$$

$$a=\frac{\sum y}{n}=\frac{980}{7}=140$$

从而有

$$y_c=140+13.64t$$

因此，2005 年的游客数量为

$$y_{2005}=140\ \text{万人}+13.64\times 9\ \text{万人}=262.76\ \text{万人}$$

估计标准差可用以下公式：

$$s_{yx}=\sqrt{\frac{\sum(y-y_c)^2}{n}}$$

也可根据

$$r=\sqrt{\frac{\sigma_y^2-s_{yx}^2}{\sigma_y^2}}=\sqrt{1-\frac{s_{yx}^2}{\sigma_y^2}}$$

求得

$$s_{yx}=\sigma_y\sqrt{1-r^2}$$

进行计算。

【例 7-6】 已知 $y_c=64-1.4x$，$\bar{y}=45$，$\sigma_x=7.2$，$\sigma_y=10.5$，试求 $\bar{x},r,s_{yx}$。

【解】

$$\bar{x} = \frac{\bar{y}-a}{b} = \frac{45-64}{-1.4} = 13.6$$

$$r = b \times \frac{\sigma_x}{\sigma_y} = -1.4 \times \frac{7.2}{10.5} = -0.96$$

$$s_{yx} = \sigma_y \sqrt{1-r^2} = 10.5\sqrt{1-(-0.96)^2} = 2.94$$

【例 7-7】 在例 7-3 的基础上,作拟合直线。

【解】 先作图表,然后添加趋势线。

(1)用鼠标激活散点图(见图 7-7),把鼠标放在任一数据点上,单击鼠标右键,打开菜单,在菜单中选择"添加趋势线"选项,打开"添加趋势线"对话框。

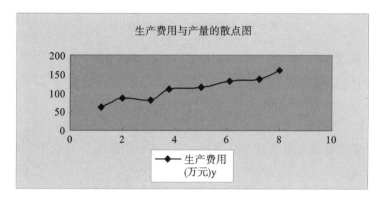

图 7-7 利用 Excel 绘制的散点图

(2)打开"类型"页面,选择"线性"选项,如图 7-8 所示,Excel 中将显示一条拟合数据点的直线。

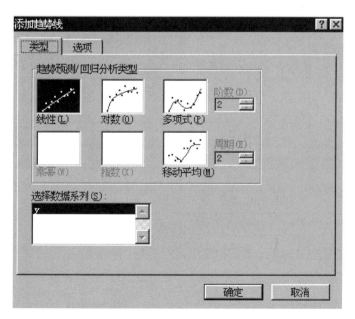

图 7-8 在"添加趋势线"对话框"类型"页面选择"线性"选项

(3)打开"选项"页面,在对话框下部选择"显示公式"和"显示 R 平方值"选项,单击

"确定"按钮,便得到回归分析图,如图 7-9 所示。

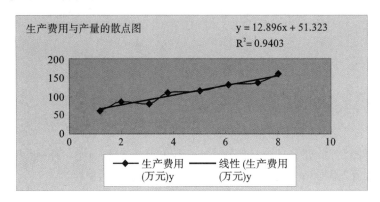

图 7-9 在散点图上拟合直线结果

(二)多元线性回归分析

多元线性回归方程为

$$y_c = a + b_1 x_1 + b_2 x_2$$

估计参数 a、b_1、b_2 手工计算较烦琐,可以用 Excel 数据分析功能完成。

【例 7-8】 某地区玻璃销售量与汽车产量、建筑业产值资料如表 7-5 所示,试建立回归模型。

表 7-5 某地区玻璃销售量与汽车产量、建筑业产值资料

年份	玻璃销售额 y/万元	汽车产量 x_1/万辆	建筑业产值 x_2/千万元
2001	280	3.909	9.43
2002	281.5	5.119	10.36
2003	337.5	6.666	14.5
2004	404.5	5.338	15.75
2005	402.1	4.321	16.78
2006	452	6.117	17.44
2007	431.7	5.559	19.77
2008	582.3	7.92	23.76
2009	596.6	5.816	31.61
2010	620.8	6.113	32.17
2011	513.6	4.258	35.09
2012	606.9	5.591	36.42
2013	629	6.675	36.58
2014	602.7	5.543	37.14
2015	656.7	6.933	41.3
2016	778.5	7.638	45.62
2017	877.6	7.752	47.38
合计	9 054	101.268	471.1

【解】 (1)创建工作簿。

(2)在"工具"菜单中选择"数据分析"选项,打开"数据分析"对话框。

(3)在"分析工具"列表中选择"回归"选项,如图 7-10 所示;单击"确定"按钮,打开"回归"对话框,如图 7-11 所示。

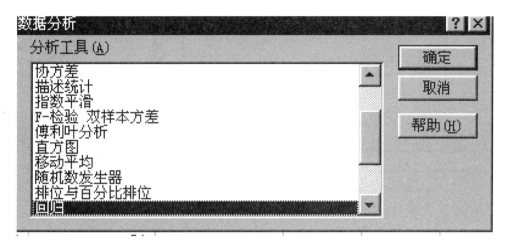

图 7-10　Excel 数据的回归分析

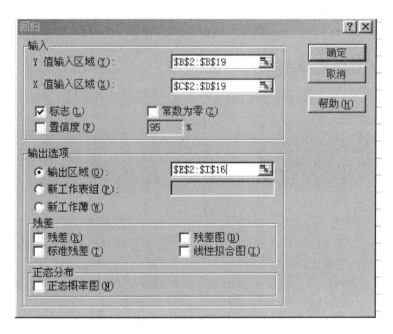

图 7-11　"回归"对话框

(4)在"Y 值输入区域"中输入"B1:B19"。

(5)在"X 值输入区域"中输入"C1:D19"。

(6)勾选"标志"选项,置信度选择 95%。

(7)在"输出选项"中勾选"输出区域",在"输出区域"右边的输入框输入"E1",单击"确定"按钮。输出结果如图 7-12 所示。

	回归统计				
Multiple R	0.9730544				
R Square	0.9468349				
Adjusted R	0.9392399				
标准误差	41.078969				
观测值	17				

方差分析

	df	SS	MS	F	gnificance
回归分析	2	420740.67	210370.34	124.66526	1.201E-09
残差	14	23624.744	1687.4817		
总计	16	444365.42			

	Coefficient	标准误差	t Stat	P-value	Lower 95%
Intercept	19.164577	51.937666	0.3689919	0.7176544	-92.23074
汽车产量(万辆)x1	35.677939	10.044227	3.552084	0.0031877	14.135195
建筑业产值(千万元)x2	10.857925	0.9721583	11.168886	2.337E-08	8.7728513

图 7-12　Excel 回归分析结果

三、回归分析工具的输出解释

Excel 的回归分析工具计算简便,但内容丰富,计算结果共分为三个模块:回归统计、方差分析、回归参数。

1. 回归统计

回归统计包括以下几部分内容。

(1)"Multiple R"(复相关系数 R): R^2 的平方根,又称为相关系数,用来衡量变量 x 和 y 之间相关程度的大小。

上例中:该参数为 0.973 054 4,表示二者之间的关系是高度正相关。

(2)"R Square"(复测定系数 R^2):用来说明用自变量解释因变量变差的程度,以测量同因变量 y 的拟合效果。

上例中:该参数为 0.946 834 9,表明用自变量可解释因变量变差的 97.31%。

(3)"Adjusted R Square"(调整复测定系数 R^2):仅用于多元线性回归才有意义,用于衡量加入独立变量后模型的拟合程度。在有新的独立变量加入后,即使这一独立变量同因变量之间不相关,未经修正的 R^2 也要增大,修正的 R^2 仅用于比较含有同一个因变量的各种模型。

(4)标准误差:又称为标准回归误差或估计标准误差,用来衡量拟合程度的大小,也用于计算与回归有关的其他统计量。此值越小,说明拟合程度越好。

(5)观测值:用于估计回归方程的数据的观测值个数。

2. 方差分析

方差分析的主要作用是通过 F 检验来判断回归模型的回归效果。

3. 回归参数

如图 7-12 所示,回归参数是表中最后一部分。

在图 7-12 中,回归参数如下。

(1) Intercept:截距 β_0。

(2) 第二、三行:β_0(截距)和 β_1(斜率)的各项指标。

(3) 第二列:β_0(截距)和 β_1(斜率)回归系数的值。

(4) 第三列:回归系数的标准误差。

(5) 第四列:根据原假设 $H_0:\beta_0=\beta_1=0$ 计算的样本统计量 t 的值。

(6) 第五列:各个回归系数的 p 值(双侧)。

(7) 第六列:β_0 和 $\beta_{1\,95\%}$ 的置信区间的上下限。

对于上例,可得直线方程为

$$y_c = 19.16 + 35.68 x_1 + 10.86 x_2$$

四、曲线回归分析

【例 7-9】 数据如表 7-6 所示,试分析 y 与 x 的关系,并预测当 $x=28$ 时的 y 值。

表 7-6 曲线回归分析数据

销售额 x	流通费率 y
1.5	7.0
4.5	4.8
7.5	3.6
10.5	3.1
13.5	2.7
16.5	2.5
19.5	2.4
22.5	2.3
25.5	2.2

【解】 (1) 作散点图,如图 7-13 所示,可见 y 与 x 是曲线关系。

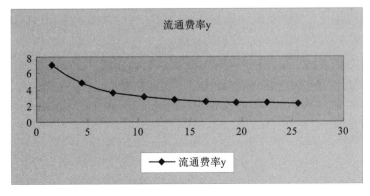

图 7-13 流通费率的曲线拟合图

(2)打开"添加趋势线"对话框,选择曲线类型,在"选项"中选"显示公式"和"显示 R 平方值",单击"确定"按钮。

(3)试验不同模型,得到曲线方程如下:

①线性: $y=0.165x+5.6275$, $R^2=0.7351$

②对数: $y=-1.713\ln x+7.3979$, $R^2=0.9733$

③二次函数: $y=0.0132x^2-0.5225x+7.246$, $R^2=0.9537$

④幂函数: $y=8.5173x^{-0.4259}$, $R^2=0.9928$

⑤指数函数: $y=5.6852e^{-0.0437x}$, $R^2=0.8502$

可见,幂函数效果最好。

(4)预测。

①双击趋势线,打开"趋势线格式"对话框,单击"选项"。

②若预测 $x=28$ 时 y 值,则在"前推"中设置"2.5"。

③单击"确定"按钮。

④在图表中可以找到 $x=28$ 对应的 y 值,约为 2。

本章小结

(1)相关关系是指社会经济现象间确实存在的但不严格的依存关系。按照相关关系涉及的自变量的多少,相关可以分为单相关和复相关;按照变量之间相互关系的表现形式的不同,相关可以分为线性相关和非线性相关;按照变量之间相关关系的方向不同,相关可以分为正相关和负相关;按照变量之间的相关程度,相关可以分为完全相关、不完全相关和不相关。

(2)回归分析是相关分析的深入和延续,是对自变量和因变量的变动趋势拟合数学模型、进行定量推算的统计分析方法。只有一个因变量和一个自变量的线性回归模型,就是一元线性回归模型。简单直线回归模型可根据最小二乘法进行拟合计算,并进行显著性检验。

(3)相关与回归既有区别又有密切的联系。相关分析以测度两个变量之间的线性关联力度为主要目的,并不给出变量之间的因果关系,对称地对待任何变量,用相关系数表示两个随机变量的相关程度和相关方向。相关分析不能指出两个变量相互关系的具体形式;回归分析通过建立回归方程来估计变量与变量之间的因果关系,用判定系数来度量回归方程对观察资料的拟合优度。二者相辅相成。

习题集

一、单项选择题

1.当自变量按一定的数量变化时,因变量也相应等量变化,这时两个变量之间存在着(　　)。

　　A.直线相关关系　　　　　　　　B.曲线相关关系

　　C.负相关关系　　　　　　　　　D.正相关关系

2.若变量 x 值增加时变量 y 值下降,则 x 和 y 两个变量之间存在着(　　)。

A. 正相关关系 B. 负相关关系
C. 曲线相关关系 D. 直线相关关系

3. 若变量 x 值减小时变量 y 值增大,则变量 x 与变量 y 之间存在着(　　)。

A. 直线相关关系 B. 正相关关系
C. 曲线相关关系 D. 负相关关系

4. 圆的面积与半径之间存在着(　　)。

A. 相关关系　　　B. 因果关系　　　C. 函数关系　　　D. 比较关系

5. 如果变量 x 和变量 y 之间的相关系数为 -1,这说明两变量之间(　　)。

A. 高度相关　　　B. 完全相关　　　C. 低度相关　　　D. 完全不相关

6. 相关分析和回归分析对变量的性质要求是不同的。回归分析要求(　　)。

A. 自变量是给定的,因变量是随机的 B. 两个变量都是非随机的
C. 两个变量都是随机的 D. 以上三个都不对

7. 如果变量 x 和变量 y 之间的相关系数为 1,则说明这两个变量之间是(　　)。

A. 完全不相关关系 B. 高度相关关系
C. 完全相关关系 D. 低度相关关系

8. 在相关关系中,两个变量的关系是对等的,从而变量 x 对变量 y 的相关同变量 y 对变量 x 的相关(　　)。

A. 完全不同 B. 有联系但不一样
C. 是同一问题 D. 不一定相同

9. 已知某工厂甲产品产量和生产成本有直接关系,在这条直线上,当产量为 1 000 时,生产成本为 30 000 元,其中不随产量变化的成本为 6 000 元,求得成本总额对产量的回归方程是(　　)。

A. $y=6\ 000+24x$ B. $y=6+0.24x$
C. $y=24\ 000+6x$ D. $y=24+6\ 000x$

10. 相关系数(　　)。

A. 只适用于直线相关
B. 只适用于曲线相关
C. 既可用于直线相关,也可用于曲线相关
D. 既不适用于直线相关,也不适用于曲线相关

11. 在相关分析中,要求相关的两个变量(　　)。

A. 都是随机变量 B. 都不是随机变量
C. 其中因变量是随机变量 D. 其中自变量是随机变量

12. 在简单直线回归方程 $y_c=a+bx$ 中,b 表示(　　)。

A. 当 x 增加一个单位时,y 增加 a 的数量
B. 当 y 增加一个单位时,x 增加 b 的数量
C. 当 x 增加一个单位时,y 的平均增加值
D. 当 y 增加一个单位时,x 的平均增加值

13. 相关关系是(　　)。

A. 现象之间客观存在的依存关系
B. 现象之间客观存在的、关系数值是固定的依存关系

C. 现象之间客观存在的、关系数值不固定的依存关系
D. 函数关系

14. 判断现象之间相关关系密切程度的主要方法是（　　）。
A. 对客观现象做定性分析　　　　B. 编制相关表
C. 绘制相关图　　　　　　　　　D. 计算相关系数

15. 相关系数的取值范围是（　　）。
A. $0 \leqslant r \leqslant 1$　　　B. $-1 \leqslant r \leqslant 0$　　　C. $r > 0$　　　D. $-1 \leqslant r \leqslant 1$

16. 每吨铸件的成本（元）与每一个工人的劳动生产率（吨）之间的回归方程为 $y = 270 - 0.5x$，这意味着劳动生产率每提高一个单位（吨），成本就（　　）。
A. 提高 270 元　　B. 提高 269.5 元　　C. 降低 0.5 元　　D. 提高 0.5 元

二、多项选择题

1. 下列现象属于相关关系的是（　　）。
A. 家庭收入越多，消费也增长　　　　B. 圆的半径越长，圆的面积越大
C. 产量越高，总成本越多　　　　　　D. 施肥量增加，粮食产量也增加
E. 体积随温度升高而膨胀，随压力加大而减小

2. 判断现象之间有无相关关系的方法有（　　）。
A. 对客观现象做定性分析　　　　B. 编制相关表
C. 绘制相关图　　　　　　　　　D. 计算估计标准误差
E. 计算相关系数

3. 估计标准误差是反映（　　）。
A. 回归方程代表性的指标　　　　B. 自变量离散程度的指标
C. 因变量数列离散程度的指标　　D. 因变量估计值可靠程度的指标
E. 自变量可靠程度的指标

4. 直线相关分析的特点是（　　）。
A. 两个变量是对等关系　　　　　B. 只能算出一个相关系数
C. 相关系数有正负号　　　　　　D. 相关的两个变量必须都是随机的
E. 相关系数的大小反映两个变量之间相关的密切程度

5. 据统计资料证实，商品流通费率与商品销售额之间有依存关系，即随商品销售额的增加，商品流通费率有逐渐降低的变动趋势，但这种变动不是均等的。可见，这种关系是（　　）。
A. 函数关系　　　　　　　　　　B. 相关关系
C. 正相关关系　　　　　　　　　D. 负相关关系
E. 曲线相关关系

6. 直线回归分析的特点是（　　）。
A. 两个变量之间不是对等关系
B. 直线回归方程中的回归系数有正负号
C. 自变量是给定的，因变量是随机的
D. 利用一个回归方程，两个变量可以互换推算
E. 可以求出两个回归方程

7. 拟合一条回归直线是为了（　　）。

A. 确定两个变量之间的变动关系　　B. 用因变量推算自变量
C. 用自变量推算因变量　　D. 将两个变量互相推算
E. 确定两个变量之间的函数关系

8. 直线相关分析与直线回归分析的区别在于(　　)。

A. 直线相关分析中的两个变量都是随机的；而直线回归分析中的自变量是给定的，因变量是随机的

B. 直线回归分析中的两个变量都是随机的；而直线相关分析中的自变量是给定的，因变量是随机的

C. 相关系数有正负号，而回归系数只能取正值

D. 直线相关分析中的两个变量是对等关系，而直线回归分析中的两个变量不是对等关系

E. 直线相关分析中根据两个变量只能计算出一个相关系数，而直线回归分析中根据两个变量可以求出两个回归方程

9. 存在相关关系的各现象之间(　　)。

A. 一定存在严格的依存关系　　B. 存在关系，但不确定
C. 存在着不明显的因果关系　　D. 存在着不固定的依存关系
E. 存在着明显的因果关系

10. 工人的工资(元)劳动生产率(千元)之间的回归方程为 $y=10+70x$，这意味着(　　)。

A. 如果劳动生产率等于 1 000 元，则工人工资为 70 元

B. 劳动生产率每增加 1 000 元，工人工资增长 30 元

C. 如果劳动生产率不变，则工人工资为 80 元

D. 如果劳动生产率增加 1 000 元，则工人工资提高 70 元

E. 如果劳动生产率减少 500 元，则工人工资减少 35 元

三、填空题

1. 在相关分析中，要求两个变量都是_____。

2. 在回归分析中，要求自变量是_____，因变量是_____。

3. 当两个变量的相关系数为 1 时，相关关系是_____，实际是_____。

4. 相关关系按相关性质不同分为_____和_____。

5. 当变量 x 与 y 之间存在正相关关系时，随着变量 x 值的增加，变量 y 值会相应_____；而随着 x 值的_____，y 值会相应减少。

6. 对劳动生产率(元)和工资之间的相关关系进行分析，得到下面的回归方程：$y=10+70x$。式中 x 代表劳动生产率。这个方程意味着劳动生产率为 1 000 元，工资为_____元；劳动生产率增加 1 000 元时，工资增加_____元。

7. 已知 $\sum(x-\bar{x})(y-\bar{y})=14\,900$，$\sum(x-\bar{x})^2=14\,400$，$\sum(y-\bar{y})^2=13\,600$，可求得 x 和 y 的相关系数 r 是_____。

8. 已知 $\sigma_{xy}^2=150$，$\sigma_x=18$，$\sigma_y=15$，可求得变量 x 和 y 的相关系数 $r=$_____。

9. 若商品销售额和商品零售价格的相关系数为 －0.93，商品销售额和居民人均收入的相关系数为 0.85，则可以认为，商品销售额对商品零售价格具有_____相关关系，商品销售额与居民人均收入具有_____相关关系，且前者的相关程度_____后

者的相关程度。

10.简单直线回归方程的基本形式是：y 倚 x 的回归方程，_____；x 倚 y 的回归方程，_____。_____和_____是两条直线的截距，_____和_____是两条直线的回归系数，都是待定参数。

四、简答题

1.相关关系有什么特点？
2.相关关系的种类有哪些？
3.相关关系的判断方法是什么？
4.相关系数和估计标准误差有什么关系？
5.在直线回归方程 $y_c = a + bx$ 中，参数 a 和 b 的几何意义和经济意义分别是什么？
6.相关关系和函数关系有何不同？

五、计算题

1.已知12个同类企业的生产性固定资产价值和工业总产值资料如题表7-1所示。

题表7-1　同类企业的生产性固定资产价值和工业总产值资料

企业编号	生产性固定资产价值/万元	工业总产值/万元	企业编号	生产性固定资产价值/万元	工业总产值/万元
1	343	531	7	445	773
2	194	376	8	380	487
3	345	403	9	469	627
4	626	812	10	621	856
5	729	910	11	371	540
6	380	487	12	259	572

要求：

(1)计算相关系数；

(2)说明生产性固定资产价值与工业总产值之间的相关程度；

(3)估计生产性固定资产为1 000万元时的工业总产值为多少。

2.某市电子工业企业的年设备能力和年劳动生产率资料如题表7-2所示。

题表7-2　某市电子工业企业的年设备能力和年劳动生产率的资料

企业编号	年设备能力/(千瓦/人)	年劳动生产率/(千元/人)	企业编号	年设备能力/(千瓦/人)	年劳动生产率/(千元/人)
1	2.8	6.7	8	4.8	9.8
2	2.8	6.9	9	4.9	10.6
3	3.0	7.2	10	5.2	11.7
4	2.9	7.3	11	5.4	11.1
5	3.4	8.4	12	5.5	12.8
6	3.9	8.8	13	6.2	12.1
7	4.0	9.1	14	7.0	12.4

要求：

(1)计算以劳动生产率为因变量的回归方程；

(2)解释回归方程中待定系数 b 的经济意义；

(3)若新建一个企业,其年设备能力为 6.5 千瓦/人,估计劳动生产率将为多少。

3.已知 1983—1992 年个人消费支出和收入资料如题表 7-3 所示。

题表 7-3　1983—1992 年个人消费支出和收入资料

年度	个人收入 x/千元	消费支出 y/千元	年度	个人收入 x/千元	消费支出 y/千元
1983	64	56	1988	107	88
1984	70	60	1989	125	102
1985	77	66	1990	143	118
1986	82	70	1991	165	136
1987	92	78	1992	189	155

要求：

(1)判断个人收入与消费支出之间的关系；

(2)建立直线回归方程；

(3)计算估计标准误差；

(4)若个人收入为 213 千元,估计个人消费支出。

4.已知 $n=6, \sum x=21, \sum y=426, \sum x^2=79, \sum y^2=30,268, \sum xy=1\,481$。

要求：

(1)计算相关系数；

(2)建立回归直线方程；

(3)计算估计标准误差。

5.根据某地 1983—1989 年财政收入(百万元)的资料得到财政收入的直线趋势方程为 $x=27+5.5t$(1983 年 $t=1$)。又知,该地文教科卫支出(百万元)与财政收入的直线回归方程为 $y=-0.11+0.02x$,其中自变量是财政收入。估计 1993 年该地区文教科卫支出为多少百万元。

6.某地 10 家百货商店每人月平均销售额和利润率资料如题表 7-4 所示。

题表 7-4　某地百货商店每人月平均销售额和利润率资料

商店序号	每人月平均销售额 x/千元	利润率 y/(%)
1	6	12.6
2	5	10.4
3	8	18.5
4	1	30.0
5	4	8.1
6	7	16.3
7	6	12.3
8	3	6.2

续表

商店序号	每人月平均销售额 x/千元	利润率 y/(%)
9	3	6.6
10	7	16.8

要求：

(1)画出散点图,观察每人月平均销售额与利润率之间的相关关系；

(2)计算相关系数；

(3)建立回归方程并拟合一条直线；

(4)若某商店每人月平均销售额为2千元,估计利润率为多少；

(5)计算估计标准误差。

7.某家具厂生产家具的总成本与木材耗用量有关,如题表7-5所示。

题表7-5 某家具厂生产家具的木材耗用量与总成本

月份	1	2	3	4	5	6	7
木材耗用量/立方千米	2.4	2.1	2.3	1.9	1.9	2.1	2.4
总成本/千元	3.1	2.6	2.9	2.7	2.3	3.0	3.2

要求：

(1)建立以总成本为因变量的直线回归方程；

(2)计算回归方程的估计标准误差；

(3)计算相关系数,判断相关程度。

8.根据下列资料确定直线回归方程和计算相关系数。

$$\overline{xy} = 146.5, \quad \overline{x} = 12.6, \quad \overline{y} = 11.3,$$
$$\overline{x^2} = 164.2, \quad \overline{y^2} = 134.6, \quad a = 1.7575$$

第八章 实操指导

要求:学生要将每次实验的结果写成实验报告,并保存到指定的文件夹中。

第一次实验

实验一 统计分组,作统计图和计算描述性统计量

某灯泡厂抽取的 80 只灯泡的寿命如表 8-1 所示。

表 8-1 某灯泡厂抽取的 80 只灯泡的寿命

序号	寿命/时	序号	寿命/时	序号	寿命/时	序号	寿命/时
1	914	21	827	41	904	61	996
2	946	22	864	42	927	62	852
3	867	23	849	43	934	63	878
4	816	24	918	44	854	64	900
5	949	25	1 038	45	878	65	924
6	954	26	1 006	46	900	66	886
7	956	27	963	47	961	67	950
8	937	28	919	48	981	68	878
9	870	29	913	49	911	69	950
10	967	30	978	50	924	70	850
11	800	31	991	51	909	71	891
12	999	32	950	52	1 049	72	949
13	948	33	988	53	958	73	1 000
14	978	34	1 001	54	1 040	74	1 098
15	869	35	890	55	927	75	1 050
16	905	36	890	56	926	76	999
17	907	37	900	57	838	77	948
18	900	38	864	58	863	78	916
19	891	39	986	59	850	79	886
20	926	40	921	60	821	80	951

要求:
(1)用 MIN 和 MAX 函数找出最小值和最大值,以 50 为组距,确定每组范围;
(2)用"数据分析"中的"直方图"作直方图;
(3)用"数据分析"中的"描述统计"计算 80 只灯泡的平均数、样本方差、中位数、众数和全距。

操作步骤如下。

(1)将表 8-1 中的数据复制到 Excel 中。

(2)选择"插入"—"函数"—"统计"—"MAX",在单元格中出现最大值 1 098。同理找出最小值 800。

(3)选择一个单元格,输入每一组的上限,组距为 50,第一组 850,第二组 900……

(4)在"工具"中选择"数据分析"—"直方图"(第一次要"加载宏"—"分析工具库"),弹出"直方图"对话框,如图 8-1 所示。

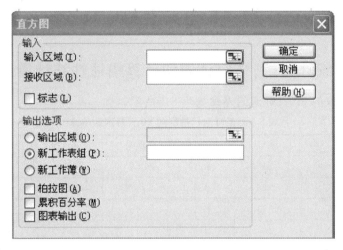

图 8-1 "直方图"对话框

(5)在"输入区域"填入数据范围,在"接收区域"填入分组的范围,选择"输出区域"和"图表输出",得到次数分布表和直方图。

(6)对直方图进行编辑:在直方图上单击右键,选择"数据系列格式"—"选项",将"分类间隔"设置为"0",将编辑好的直方图和次数分布表复制到实验报告中。

(7)在"数据分析"中选择"描述统计",在弹出的对话框(见图 8-2)中设置"输入区域",选择"输出区域"和"汇总统计",将结果复制到实验报告中。

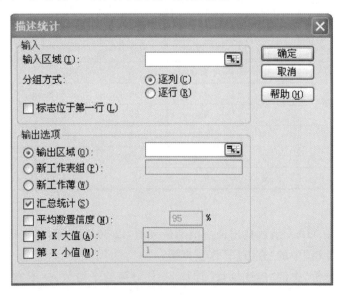

图 8-2 "描述统计"对话框

实验二　作趋势图,建立趋势方程并进行预测

某市 1978—2005 年 GDP 如表 8-2 所示。

表 8-2　某市 1978－2005 年 GDP

年份	GDP/亿元	年份	GDP/亿元	年份	GDP/亿元	年份	GDP/亿元
1978	13.22	1985	37.80	1992	126.86	1999	733.19
1979	15.02	1986	44.91	1993	196.53	2000	828.12
1980	17.97	1987	54.96	1994	296.78	2001	932.08
1981	19.18	1988	69.21	1995	403.59	2002	1 060.97
1982	21.37	1989	72.84	1996	510.09	2003	1 226.44
1983	24.34	1990	77.90	1997	605.82	2004	1 400.00
1984	30.21	1991	92.92	1998	677.19	2005	1 600.00

要求:
(1)作出趋势图(折线图或 X-Y 散点图);
(2)用"添加趋势线"的方法,找出一个最好的方程;
(3)预测 2006 年、2007 年该市的 GDP。

操作步骤如下。
(1)将数据复制到 Excel 中,年份和 GDP 各为 1 列。
(2)选择"插入"—"图表"—"折线图",作出趋势图,编辑后复制到实验报告中。
(3)打开"添加趋势线"对话框,选择适当类型,在对话框"选项"页面中勾选"显示公式"和"显示 R 平方值",如图 8-3 所示。反复实验,直到获得最好的曲线。

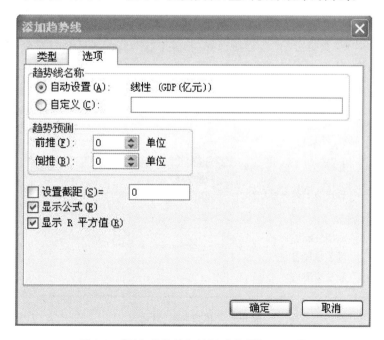

图 8-3　"添加趋势线"对话框"选项"页面设置

(4) 在 Excel 中输入表达式，预测 2006 年、2007 年该市的 GDP，并将预测结果保存到实验报告中。

第二次实验

实验一　相关图和相关系数

用表 8-3 所示数据作相关图，并计算相关系数。

表 8-3　某地区 1994—2002 年粮食产量与有机肥资料

年份	粮食产量 y	有机肥 x
1994	24	46
1995	25	44
1996	26	46
1997	26	46
1998	25	44
1999	27	46
2000	28	45
2001	30	48
2002	31	50

操作步骤如下。
(1) 输入数据。
(2) 选择"插入"→"图表"→"XY 散点图"。编辑后将图表复制到实验报告中。
(3) 经"工具"→"数据分析"步骤后选择"相关系数"，将相关系数复制到实验报告中。"相关系数"对话框如图 8-4 所示。

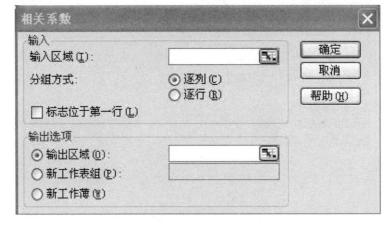

图 8-4　"相关系数"对话框

实验二 多元线性回归

用表 8-4 中的数据进行多元线性回归分析,并进行预测。

表 8-4 某地区 1994—2002 年粮食产量与有机肥、牲畜头数资料

年份	粮食产量 y	有机肥 x_1	牲畜头数 x_2
1994	24	46	15
1995	25	44	17
1996	26	46	16
1997	26	46	15
1998	25	44	15
1999	27	46	16
2000	28	45	18
2001	30	48	20
2002	31	50	19

操作步骤如下。

(1)输入表 8-4。

(2)在"数据分析"对话框中选择"回归",打开"回归"对话框,如图 8-5 所示。

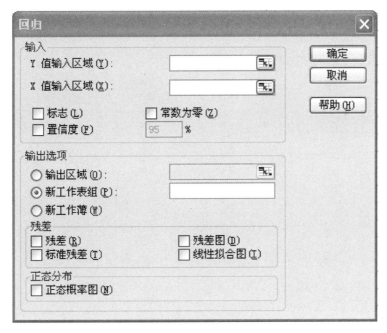

图 8-5 "回归"对话框

(3)设置"Y 值输入区域"和"X 值输入区域",选择"输出区域",得到输出结果。

(4)写出直线回归方程、R 平方值,并判断方程是否通过了统计检验。

(5)若 2003 年 $x_1=52, x_2=21$,预测粮食产量,将预测结果保存到实验报告中。

第二部分　Stata 软件实操

第九章　Stata 软件简介

一、Stata 的功能与特点

Stata 是一个既小巧又功能强大，且可免安装的统计分析软件，现为 Stata Corp 公司的产品。从 1985 年第一版问世以来，Stata 已陆续更新了 17 个版本，并从第四版起可在 Windows 系统上运行。目前 Stata 的功能已日趋完善，且内容丰富。它操作灵活、简单、易学易用，既具有数据管理软件、统计分析软件、绘图软件和编程语言的特点，又在诸多方面别具特色。现在 Stata 已经在教育、科研、经济等领域得到了广泛应用与推广，与 SAS、SPSS 一起被并称为三大权威统计软件，WHO 的研究人员把 Stata 作为统计工作最主要的分析软件之一。

Stata 现在最新版为 17.0 版，但鉴于本书以统计学最基本的统计分析为主，所以主要讲解和应用 10.0 版。Stata 10.0 大约占 40 MB 的硬盘空间。根据不同层次的用户需要，它又被分为三个不同的版本：

（1）Small Stata：提供了所有的基本统计分析功能和绝大部分高级统计分析功能，但在数据容量、参数设置等方面只提供较小的容量，主要适用于教学，相当于教学版本。

（2）Intercooled Stata：是最重要的一个版本，相当于标准版，提供了完整的数据管理和统计分析功能，能够满足绝大多数用户的统计分析需要，我们通常所说的 Stata 就是此版。

（3）Stata Special Edition：于 2002 年推出，需另付费购买。它在统计分析能力上与 Intercooled 版相同，但针对大型数据集做了优化，可胜任海量数据库的统计分析。

由于以上版本在语法格式、操作方法上基本完全相同，只是在最大变量数、内存使用等参数配置上有区别，因此本书不再对其一一区别，均以 Intercooled 版为准实施实操。

二、Stata 的数据管理功能

Stata 现在已支持最多达 128 个字符的长变量名。与别的统计软件不同，它在打开数据文件后将数据全部读入内存，因此数据管理运算速度极快，同时它可容纳的数据量也非常充分，在物理内存足够用的情况下，Intercooled Stata 10.0 最多可以使用 32 776 个变量、上亿条记录（仅受物理内存大小的限制）。

Stata 为用户提供了完善的数据管理功能，包括：

（1）可以从键盘或磁盘读入数据。

（2）利用数值函数或字符串函数产生新变量。

（3）自动由分组变量生成虚拟变量，自动将字符串变量映射成数字代码。

（4）对数据文件进行横向和纵向链接、行列变换等。

（5）将重复测量数据的长型记录格式转换为宽型记录格式，或反之。

三、Stata 的统计功能

Stata 的统计功能很强。除了传统的统计分析方法外，它还收集了近 20 年发展起来的新方法，如 Cox 比例风险回归、指数与 Weibull 回归、多类结果与有序结果的 logistic 回归、Poisson 回归、负二项回归及广义负二项回归、随机效应模型等。它的分析功能紧跟国际上数理统计学的最新进展。更为令人叹服的是，Stata 在统计分析命令的设置上结构极为清晰，它将相同类型的统计模型均归在同一个命令族下，而不同的命令族又可以使用相同功能的选项，这使得用户学习时极易上手。

四、Stata 的作图功能

Stata 的作图模块主要提供直方图、条形图、百分圆图、百分条图、散点图、分位数图等基本图形的制作功能。这些图形的组合应用，可以满足绝大多数用户的统计作图要求。在有些非绘图命令中，Stata 提供了专门绘制某种图形的功能，如在生存分析中提供了生存曲线图，在回归分析中提供了残差图等。

五、Stata 的矩阵运算功能

矩阵代数是多元统计分析的重要工具，Stata 不仅提供了多元统计分析中所需的矩阵基本运算，如矩阵的加、积、逆、Cholesky 分解、Kronecker 积等，还提供了一些高级运算，如特征根、特征向量、奇异值分解等。另外，在执行完某些统计分析命令后，Stata 还提供了一些系统矩阵，如估计系数向量、估计系数的协方差矩阵等。

六、Stata 的程序设计功能

虽然 Stata 是一个统计分析软件，但它也具有很强的程序设计功能，这给用户提供了一个广阔的开发应用的天地，和上面介绍的矩阵运算功能相结合，用户能够充分发挥自己的聪明才智，熟练应用各种技巧，真正做到随心所欲。事实上，Stata 的 ADO 程序升级文件(高级统计部分)都是用 Stata 自己的语言编写的。

七、Stata 的升级

Stata 在每个正式版本推出后，总是会不断地推出升级文件，对软件加以修正和改进。它的升级文件主要有以下三种。

(1)官方提供的主程序升级文件：用户只需要登录 Stata 网站，查找并下载主程序文件的升级版本，然后替换硬盘上的相应文件即可，下载后将扩展名修改为 EXE，然后替换原有的同名文件即可。

(2)官方提供的 ADO 程序升级文件：Stata 的一个突出特点是它的许多高级统计模块均是编程人员用其宏语言写成的程序文件(ADO 程序升级文件)，这使得开发人员可以随时对其加以更正。与主程序升级文件相同，ADO 程序升级文件也会不定期发布，用户下载后将其解压缩，然后使用软件菜单上的"Help"—"Official Updates"，依照提示升级完毕即可。

(3)非官方提供的 ADO 程序升级文件：Stata 的许多高级统计模块均是程序文件(ADO 程序升级文件)，而 Stata Corp 公司对此的态度非常开放，允许用户自行修改、添加和发布 ADO 程度升级文件，并以 STB(Stata Technical Bulletin)等形式定期发布经过选择的非官方 ADO 程序升级包。用户可随时到 Stata 网站或者其他个人网址上寻找并下载所需的程序包，然后使用软件菜单上的"Help"—"STB and User"—"written Programs"，安装后即可使用。这一特点使得全球的统计学家均乐于在 Stata 上首先实现所研究的最新算法，并对外免费提供下载，从而使得 Stata 始终处于统计分析方法发展的最前沿，用户几乎总是能很快找到最新统计算法的 Stata 程序版本。这也使 Stata 自身成为几大统计软件中升级最多、最频繁的一个。用户可在命令窗口键入"update"查看当前版本信息，也可用 update query 命令自动升级。

第十章 Stata 快速入门

一、Stata 的进入、退出与操作界面

在 Windows 菜单中选择 Stata 的图标,单击后即进入 Stata。图 10-1 所示为 Stata 10.0 启动后的界面。

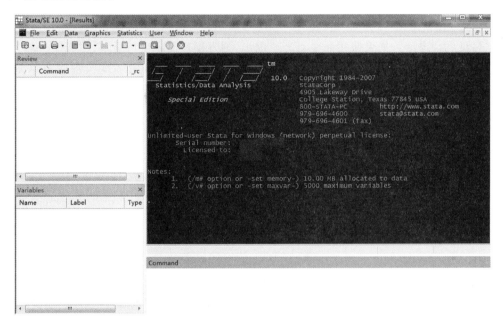

图 10-1 Stata 10.0 启动后的界面

除了 Windows 版本软件都有的菜单栏、工具栏、状态栏等外,Stata 的默认启动界面主要还包括四个窗口,分述如下。

(一)结果窗口

结果窗口位于界面的右上部,软件运行中的所有信息,如所执行的命令、执行结果和出错信息等均在这里列出。结果窗口中会使用不同的颜色区分不同的文本,如默认情况下白色表示命令,红色表示错误信息,绿色和黄色为结果输出和注释。

(二)命令窗口

命令窗口即 Command 窗口,位于结果窗口的下方,相当于 dos 命令行,用于键入预执行的命令。预执行的命令执行后,相应的结果在结果窗口显示。

(三)命令回顾窗口

命令回顾窗口即 Review 窗口,位于界面的左上方,所有执行过的命令会依次在该窗口中列出,单击后命令即被自动拷贝到命令窗口中;如果需要重复执行,用鼠标在 Review 窗口中双击相应的命令即可。

(四)变量名窗口

变量名窗口即 Variables 窗口,位于界面的左下方,列出当前数据集中所有变量的名称。

除以上四个默认打开的窗口外,在 Stata 中还有另外一些窗口,如数据编辑窗口、程序文件编辑窗口、帮助窗口、绘图窗口、Log 窗口等。它们各自有相应的用途,有的还十分重要,如帮助窗口。如果需要使用,可以用 Windows 或 Help 菜单将其打开。这些窗口的功能和用法将在本书的相应部分加以介绍。Stata 的退出可以使用菜单方式或者命令行方式,菜单方式为 File→Exit。如果数据已经存盘,则可退出 Stata;如果数据未存盘,则 Stata 给出如下提示:"Data has changed without being saved. Do you really want to exit?"(数据已改变,但未存盘,是否真的要退出?)如果要退出,则按确定按钮,否则按取消按钮,将数据存盘后再退出。如果使用命令行方式退出,则直接在命令窗口中键入"exit"并按回车键即可。此时,如果使用的数据尚未存盘,则系统会给出警告,需要先保存数据文件,或者清除内存中的数据文件后才能退出。

二、Stata 的语法格式

Stata 的操作几乎完全依靠执行各种语句或命令来进行。Stata 命令是由命令关键词、参数、选项等构成的字符串。注意,在 Stata 中,所有命令、函数、变量名等都区分大小写,例如"x"和"X"会被认为是两个不同的变量。语句书写完毕后不需要特殊的结束符,Stata 自动将一行字符串按照一条命令来处理。也就是说,同一条命令必须在同一行中书写,而不同的命令必须出现在不同的行中。

Stata 命令的基本语法格式如下:

[特殊选项] 关键词 命令参数 [,命令选项]

其中,括号表示其中的内容不一定总是出现。下面对语句中的各元素分别加以解释。

1. 特殊选项

特殊选项是大多命令中通用的选项,由于执行的功能比较特殊,因此置于前端,并使用空格和命令正文分隔。较常用的特殊选项有自动生成哑变量的"xi"命令、分组执行相同语句的"by"命令、执行逐步回归分析的"sw"命令、按指定的条件重复执行的"for"命令等。

2. 关键词

关键词相当于一句话的主语,用于指明所执行的是哪一条 Stata 命令。关键词在一条命令中必须出现。大多数命令的关键词都是采用相关的英文单词,简单易记,并且在 Stata 中还允许对关键词进行缩写(每个命令不同,无特殊规律),这无疑大大方便了使用。表 10-1 中列出了数据操作时常用的个别命令关键词。

表 10-1 Stata 中进行数据操作时常用的命令关键词

命令关键词	缩写	执行的操作
describe	de	显示当前(指定)数据集的概况
display	di	对指定的表达式进行计算并显示结果

续表

命令关键词	缩写	执行的操作
generate	gen	计算(或产生)新变量值
list	li	显示变量值
sort	so	对指定记录进行排序

3. 命令参数

命令参数相当于一句话的谓语和宾语,用于指明相应的命令在执行时需要使用的变量、参数等是什么。大多数 Stata 命令都需要指定参数,但也有例外,此时系统会自动按照缺省方式执行。例如 describe 命令,如果不指定任何参数,则系统会默认对当前使用的数据集中的所有变量进行描述。

4. 命令选项

命令选项相当于一句话中的定语、状语、补语等修饰成分,用于对相应的命令进行限制或更精确的指定,在命令中不一定出现。有的命令选项在多数命令中都通用,但也有一些命令选项只能在某个命令中使用。

三、Stata 的操作方式

Stata 的操作方式可以分为命令行方式和程序方式两种,下面分别加以讲解。

(一)命令行方式

所谓命令行方式,就是在命令窗口中输入一行命令,按回车键后 Stata 对每一条命令都给予及时的处理,并在结果窗口中反馈相应的信息,使用者根据反馈再键入下一条命令。这是使用 Stata 较常见的方式。以下为一个简单的命令行方式操作示例。

```
. drop _all          /* 清空当前使用的数据集,右侧的参数为 _all
. display 2+3        /* 要求显示出 2+3 的结果
5
. set obs 5          /* 将数据集设定为有 5 条记录
obs was 0, now 5
. generate x=2       /* 建立新变量 x,所有记录的 x 均等于 2
. sum                /* 对当前数据集中的所有变量进行简单描述
```

函数 sum 数据简单描述如图 10-2 所示。

图 10-2 函数 sum 数据简单描述

(二)程序方式

虽然命令行方式操作方便,但分析内容很多,或者需要重复进行大量的工作,仅仅对少数参数加以修改时,若仍采取命令行方式操作,则不仅要将许多时间花在等待运算结果上,而且容易漏掉一些主要的分析内容或做一些无益的重复劳动。此时采用程序方式是较为合适的。所谓程序方式,就是将需要执行的所有命令写入一个以"do"为扩展名的命令文件(文本格式,即 ASCII 码),然后在 Stata 中执行该命令文件,相应的所有命令会依次执行完毕。具体的程序方式有以下两种:

(1)使用菜单:选择 File→Do,在打开文件对话框中指定相应的程序文件,然后 Stata 就会自动装入并执行该文件。

(2)命令行方式:在命令窗口中键入"Do 路径及文件名",结果和上面相同。

除了能够批量执行命令以外,程序方式还能实现命令行方式无法完成的任务,如在一段程序中使用判断、分值、循环结构,以宏变量的方式自动应用某些参数,从而实现数据管理、统计建模、模拟抽样等复杂功能。因篇幅所限,这里不再详述。

四、Stata 的数据输入与储存

Stata 为用户提供了简捷而又非常完善的数据接口,熟悉它的用法是使用 Stata 的第一步。在 Stata 中读入数据有四种方式:直接由键盘输入、使用数据编辑窗口输入、打开已有数据文件和拷贝、以粘贴方式交互数据。保存文件也可以使用命令行方式、数据编辑窗口等多种方式,本章只简单介绍如何使用命令行方式输入和保存数据,有关更详细的数据读入方式将在后文讲述。

(一)由键盘输入数据

在 Stata 中可以使用命令行方式直接建立数据集,首先使用 input 命令指定相应的变量名称,然后依次录入数据,最后使用 end 语句表明数据录入结束。

【例 10-1】 某实验得到如下数据,请在 Stata 中建立数据集。

x:1、2、3、4、5。

y:4、5.5、6.2、7.7、8.5。

此处需要建立两个变量 x、y,分别录入相应的数值。在 Stata 中的操作如下。

```
. input x y
1.   1 4
2.   2 5.5
3.   3 6.2
4.   4 7.7
5.   5 8.5
6.   end
```

用 list 命令可以看到输入的数据。

```
. list
```

(二)保存数据

为了方便以后重复使用,输入 Stata 的数据应存盘。保存数据可以使用 save 命令,如欲将上面建立的数据文件存入 C 盘,文件名为"data1.dta",则命令为:

```
. save c:\data1
file c:\data1.dta saved
```

该指令将在 C 盘根目录下建立一个名为"data1.dta"的 Stata 数据文件,后缀"dta"可以在命令中省略,会被自动添加。该文件可以通过 File→Open 打开,也能在 Stata 中用 use 命令打开。如果所指定的文件已经存在,则该命令将给出信息"file c:\data1.dta already exists",告诉用户在该目标盘及子目录中已有相同的文件名存在。如果欲覆盖已有文件,则加选择项 replace。命令及结果如下:

```
. save c:\data1.dta,replace
file c:\data1.dta saved
```

这样,Stata 在 C 盘的根目录下建立了一个名为"data1.dta"的数据文件,并替换了原有文件。

五、Stata 的结果文件

Stata 提供两种形式的分析结果,一种是字符型结果(如方差分析结果、回归分析结果等),一种是统计图形结果。

1. 字符型结果

所有的字符型结果均在结果窗口中滚动输出,用户如果需要使用其中的某一段,则按住鼠标左键拖动选中相应的内容,然后将其复制到其他文字编辑软件中即可。

用户如果希望自动记录结果窗口的全部输出,则可以使用 LOG 窗口完成该任务,这需事先打开一个 log 文件:

```
. log using 文件名
```

设结果文件名为"result1",则 Stata 自动加上后缀".smcl",意为格式化的记录文件。执行该指令后结果窗口中的所有输出将全部以格式化文本的形式被记录在结果文件"result1.smcl"中,这种格式化文本实际上仍是纯文本,但加入了许多 Stata 可以识别的格式设置符,如字体、颜色等。用户如果希望以简单的纯文本格式记录,则在文件名中指定扩展名".log",Stata 会自动以普通文本格式记录。若执行某一指令后的结果没有必要记录下来,则可事先用指令"log off"暂停记录,需要记录时再用"log on"继续记录,最后用"log close"关闭文件。如果结果文件"result1.smcl"已经存在,则用"log using result1"不能打开已有文件 result1.smcl。如果要覆盖文件 result1.smcl,则加选择项 replace,即键入:

```
. log using result1, replace
```

若要在其后进行添加,则键入

```
. log using result1, append
```

2. 统计图形结果

Stata 绘制的所有统计图形均在 Graph 窗口中输出,例如根据例 10-1 中的数据绘制散点图,使用下面的命令:

```
. graph y x
```

该图形可直接使用菜单项 File→Print Graph 加以打印,也可以使用 Edit Copy 功能将其拷贝为图片,再粘贴到 Word 等其他软件中使用。若要将图形结果存储为 Stata 文件格式,则需要在绘图指令中加上"saving"选择项。例如希望在绘制上图时同时将其存入文件"c:\ex1.gph"中,可用下述指令:

```
. graph y x , saving(c:\ex1)
```

这时屏幕上显示和前面相同的散点图,同时以文件名"ex1.gph"("gph."是 Stata 内定的图形文件后缀,用户亦可自己定义后缀名)被存入目录"c:\"中,该图形可在 Stata 状态用"graph using c:\ex1"重新显示在屏幕上。关于统计图形更详细的操作内容请见后文。

六、Stata 的帮助功能

Stata 具有很强的帮助功能。帮助功能的使用有两种方式。一种方式是在命令状态,如果需要了解某个指令的格式和功能,只需键入 help(或按功能键 F1),然后空一格键入该指令即可。例如,若需了解回归分析的指令格式,则:

```
. help regress
```

这时可得到相应的详细帮助信息。

另一种方式是利用菜单,Help 菜单上集成了完整的帮助功能,例如选择 Help→Contents,出现帮助窗口,如图 10-3 所示。

```
. help regress
```

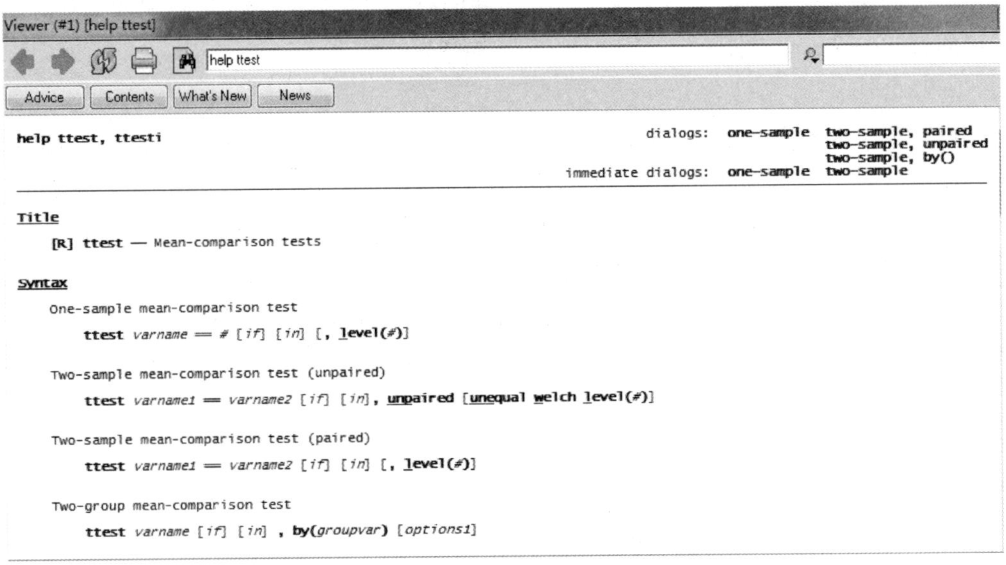

图 10-3 Stata 帮助窗口

该窗口依次提供了 Stata 的全部命令及其简单解释,找到相关命令后单击链接,即可得到相应的详细解释。用户如果希望快速定位,或者对于需要了解的命令关键词不熟悉,则可以利用搜索功能找到相应的帮助链接。例如,希望查找与线性回归有关的命令,则选择 Help→Search,弹出搜索窗口,如图 10-4 所示。

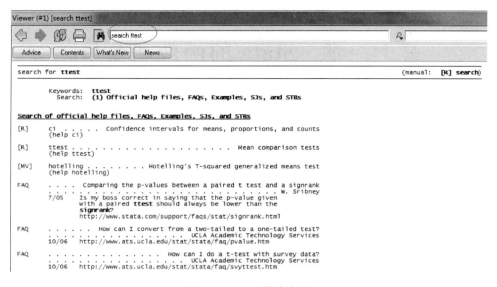

图 10-4　Stata 搜索窗口

第十一章 Stata 的函数和变量

Stata 具有丰富的函数功能。它不仅提供了一般计算机语言和统计软件包所具有的数学函数和字符串函数,而且还提供了很多有用的统计函数、特殊函数,以及许多独具特色的系统变量。借助于这些函数和系统变量,用户可以得心应手地使用 Stata,充分发挥自己的聪明才智,提高工作效率。本章介绍 Stata 提供的函数和变量。

一、Stata 提供的函数

Stata 提供的函数包括数学函数、统计函数、字符串函数和特殊函数。然而,本章所述变量和函数均不能单独使用,必须与 generate、replace、display 指令结合使用。

(一)数学函数

(1) abs(x):绝对值函数。
(2) sqrt(x):平方根函数。
(3) exp(x):指数函数。
(4) ln(x),log(x):自然对数函数。
(5) $\log_{10}(x)$:常用对数函数。
(6) cos(x):余弦函数。
(7) sin(x):正弦函数。
(8) tan(x):正切函数。
(9) acos(x):反余弦函数。
(10) asin(x):反正弦函数。
(11) atan(x):反正切函数。
(12) lcomb(n,k):n 中取 k 的组合数。
(13) lnfact(x):对数阶乘 $\ln(x!)$。
(14) lngamma(x):整数 x 的 Γ 函数之对数 $\ln[\Gamma(x)]$。
(15) digamma(x):$\ln[\Gamma(x)]$ 之 1 阶导数 $d\ln[\Gamma(x)]/dx$。
(16) trigamma(x):$\ln[\Gamma(x)]$ 之 2 阶导数 $d^2\ln[\Gamma(x)]/dx^2$。
(17) mod(x,y):模数函数,获得 x 除以 y 的余数。

(二)统计函数

(1) norm(x):标准正态分布的下侧累计概率函数。
(2) invnorm(p):下侧累计概率为 p 的标准正态分布分位数。
(3) normden(z):标准正态分布 $N(0,1)$ 的密度函数。
(4) normden(z,σ):正态分布 $N(0,\sigma)$ 的密度函数。
normden($z,1$) = normden(z),normden(z,σ) = normden(z)/σ。
(5) binorm(h,k,r):相关系数为 r 的双变量正态分布的累计函数 $(-\infty,h] \times (-\infty,k]$。

(6)binomial(n,k,p):二项分布函数,表示 n 次试验中成功次数$\geqslant k$ 的概率,p 为成功概率。

(7)invbinomial(n,k,p):二项分布的逆函数,p 表示 n 次试验中成功次数$\geqslant k$ 的概率。本函数给出的是每次成功的概率。当 $p<0.5$ 时,概率 p 满足 $\Pr(x\geqslant k)=p$;当 $p>0.5$ 时,概率 p 满足 $\Pr(x\geqslant k)=1-p$。

(8)ttail(df,t):自由度为 df 的 t 分布上侧累计概率 $\Pr(t<T)$。

(9)invttail(df,p):自由度为 df 的 t 分位数,如果 ttail(df,t)=p,则 invttail(df,p)=t。

(10)F(df_1,df_2,F):自由度为 df_1,df_2 的 F 分布的下侧累计概率。

(11)chi2(df,x):自由度为 df 的 χ^2 分布的下侧累计概率。

(12)chi2tail(df,x):自由度为 df 的 χ^2 分布的上侧累计概率。

(13)invchi2(df,p):自由度为 df 的 χ^2 分布的分位数,如果 chi2(df,p)=x,则 invchi2(df,p)=x。

(14)invchi2tail(df,p):自由度为 df 的 χ^2 分布的分位数,如果 chi2tail(df,x)=p,则 invchi2tail(df,p)=x。

(15)nchi2(df,L,x):非中心 χ^2 分布的上侧概率。$1\leqslant df\leqslant 200,0\leqslant L\leqslant 1\,000$。

(16)invnchi2(df,L,p):非中心 χ^2 分布的分位数。如果 nchi2(df,L,x)=p,则 invnchi2(df,L,p)=x。

(17)npnchi2(df,x,p):非中心 χ^2 分布的非中心参数,如果 nchi2(df,L,x)=p,则 npnchi2(df,x,p)=L。

(18)uniform():产生(0,1)内的均匀分布的伪随机机数,每次使用时最好用命令。

(19)invnorm(uniform( )):产生均数为 0、标准差为 1 的标准正态分布随机数。$\mu+\sigma\times$invnorm(uniform())产生均数为 μ、标准差为 σ 的正态随机数。

(三)字符串函数

以下用 a 表示一个字符串,用 b 表示一个数值。

(1)length(a):长度函数,计算 a 的长度,如 disp length("name")的结果是 4。

(2)substr(a,n_1,n_2):子串函数,获得从 a 的 n_1 个字符开始的 n_2 个字符组成的字符串,如 disp substr("banana",2,3)的结果是"ana"。

(3)string(b):将数值 b 转换成字符串函数,如 disp string(12)+"s"的结果是"12s"。

(4)real(a):将字符串 a 转换成数值函数,如 disp real("3.4")+2 的结果是 5.4。

(5)upper(a):将字符串 a 转换成大写字母函数,如 disp upper("how")的结果是"HOW"。

(6)lower(a):将字符串 a 转换成小写字母函数,如 disp lower("HOW")的结果是"how"。

(7)index(a_1,a_2):子串位置函数,计算 a_2 在 a_1 中第一次出现的起始位置,如果 a_2 不在 a_1 中,则结果为 0。例如,disp index("name","me")的结果是 3。

(8)trim(a):去除字符串前面和后面的空格。

(9)ltrim(a):去除字符串前面的空格。

(10)rtrim(a):去除字符串后面的空格。

(四)特殊函数

(1) sign(x):符号函数。$x>0$ 时取 1,$x<0$ 时取 -1,$x=0$ 时取 0。

(2) int(x):取整函数。去掉 x 的小数部分,得到整数。int($x+0.5$)是对 x 四舍五入取整,int($x+$sign(x)/2)产生与 x 最近的一个整数。

(3) sum(x):求和函数。获得包括当前记录及以前的所有记录的 x 的和。缺失值(missing value)当 0 处理。

(4) max($x_1,x_2,\cdots,x_n$):最大值函数,获得 $x_1,x_2,\cdots,x_n$ 中的最大值。

(5) min($x_1,x_2,\cdots,x_n$):最小值函数。获得 $x_1,x_2,\cdots,x_n$ 中的最小值。

(6) group(x):分组函数,将数据分成大小近似相等的 x 个子样本,分别给予组编号 $1,2,\cdots,x$。

(7) float(x):浮点转换函数,将 x 转换成浮点表示。Stata 是用浮点形式存储数据的,所以在将变量与具体数值进行比较时,最好先将具体数值转换成浮点形式。例如,当 x 为 2.1 时,表达式"$x==2.1$"的结果可能不真,因为表达式左边的 x 是浮点形式,右边的 2.1 是双精度形式,二者相差 0.000 000 023 84,而改写为 $x==$float(2.1)后,结果就正确了。

(8) cond(x,a,b):条件函数,x 可以是一个条件,x 非 0(条件成立)时取 a,x 为 0(条件不成立)时取 b。

(9) recode($x,x_1,x_2,\cdots,x_n$):归组函数,其结果可表达如下:

x_1,如果 $x\leqslant x_1$;

x_2,如果 $x_1<x\leqslant x_2$;

x_3,如果 $x_2<x\leqslant x_3$;

……

x_{n-1},如果 $x_{n-2}<x\leqslant x_{n-1}$;

x_n,如果 $x>x_{n-1}$;

缺失值,如果 x 为缺失值。

(10) autocode($x,k,x_{\min},x_{\max}$):自动归组函数,自动将区间($x_{\min},x_{\max}$)分成 k 个等长的小区间,其结果是包含 x 值所在小区间的上界值。

二、Stata 的格式文件、变量和系统变量

(一)文件名和文件类型

Stata 格式文件的命名规则与 Windows 中文件的命名规则相同,文件名以字母开头,不能用标点符号及 Windows 中的通配符。Stata 中常用的文件格式有四种,即:数据文件,其默认的后缀(文件扩展名)为 dta;图形文件,其默认的后缀(文件扩展名)为 gph;结果文件,其默认的后缀(文件扩展名)为 log;命令文件,其默认的后缀(文件扩展名)为 do。

(二)变量名和变量类型

与文件名一样,Stata 的变量名可以是英文字母(A~Z 和 a~z)、数字(0~9)、下划线(_),可区分的有效长度≤8。在 Stata 中,英文字母的大小写是有区别的。此外,以下是 Stata 的关键字或系统变量,不得用作用户变量名:_all,_n,_N,_skip,_b,_coef,_cons,_ pi,_pred,_rc,_weight,double,float,long,int,in,if,using,with。Stata 的用户变量有数值变量和字符串变量两种。字符串长度可以多达 254 个字符,但只有前面 80 个字符才有效。

（三）系统变量

Stata 有系统本身应用的系统变量,通常用下划线作为第一个字符,例如:

(1)_N:数据库中观察值的总个数。

(2)_n:当前观察值的位置。

(3)_pi:圆周率 π 的数值。

另外,Stata 在执行一些命令时,自动产生所需要的系统变量。例如,在回归分析后产生系数的结果变量_coef[变量名]或_b[变量名],以及常数项变量_cons。

（四）结果变量

Stata 还提供了一套独具特色的结果变量,如 r()和 e()。Stata 有许多其他软件所没有的优点。例如,它显示的结果非常明了,并将用户可能用于构造新变量的分析结果存于系统变量中,这为用户编制批处理命令创造了条件。常用的结果变量有两大类,一类是一般命令后的结果变量,称为 r 类,用 return list 命令查看;另一类是模型估计后的结果变量,称为 e 类,用 estimate list 命令查看。例如:

```
. input x
. 98 87 12 23 84 31 92 78 28 26 32 81 97 15 49 66
. end
. sum x ,detail   # 图11-1
```

图 11-1　变量 x 的详细统计描述

```
. return list   # 图11-2
```

在图 11-2 中,"r(N)"是总样本含量,"r(sum_w)"是加权后的总和,"r(mean)"是样本均数,"r(Var)"是样本方差,"r(sd)"是标准差,"r(skewness)"是偏度系数,"r(kurtosis)"是峰度系数,"r(sum)"是总样本求和,"r(min)"是最小值,"r(max)"是最大值,"r(p50)"是样本的 50%分位数(中位数),其余以此类推。

又如,对上述资料做回归后,Stata 提供了如下结果:

```
return list

scalars:
                 r(N) =  16
             r(sum_w) =  16
              r(mean) =  56.1875
               r(Var) =  1022.295833333333
                r(sd) =  31.97336130802223
          r(skewness) =  -.0183911380117445
          r(kurtosis) =  1.340632045253283
               r(sum) =  899
               r(min) =  12
               r(max) =  98
                r(p1) =  12
                r(p5) =  12
               r(p10) =  15
               r(p25) =  27
               r(p50) =  57.5
               r(p75) =  85.5
               r(p90) =  97
               r(p95) =  98
               r(p99) =  98
```

图 11-2　统计描述以 list 形式显示

```
. regress y x    # 图11-3
```

```
. reg y x
      Source |       SS       df       MS              Number of obs =      10
-------------+------------------------------           F(  1,     8) =  339.56
       Model |  11011.4703     1   11011.4703          Prob > F      =  0.0000
    Residual |  259.429655     8   32.4287069          R-squared     =  0.9770
-------------+------------------------------           Adj R-squared =  0.9741
       Total |    11270.9     9   1252.32222           Root MSE      =  5.6946

           y |      Coef.   Std. Err.       t    P>|t|    [95% Conf. Interval]
           x |   .8016446   .0435035    18.43   0.000     .7013254    .9019638
       _cons |   7.197614   5.149662     1.40   0.200    -4.677528    19.07276
```

图 11-3　回归方程的统计结果

```
. ereturn list    # 图11-4
```

在图 11-4 中,"e(N)"表示样本含量,"e(df_m)"表示方差分析中模型的自由度,"e(df_r)"表示误差自由度,"e(F)"表示方差分析的 F 值,"e(r2)"表示决定系数,"e(b)"表示 1×3 的回归系数估计值向量,"e(V)"表示 2×2 的回归系数估计值的方差-协方差矩阵。所有这些结果均可以参加后续的运算,或另外保存到某数据库中。这为高级用户的编程,特别是统计模拟提供了极大的方便。

三、Stata 的算术运算和关系运算

首先讲指令 display(简写 di),它相当于简单计算器的功能,例如,要计算 3^2+2:

```
di 3^2+2
```

结果显示为 11。

(一)算术运算

Stata 的加、减、乘、除及乘方运算符依次是＋、－、*、/和^。

```
. ereturn list
scalars:
              e(N) =  10
           e(df_m) =  1
           e(df_r) =  8
              e(F) =  339.5593409238502
             e(r2) =  .9769823478812707
           e(rmse) =  5.694620874836462
            e(mss) =  11011.47034473502
            e(rss) =  259.4296552649855
           e(r2_a) =  .9741051413664296
             e(ll) =  -30.46888780648017
           e(ll_0) =  -49.32635717645404
macros:
         e(cmdline) : "regress y x"
           e(title) : "Linear regression"
             e(vce) : "ols"
          e(depvar) : "y"
             e(cmd) : "regress"
      e(properties) : "b V"
         e(predict) : "regres_p"
           e(model) : "ols"
       e(estat_cmd) : "regress_estat"
matrices:
              e(b) :  1 x 2
              e(V) :  2 x 2
functions:
         e(sample)
```

图 11-4 回归方程结果以 list 形式显示

（二）字符串运算

字符串只有"加"运算，如"how"+"much"，结果是"howmuch"。字符串与数值不能一起参加运算。例如，下列命令是错误的。

```
. di 1+"much"
```

Stata 提示类型不匹配。

（三）关系运算

Stata 的关系运算符有：＝＝（等于）、＞（大于）、＞＝（大于或等于）、＜（小于）、＜＝（小于或等于）、～＝（不等于）。在 Stata 的条件语句中，"等于"要用两个等于号表示。关系运算的取值是真（取值 1）或假（取值 0）。关系运算不仅对数值有效，也可用于字符串。字符串的关系运算是比较字符串在 ASCII 码中的先后顺序而不是数值的大小。此外，Stata 规定所有大写字母的位置都在小写字母的前面，而缺失值在所有非缺失值的后面。

例如，产生一个变量 age，如果 age 大于或等于 60，则 age2＝1，否则 age2＝0。

```
. gen age2=cond(age>=60,0,1)
```

（四）逻辑运算

&（与）、|（或）、～（非）是 Stata 的三个逻辑运算符。逻辑运算的结果也是真（取值 1）或假（取值 0）。例如，对符合下列条件者计算描述性统计量：gender＝1 且 age＞＝60。

```
. sum score if gender==1&age>=60
```

（五）运算优先顺序

Stata 的运算优先顺序为 $-$（负），$\sim$（非），$\char`^$，$/$，$*$，$-$（减），$+$，$\sim=$，$>$，$<$，$<=$，$>=$，$==$，$\&$，$|$。

第十二章　Stata 的数据管理

数据管理是统计分析的基础和前提,因此熟练操作数据库是统计分析的前提,尤其是在分析实际资料时,数据库操作尤为重要。本章是 Stata 的基础,将为后面章节的数据分析奠定基础。

一、如何建立 Stata 数据库

(一)由键盘输入数据

如果预录入的数据较少,则用 input 命令由键盘输入。录入表 12-1 中数据的操作步骤如下:登录 Stata 后,输入 input no group age gender score,其中 group 变量 1=A,2=B,gender 变量 1=Male,2=Female;从第 2 行起,录入数据,注意顺序须与变量顺序一致,数据间用空格分开,每输完一组数据后必须按回车键,再输入下一行数据,所有数据输完后务必键入"end"并按回车键,这样做 Stata 才能退出数据输入状态。

表 12-1　某两个学习小组的统计学成绩单

编号(no)	分组(group)	年龄(age)	性别(gender)	成绩(score)
1	A	18	Male	82
2	A	17	Male	89
3	A	19	Female	91
4	A	20	Female	99
5	B	21	Male	76
6	B	22	Female	78
7	B	22	Male	82
8	B	23	Female	77

至此,数据输入完毕。可用 list 命令查看(见图 12-1)。要将数据存成 Stata 的格式文件,用命令 save 将数据存盘:

. save d:\data\tj12-1

该指令可在 D 盘的 data 子目录下建立了一个名为"tj12-1.dta"的 Stata 数据文件。后缀"dta"是 Stata 内定的数据格式文件。

(二)用 Stata 的数据编辑工具

Stata 提供了数据编辑工具(见图 12-2),给数据的输入提供了方便。在 Stata 中键入"edit",即可打开 Stata 的数据编辑器,按列输入数据。

(三)从 Excel 表格读入数据

先选择 Excel 表格中的数据区,然后复制,再转到 Stata 已打开的数据编辑窗口中,同时按 Ctrl 键和 V 键即可完成数据粘贴任务。

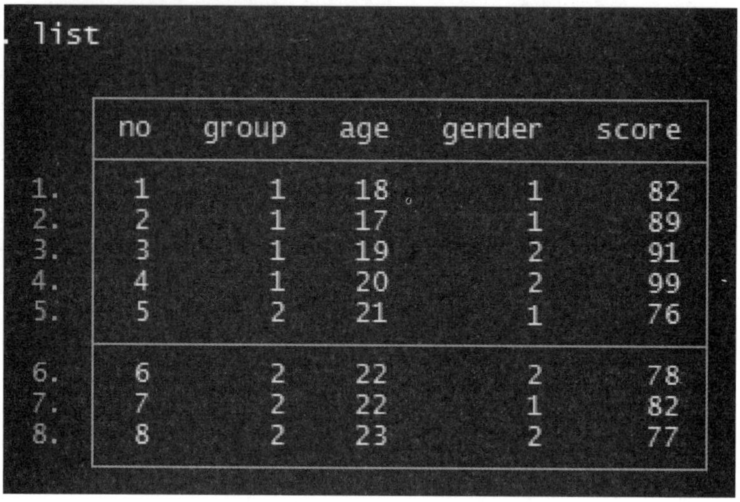

图 12-1 通过 list 命令查看数据

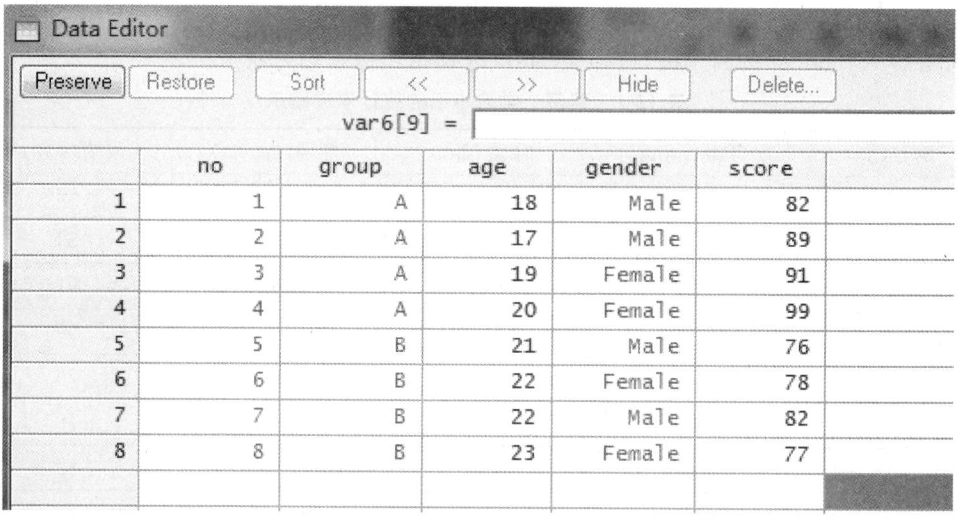

图 12-2 数据编辑窗口

(四) 从 ASCII 码数据文件读入数据

Stata 可直接读入 ASCII 码数据文件。语法格式为

. infile 变量名 using ASCII 码数据文件名

具体操作如下。

第一步,将表 12-1 中的数据录入写字板中或粘贴于写字板中,并以文件名"tj12-1.txt"存入 d:\data\。

第二步,在 Stata 状态输入以下命令:

. infile no group age gender score using d:\data\tj12-1.txt

此时数据已被读入,用 save 命令存盘。注意,infile 后的变量顺序需与数据文件中的顺序一致。

（五）直接读入 Stata 格式数据

已以 Stata 格式存盘的数据，在下次调用时，可直接单击菜单 File 下的 Open 选项并选择路径和文件。如果未保存数据，则先找到需要调用的 Stata 格式数据，即后缀为"dta"文件，然后打开并读入数据。

二、变量、变量值和数据库

（一）变量

分析资料前，为了方便引用和说明，我们一般将观察指标用变量名来代替，但当变量较多时，易混淆变量与指标的对应关系。此时，可用 label var 命令，或者在数据编辑窗口对变量直接添加说明，以做区分。

```
. label var no "编号"
. label var group "分组"
. label var age "年龄"
. label var gender "性别"
. label var score "成绩"
```

对变量进行注释后，可在任何时间用 describe 命令查看任一变量的意义。

（二）变量值

在建立数据库时，对分类资料常用数值表示相应的分类以便数据输入和统计分析，如表 12-1 中的 group 和 gender 是分类变量，但建立数据库时是按数值变量输入的。如果想要在所建立的数据库中明确 group 和 gender 变量中各数值所代表的类别，常常要对其取值做说明。若要对取值做说明并显示相应的数值标签，可用两个 label 命令组合完成。先定义一取值标签，然后对变量贴标签。例如，数据库 tj12-1.dta 中，组别变量 1、2 分别表示 A 组和 B 组，性别变量 1、2 分别表示男性和女性。

```
. lab define grouplab 0 "A" 1 "B" 2    /* 定义数值标签
. lab define genderlab 1 "Male" 2 "Female"
. label values x1 grouplab              /* 将定义的标签与相应的变量相对应
. label values x2 genderlab
```

要查看数据库中变量取值的标签说明，用 lab list 命令：

```
. label list
    grouplab:
        1 A
        2 B
    genderlab:
        1 male
        2 female
```

此时，数据库中变量 group 与 gender 的取值是数值，所以按数值型做统计分析，显示结果数值的标签。

```
. list

     no   group   age   gender   score
1.   1    A       18    Male     82
2.   2    A       17    Male     89
3.   3    A       19    Female   91
4.   4    A       20    Female   99
5.   5    B       21    Male     76
6.   6    B       22    Female   78
7.   7    B       22    Male     82
8.   8    B       23    Female   77
```

当用 tab 命令作交叉分类表时,结果显示为各变量和各数值的标签:

```
. tab group sex   /* 图 12-3
```

```
. tab group gender

          |      gender
   group  |  Female    Male  |  Total
---------+------------------+-------
       A |       2       2  |      4
       B |       2       2  |      4
---------+------------------+-------
   Total |       4       4  |      8
```

图 12-3 性别和分组的四格交叉表

(三)数据库

用 describe 命令(简写 de)查看数据库的基本情况。如果已将数据库 tj12-1.dta 调入软件,则键入 describe 或 de 后按回车键,即可查询。

结果显示如图 12-4 所示,当前数据库中有 8 个观察记录(obs),5 个变量(vars),还列出了数据库的标签和创建时间;数值变量的格式为 8.0g 和 9s。g 格式是变量的显示格式之一。结果中还显示了变量标签(variable label)和变量值的标签(value label)。

```
. de

Contains data
  obs:             8
  vars:            5
  size:          120 (99.9% of memory free)
-------------------------------------------------------------------
              storage   display    value
variable name   type    format     label        variable label
-------------------------------------------------------------------
no              str2    %9s                     no group age gender score
group           str1    %9s
age             byte    %8.0g
gender          str6    %9s
score           byte    %8.0g
-------------------------------------------------------------------
Sorted by:
     Note:  dataset has changed since last saved
```

图 12-4 通过 describe 命令查看数据库

三、数据库的管理

Stata 有强大的数据库管理功能,如数据排序、记录或变量的增删、数据库的横向或纵向添加等。

(一)数据库的排序

排序的命令为

```
. sort 变量名
```

该命令可将按变量数值的上升(默认上升)序列重新排序,变量名可指若干变量。例如,对 tj12-1 中数据按性别和分组排序:

```
. sort gender group
. list
```

结果如图 12-5 所示。

```
. sort gender group
. list

     no    group    age    gender    score
1.    4      A       20    Female     99
2.    3      A       19    Female     91
3.    8      B       23    Female     77
4.    6      B       22    Female     78
5.    2      A       17      Male     89

6.    1      A       18      Male     82
7.    7      B       22      Male     82
8.    5      B       21      Male     76
```

图 12-5 数据按性别和分组排序

(二)删除变量或记录

删除变量或记录的命令为 drop。"drop"后接变量名或表达式(见图 12-6)。例如:

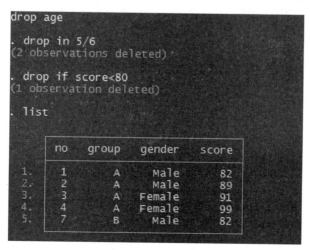

```
. drop age

. drop in 5/6
(2 observations deleted)

. drop if score<80
(1 observation deleted)

. list

     no    group    gender    score
1.    1      A        Male      82
2.    2      A        Male      89
3.    3      A      Female      91
4.    4      A      Female      99
5.    7      B        Male      82
```

图 12-6 删除变量和记录

```
. drop age                  /* 删除变量 age
. drop in 5/6               /* 删去第 5、6 行的记录
. drop if score<0           /* 删去 score<0 的所有记录
. drop _all                 /* 删掉数据库中所有数据
```

(三)保留变量或记录

用 keep 命令保留变量或记录。keep 是 drop 的逆操作,语法结构与 drop 完全相同,只是结果完全相反,如图 12-7 所示。

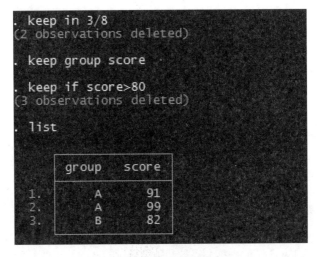

图 12-7 保留变量和记录

```
. keep in 3/8               /* 保留第 3~8 行记录,其余记录删除
. keep group score          /* 保留变量 group、score,其余变量删除
. keep if score>18          /* 保留 score>18 的所有记录,其余记录删除
```

四、变量赋值

在数据库管理中,常需产生一些有规律的数值,如某个函数值、某个有规律的数列,此时不必用数据编辑器输入数据,而可以用命令产生。Stata 中用于产生新变量的命令为 generate 和 egen。对原有变量值进行替换可用命令 replace。

(一)用 generate 产生新变量

产生新的变量较常用的命令是 generate,简写为 gen。格式如下:

generate 新变量=表达式

在这里,表达式可以是常数变量、函数,例如:

```
. generate bh=_n            /* 将数据库的内部编号赋给变量 bh
```

(二)用 egen 产生新变量

Stata 中另外一个产生新变量的命令 egen,它是命令 generate 的扩展,提供了更丰富的功能。

egen [类型] 新变量=fcn(arguments)[,选择项]

在这里,fcn()是功能项。Stata 提供了丰富的功能项,主要有 seq()、file()、std()、

rsum()、rmean()、rmix()、rmax()、rfirst()、rlast()等。

注意,功能项与函数不同,只能单独使用,不能参加运算。

1. seq()功能项的应用

seq()功能项用于产生整数的一个或多个序列,常用于产生因子分组变量。例如(先产生一个空数据库,记录数为 12):

```
. set obs 12
. egen a=seq()
```

2. rsum(),rmean(),rmix(),rmax(),rfirst(),rlast()功能项的应用

用与多个变量的对应观察值的计算。例如数据库中为 3 个变量 a_1、a_2、a_3,rsum(a_1 a_2 a_3)用于计算 a_1、a_2、a_3 行相加的和,rmean(a_1 a_2 a_3)用于计算 a_1、a_2、a_3 行的平均。若有缺失值,则忽略不计。例如:

```
. egen y1=rsum(a1 a2 a3)
. egen y2=rmean(a1 a2 a3)
. list
```

如果用 gen $y_1 = a_1 + a_2 + a_3$,也可以得到 a_1、a_2、a_3 行相加的和,但只要 a_1、a_2、a_3 中有一个缺失值,对应的 y_1 也就缺失。同理,rmix(a_1,a_2,a_3)、rmax(a_1,a_2,a_3)分别用于计算 a_1、a_2、a_3 同一行内数据的最小值、最大值。rfirst(a_1,a_2,a_3)、rlast(a_1,a_2,a_3)分别用于计算 a_1、a_2、a_3 同一行内数据第一个非缺失数据和最后一个非缺失数据。

3. group(变量名)功能项的应用

group()具有分组功能,按变量取值的大小,分组从 1 开始编号。例如,age 变量是按实际年龄记录的,可以用 recode()命令对其进行归组,但归组后的变量取值是该组的上限,此时,可以用 egen 命令及 group()功能项进行编号。

```
. gen y1=recode(age, 24,40,50,60)    /* 按年龄归组
. egen y2=group(age)                  /* 按归组后不同年龄分组
. egen agegrp=group(y1)               /* 按不同年龄分组
. l age y1 y2 agegrp
```

这里,"y1"是 age 的归组值,取值为各组的上限;"y2=group(age)"是直接对 age 进行从小到大分组,不同的年龄分在不同的组,编号从 1 开始;agegrp 是"y1"的分组,编号从 1 开始。注意,与 gen 中 rank()功能项不同,group()对相同的值赋以相同的编号,与平均秩的概念不同。group()还可以用于字符串变量的编号,以及多个变量的交叉组合编号。如果原数据缺失,则产生的分组变量亦缺失。如果缺失也作为一个组来考虑,则加选择项 missing。

(三)替换已存在的变量值

替换原变量的取值:

例如:

```
replace 变量=表达式
replace bolck=3 if block==1    /* 将 block=1 的数全部替换为 3
. replace z=. if z<0            /* 将所有小于 0 的 z 值用缺失值代替
. replace age=15 in 8           /* 将第 8 条记录中的变量 age 替换为 15
```

（四）对字符型变量的分类进行编码数量化

命令格式为

```
encode 字符型变量名称,gen(新数值变量名) label(数值标签名)
```

在一个数据库中，有一个字符型变量（group），用 A、B、C 分别记录三个分组，由于变量 group 属于字符型，不能直接进行统计分析，如方差分析，此时可用 encode 命令将此变量转化为数值变量。

例如，race 和 sex 均是字符型变量，将这两个变量改变为数值变量的方法如下：

```
. encode race, gen(race0) label(racelab)    /* 产生新的数值变量 time
```

这时，数据库中增加了一个数值变量 race0，并在数据库内部产生一个数值标签 racelab，用数值 1、2 分别表示 black 和 white。此时，数据库中仍显示 black 和 white。此功能与用前述的对数值做说明相同。

五、频数的展开

分析资料时，需将已经整理好的频数表或交叉表还原为原始资料，这时可以使用 expand 命令。该命令的作用是将数据集中的每一个记录根据指定表达式的结果 n 复制 n 次。

例如，要将表 12-2 还原为原始形式，即用行变量、列变量记录的形式：

表 12-2　一个 $a \times b$ 的四格表

	合格：$b=1$	不合格：$b=0$	合计
$a=1$	4	2	6
$a=0$	3	3	6
合计	7	5	12

```
. list
```

原始数据集如图 12-8 所示，其中 freq 表示频数。

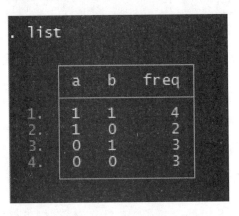

图 12-8　$a \times b$ 四格表的频数

利用 expand 命令，可得到其展开形式（见图 12-9）：

```
. expand freq
```

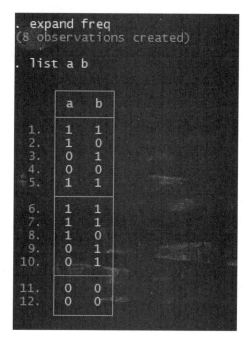

图 12-9　$a \times b$ 四格表的频数展开

我们得到了 12 个记录,对该记录利用 tabulate 命令进行列表,结果与原来的四格表完全一致。

. tab a b　　　　/* 图 12-10

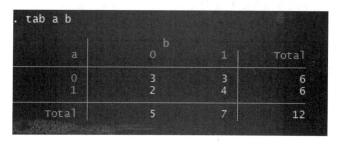

图 12-10　$a \times b$ 四格交叉表数据

第十三章 Stata 的绘图功能

Stata 作图功能强大,直观明了,命令简洁,图形精美。Stata 所作图形可以直接粘贴到文字处理软件,如 Word 中。应用者还可对图形做修改。Stata 的作图命令 graph 主要提供以下八种基本图形的制作:直方图(histogram),条形图(bar),一维散点图(oneway),圆(饼)图(pie),二维散点图(twoway),三维散点图矩阵(matrix),星形图(star),箱式图(分位数图,box)。有些统计分析命令也提供了专门绘制某种图形的功能,如生存分析命令提供了绘制生存曲线图等功能。要初步了解 Stata 的绘图功能,可用教学命令:tutorial graphics。

一、命令解释

这里重点讲述直方图(histogram)、条形图(bar)和圆(饼)图(pie)、一维散点图(oneway)、二维散点图(twoway)、箱式图(box)的制作。

(一)有关的命令

Stata 提供了统计作图(graph)、图形调用(graph using)、设置图形中文字大小(set textsize)的命令。

```
graph [画图命令] [变量名][,图形类型通用选择项特殊选择项]
graph using [文件名]
set textsize #
```

其中:常用的画图命令有 dot、bar、box、pie、star、matrix、twoway、hist 等;"graph using[文件名]"是调用指定文件名的图形文件,可以调用一个文件,也可以调用多个文件,但所调用的文件必须已经存盘;"set textsize #"是调整图形中文字的字体大小,缺省值为 100(正常大小),set textsize 125 表示设置为正常大小的 125%。在 graph 命令中,容许使用 weight、in 范围、if 条件等公用项,也可以使用 by()公用选择项。

(二)图形类型选择项

在 graph 命令中,图形类型选择项有八种,分别是:
(1)histogram:直方图,相应的帮助命令为 help grhist。
(2)oneway:一维散点图,相应的帮助命令为 help oneway。
(3)twoway:二维散点图、线图,相应的帮助命令为 help twoway。
(4)matrix:二维散点图矩阵,相应的帮助命令为 help matrix。
(5)bar:条形图,相应的帮助命令为 help bar。
(6)pie:圆(饼)图,相应的帮助命令为 help pie。
(7)box:箱式图,相应的帮助命令为 help box。
(8)star:星形图,相应的帮助命令为 help star。
在部分命令中,图形类型选择项可省略。

(三) graph 命令中主要的通用选择项

这里分类介绍 graph 命令中的主要通用选择项,各图形的专用选择项将在绘制图形时介绍。如果要了解详细内容,可用帮助命令 help graph。

1. 标题

title("标题内容"):在图形底部添加大字符的标题。通常情况下,可省略引号,如果标题中本身有双引号,则用单引号标注标题内容。

```
t1("text")\t2("text")\
b1("text")\b2("text")\
l1("text")\l2("text")\
r1("text")\r2("text")        /* 在图形中增加副标题
```

其中,"text"表示副标题内容,"t"表示图形上部(top),"b"表示下部(bottom),"l"表示左侧(left),"r"表示右侧(right),"b1()"等价于 title。这里添加的标题,属于图形的一部分。标题内容可以是英文或中文。

2. 坐标轴格式

```
noaxis                       /* 不画坐标轴,缺省时为画坐标轴
xlabel\ylabel\rlabel\
tlabel[(numlist)]            /* 指定坐标轴的刻度(label),并标注刻度值
```

这里,"x"表示横轴,"y"表示纵轴,"r"表示右边(right)的纵轴,"t"表示上边(top)的横轴。Stata 将按指定的标签标注坐标轴。缺省时,Stata 只在 x 轴、y 轴上标注最小值、最大值。

```
xtick\ytick\rtick\
ttick[(numlist)]             /* 指定坐标轴的刻度(label),但不标注刻度值。缺省
                                时,不做任何标注
border                       /* 方框型(双横轴、双纵轴)坐标轴,多数图形缺省设置
                                为 noborder
gap(#)                       /* 设置左侧的标题与坐标轴的间距,有效范围为
                                1~10,缺省值为 8
```

3. 线条

```
xline|yline|rline|
tline[(numlist)]             /* 画垂直于横轴或纵轴的直线
```

"yline"和"rline"用于画水平线,"xline"和"tline"用于画垂直线,如果不指定数值,将按整数值绘制直线。

4. 连线和符号

```
connect(c...c)
```

或

```
c()                          /* 指定图形(twoway、matrix)中散点的连接方式
```

图形中散点的连接方式包括以下几种(区分大小写):

(1) . :不连接(默认)。

(2) l:用直线连接。

(3)L:按 x 在数据库中的顺序用直线连接。

(4)m:用直线连接中位值。

(5)s:用三次平滑曲线连接。

(6)J:以阶梯式直线连接。

(7)||:连接垂直方向上的两个点。

(8)II:两个大写字母 I,同||,在顶及底部添加短横线。

其中,"l"、"L"和"J"按照数据的先后顺序连接,若要根据 x 值的大小顺序连接,需加选项"sort"。对每种线条类型,可单独定义线条样式,方式为在连接方式后添加[样式]。例如,"c(l)"表示以实线相连,"c(l[－])"表示以虚线相连。可选择的线条样式还有 l(实线(默认))、l[_](下划线)等。

```
symbol(s…s)
```

或

```
s()              /* 指定图形(twoway、matrix)中散点的表示符号
```

散点的表示符号包括以下几种(区分大小写):

(1)O:大圆圈(twoway 默认)。

(2)S:大正方形。

(3)T:大三角。

(4)o:小圆圈(twoway 与 by 合用及 matrix 默认)。

(5)d:小菱形。

(6)p:小加号。

(7).:小点。

(8)i.:expand freq 隐藏。

(9)[变量名]:用[ ]中变量的值作为表示符号。

(10)[_n]:用点在当前数据库中对应的记录号作符号。

```
trim(#)          /* 当一个或多个点的符号为[varname]时,指定最大字符宽
                    度,超出指定宽度的部分将不显示
psize(#)         /* 指定点符号[varname]和[_n]的大小,默认为 100,即 100%,
                    正常大小,psize(150)为 150%,psize(75)为 75%
```

5. 颜色和阴影

```
pen(#…#)         /* 指定图形颜色值
```

在 Stata 中,颜色值可以是 1 至 9,具体颜色与显示器有关,多个图形的颜色值间不需要以空格分隔。

```
shading(#…#)     /* 用于直方图、条形图、圆(饼)图,指定图中单位面积内的阴影
                    数量,可以是 1 至 4。对直方图,只能指定一个数量,默认值
                    为 5;对条形图和圆(饼)图,可以为不同部分分别指定数量
```

6. 保存与打印、多图格式、打开图形选项

```
saving(filename [,replace])      /* 将图形按指定名称保存为文件,文件的默
                                    认扩展名为.gph
```

该图形文件可以用 graph using 或 print 打开或打印。如果已有同名文件存在,则用 repalce 选择项替代原文件。

> by(varname)   /* 该功能适用于 matrix 和 star 以外所有图形,使 graph 按照指定的分组变量分别绘制图形

一般情况下,对条形图和箱式图,按指定变量分组的多个图共用一套坐标轴;对其他图形,将分别绘制独立的图形并并列陈列。

> bsize(#)   /* 指定分组变量标签的大小,类似于 psize(#)
> Rescale   (注意大写)
> xsize(#)   /* 指定打印图形的宽度(英寸),宽度范围为 1~20,默认为 6
> ysize(#)   /* 指定打印图形的高度(英寸),宽度范围为 1~20,默认为 4
> margin(#)   /* 只用于 graph using,指定图形周边的空白,指定的值为图形区域面积的百分比,默认为 0,建议选择 15

这里列出的是常用的通用选择项,更多的通用选择项可以用 help 命令查看。查看标题和坐标轴格式,用帮助命令 help graxes;查看符号和线条格式,用帮助命令 help grsym;查看颜色和阴影格式,用帮助命令 help grcolor;查看保存、打印、多图格式,用帮助命令 help grother。

二、绘制几种常见的统计图形

本章主要讲解直方图(hist)、条形图(bar)、圆(饼)图(pie)、一维散点图(oneway)、二维散点图(twoway)、箱式图(box)的制作,其他统计图会在后文逐步讲解,了解详情用 help graph 命令。

(一)直方图

直方图主要用于表示数值变量资料的分布,以横轴表示给出指标,以纵轴表示观察指标的频数或频率。以下选择项为直方图的专用选择项:

(1)bin(♯):指定直方图中的分组数,缺省值为 5。

(2)freq:指定以频数为纵轴画图,缺省时为以频率为纵轴。

(3)normal[(♯,♯)]:在直方图上加上正态分布曲线,简写为 norm(♯,♯),前一个"♯"为均数,后一个"♯"为标准差,缺省值为原始资料的均数与标准差。

(4)density(♯):与 normal 合用,表示在画正态分布曲线时的光滑程度,"♯"取值为 1~300,缺省值为 100。

【例 13-1】 随机抽取某批次 100 个食品样品,检测食品中细菌个数(x)的资料如下:25、14、28、20、32、23、24、27、26、30、28、27、26、22、12、32、16、25、18、25、30、29、25、20、26、19、31、25、31、24、33、27、29、23、23、23、28、29、30、15、27、27、27、31、24、34、20、20、24、26、30、17、24、27、26、26、18、25、22、26、25、16、28、18、16、27、24、38、32、24、26、30、18、33、26、25、27、15、30、26、31、28、24、28、26、34、23、31、28、22、29、20、20、32、28、25、29、31、34。试绘制直方图以判断数据的分布。

最简单的命令是:

> . hist x

得到细菌个数的直方图如图 13-1 所示。

这是最基本的绘图命令,"hist"为 histogram 的简写形式。因为无选择项,所以 Stata

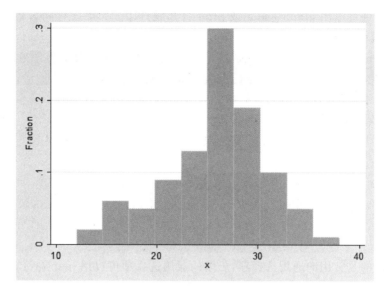

图 13-1　细菌个数的直方图

画出最简单的图形(见图 13-1),即分为 10 组,以频率表示,给出了 x 轴的最小值、最大值,y 轴标有 0(直方图必须从 0 开始)和 10 组中的最大频率。适当选用选择项可以使图形更精美。如:

```
. hist x, bin(9) freq xlab(12(3)38) ylab(0(5)35) norm gap(4) b2("细菌个数(个)")
```

结果如图 13-2 所示。

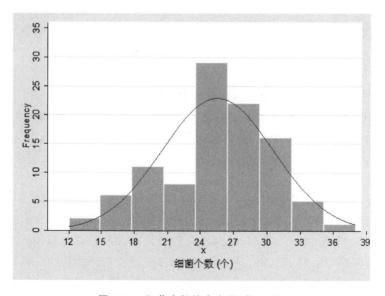

图 13-2　细菌个数的直方图(修正后)

此处,数据被分为 9 组("bin(9)"),用频数作为纵坐标("freq"),画上了正态分布曲线("norm",其均数和标准差直接取 x 的均数和标准差,分别为 25.54 和 5.032 059);并在纵坐标和横坐标上分别加上指定的刻度("xlab(12(3)38)"表示 x 轴的刻度从 12 开始至 38 结束,间隔为 3;"ylab(0(5)35)"表示 y 轴的刻度从 0 开始至 35 结束,间隔为 5。坐标轴的标题与图形间的距离设为 4，横坐标定义为"细菌个数(个)"。由该例可见，Stata 命令选择项类似积木式，一个选择项对应完成一项工作，不指定选择项时，它就按最简单的情况作图。

(二)条形图的制作

条形图用等宽直条的长短来表示相互独立的各指标的取值大小，有单式条形图和复式条形图。以下选择项为条形图的专用选择项：

(1)means：用均数而不是总数来表示该指标的值，缺省值为总数。
(2)stack：将各指标的值堆积起来，而不是并排，缺省值为并排。
(3)accumulate：将各指标的值逐次累加。
(4)totle：增加各指标的总和直条。
(5)alt：将横坐标的刻度错开排放，缺省时为放在一排。

需要注意的是，在通用选择项中，"tick""line""scale"只对 y 轴有效，对其他轴无效。

【例 13-2】 某年浙江省各地区人口数及比重如表 13-1 所示，请绘制复式条形图。

表 13-1 某年浙江省各地区人口数及比重情况

地区 a	年末总人口 b/万人	比重 c	十年后比重 d
舟山市	96.77	2.1	3.1
衢州市	249.86	5.3	4.7
丽水市	257.39	5.4	4.6
湖州市	259.17	5.5	5.2
嘉兴市	339.6	7.2	8.9
绍兴市	437.74	9.3	9.8
金华市	463.68	9.8	10.3
宁波市	571.02	12.1	10.5
台州市	578.47	12.3	11.6
杭州市	683.38	14.5	16.8
温州市	779.11	16.5	14.5

首先将表 13-1 中的数据录入 Stata，然后按要求制作条形图。采用数据输入方式建立数据集并存盘。

```
. drop _all              /* 等价于 clear
. input a b c
```

结果如图 13-3 所示。

在数据集中，分别以"a"表示地市，以"c"表示十年前的人口比重，以"d"表示十年后的人口比重，并为变量贴上标签。为了使图形更具有可读性，还可对变量及其取值给予必要的说明(见图 13-4)，并以文件名"tj13-1.dta"存入磁盘。

```
. lab var a "地市"
. lab var c "十年前"
. lab var d "十年后"
. des
. save d:\data\tj13-1
```

```
. list

      a          b       c       d
 1.  舟山市     96.77    2.1     3.1
 2.  衢州市    249.86    5.3     4.7
 3.  丽水市    257.39    5.4     4.6
 4.  湖州市    259.17    5.5     5.2
 5.  嘉兴市    339.6     7.2     8.9

 6.  绍兴市    437.74    9.3     9.8
 7.  金华市    463.68    9.8    10.3
 8.  宁波市    571.02   12.1    10.5
 9.  台州市    578.47   12.3    11.6
10.  杭州市    683.38   14.5    16.8

11.  温州市    779.11   16.5    14.5
```

图 13-3 通过 list 命令展示数据表

```
- label var c "十年前"
- label var d "十年后"
- label var a "地市"
des

Contains data
  obs:            11
  vars:            4
  size:          242 (99.9% of memory free)

              storage   display    value
variable name   type    format     label      variable label

a              str6     %9s                   地市
b              float    %9.0g
c              float    %9.0g                 十年前
d              float    %9.0g                 十年后

Sorted by:
    Note:  dataset has changed since last saved
```

图 13-4 对变量及其取值给予必要的说明

以上准备方便我们做出精美的条形图：

. graph bar (asis) c d, over(a,label(angle(forty_five))) bargap(0) ytitle(rate%)

在该命令中，"bar"是条形图的选项，"label(angle(forty_five))"指将横坐标的地市名称以45°显示，"over(a)"指按照"a"分组，"bargap(0)"指十年前和十年后两个条形图之间的间隙为 0，"ytitle(rate%)"指在图形左侧列出纵轴标题。图 13-5 中列出了图形对应的变量，变量按数据集中定义的标签标识。

. graph bar (asis) c d, over(a,label(angle(forty_five))) bargap(0) ytitle(rate%) stack

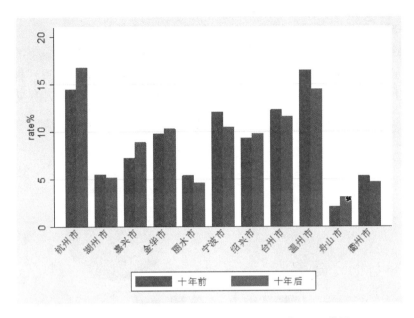

图 13-5　浙江省各地市年末人口比重的复式条形图(横排)

这里,"stack"要求将各指标叠起来排放。此外,如果需使用选择项"alt",则横坐标的若干个指标错开排列;选择项"gap(n)"要求缩小坐标的标题与图的间隔至 n。图形如图 13-6 所示。

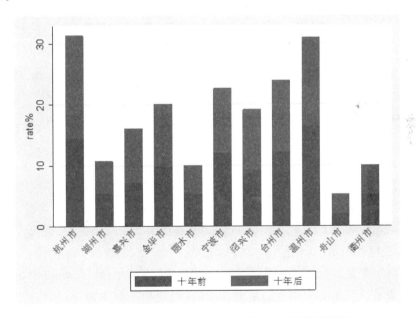

图 13-6　浙江省各地市年末人口比重的复式条形图(堆积)

(三)圆(饼)图的制作

圆(饼)图(pie)主要用于表示全体中各部分的比重。绘制圆(饼)图的命令同条形图,只是将 bar 换成 pie 就行了。饼图的专用选择项有:

(1)by(分层变量):增加分层变量。

（2）over(分组变量)：按照各分组作图。

【例 13-3】 用例 13-2 中的数据制作饼图，要求给出合计的饼图。

. graph pie c,over(a) by(,title(浙江省各地市人口比重)) by(e)

"over(a)"指按照各地市"a"变量分组，"title(浙江省各地市人口比重)"指图形标题，选择项"by(e)"中的"e"指十年前和十年后，Stata 即可给出合计的圆（饼）图（见图 13-7）。

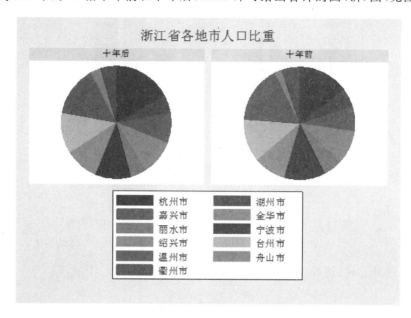

图 13-7　浙江省十年前后各地市人口比重的饼图

（四）二维散点图的制作

散点图用于反映两个或多个变量间的关系。将各散点用连线连接起来，就得到线图。线图主要用于反映事物的变化趋势等。

【例 13-4】 测得某地 1983—1992 年个人收入与消费支出如下，试对该资料进行分析。

个人收入 x(千元)：56、70、77、85、92、107、125、143、165、189。

消费支出 y(千元)：56、58、72、74、78、98、102、129、131、163。

绘制散点图的命令为

. scatter y x,msymbol(d) ytitle("消费支出") xtitle("个人收入")

结果如图 13-8 所示。

这里有两个变量，前者"y"为纵轴指标，后者"x"为横轴指标；"msymbol(d)"表示散点用钻石形状表示。下面 4 个命令都是画线图的，但使用不同的命令，所作图形的效果就不同。

. scatter y x, msymbol(d) c(l) s(d) b2("(a)")
. scatter y x, msymbol(d) c(l[-]) s(p) b2("(b)") sort
. scatter y x, msymbol(d) c(J) s(.) b2("(c)") sort
. scatter y x, msymbol(d) c(L) s(T) b2("(d)")

这里给出的 4 个图（见图 13-9）各有特点，分别说明了几个选择项的作用：

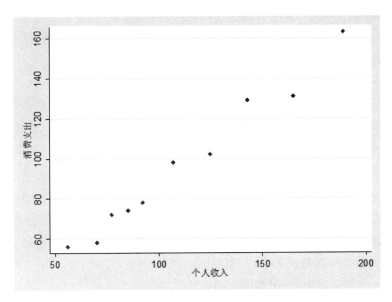

图 13-8　某地消费支出和个人收入关系的散点图

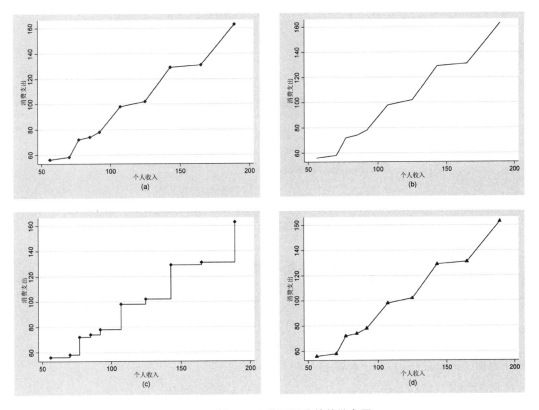

图 13-9　例 13-4 四种不同线性的散点图

(1)在图 13-9(a)、(b)、(c)、(d)中,分别用了 s(d)、s(p)、s(.)、s(T)(分别表示菱形、钻石形、小点号和三角形)。

(2)在图 13-9(a)、(b)、(c)、(d)中,分别用了 c(l)、c(l[－])、c(J)、c(L)(分别表示实直线、虚直线、阶梯式直线、不向后直线四种连接方式)。

(3)图 13-9(a)、(b)中,都用直线相连,但连线的顺序不同,前者无 sort 选择项,而后者选用了 sort,故前者是按数据的顺序连接的,而后者是按横轴从小到大的顺序连接的。这就是 sort 的作用。

用 s()、c()及 sort 的不同组合,可得不同的效果,读者可自行尝试。一个图中可画多条趋势线,作图命令不变,做法是:所有变量列在关键词"scatter"后,最后一个变量是横轴变量。变量的顺序须与 c(c…c)及 s(s…s)中的连线及符号相对应。

(五)一维散点图和箱式图的制作

一维散点图用于反映一个变量各观察点的分布位置。箱式图主要描述一组资料的中位数、四分位数及最大值、最小值的分布位置。用于绘制一维散点图和箱式图的命令为:

`graph box 变量名,over(分组变量)`

注意,这里的"over"属于分组变量,如果无该项则省略,此时 Stata 绘制的是箱式直方图;所指定的变量最好不超过 8 个。

用例 13-4 绘制箱式图,结果如图 13-10 所示。

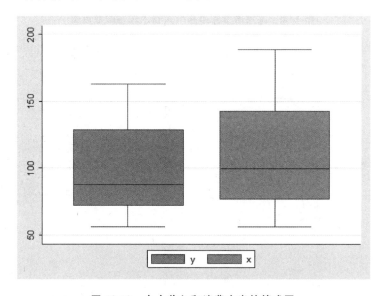

图 13-10　个人收入和消费支出的箱式图

(六)线图搭配散点图的制作

我们通过实例来看一看线图搭配散点图的制作。

【例 13-5】　两条生产线某指标的动态变化(均数±标准差)结果如下,要求在同一个图中画两条趋势曲线,并标上标准差。

时间(天):0、1、2、3、4、5、6。

甲组:23.6±2.1、29.6±3.5、35.5±5.4、38.2±4.2、43.2±6.3、49.6±7.1、52.5±7.5。

乙组:20.3±3.1、26.4±4.1、28.9±5.3、32.6±5.9、38.2±6.8、42.6±6.3、47.3±7.2。

先输入资料,如图 13-11 所示。

```
. input time x1 sd1 x2 sd2
```

```
list
     time    x1    sd1    x2    sd2
1.    0    23.6   2.1   20.3   3.1
2.    1    29.6   3.5   26.4   4.1
3.    2    35.5   5.4   28.9   5.3
4.    3    38.2   4.2   32.6   5.9
5.    4    43.2   6.3   38.2   6.8
6.    5    49.6   7.1   42.6   6.3
7.    6    52.5   7.5   47.3   7.2
```

图 13-11　两条生产线均数和标准差指标的动态变化

（1）画两条趋势线：甲组用实线，乙组用虚线。

```
. version 7.0           /* 此时建议用 Stata 7.0 版本命令绘制图形
. gra x1 x2 time,c(ll[-]) s(OT) xlab(0(1)6) ylab
```

结果如图 13-12 所示。

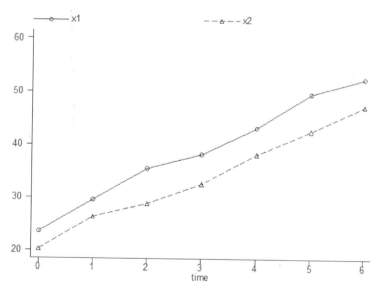

图 13-12　两组某指标的动态变化线图

（2）在趋势线图上添加标准差。

首先要产生两个新变量，以表示标准差上下两点的位置。

```
. gen y1= x1+sd1
. gen y2= x1-sd1
```

"y1""y2"分别表示标准差上下两点的位置。按如下命令作图。

```
. gra x1 y1 y2 t,s(T..) c(lII) xlab(0(1)6) ylab
```

结果如图 13-13 所示。

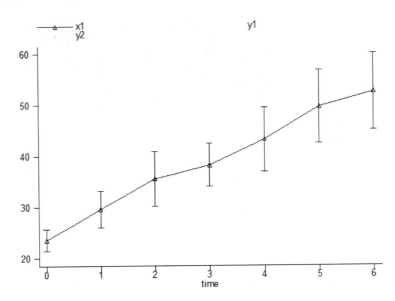

图 13-13　甲组的趋势线图及各点标准差

(3) 两组同时画标准差趋势线图，线条用不同的类型或颜色。

```
. gen y3=x2+sd2
. gen y4=x2-sd2
. gra x1 z1 z2 x2 y3 y4 time,c(lIIl[-]II[-]) s(T..O..) pen(222333) xlab
  (0(1)6) ylab
```

结果如图 13-14 所示。

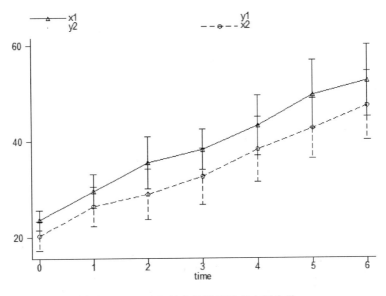

图 13-14　两组的趋势线图及各点标准差

将甲组线条定义为实线，将乙组线条定义为虚线，并分别为线条指定颜色。对颜色值不做定义时,graph 将自动为不同线条设置颜色以做区分,但黑白打印时,应以线条形状加以区分。

掌握了以上几种基本图形的绘制方法,结合前文介绍的各种功能选择项,便可以画出各种精美的图形了。

第十四章 统计描述及区间估计

本章介绍资料的统计描述和统计量的区间估计。

一、统计资料的一般描述

统计描述是统计分析的基础,因此十分必要和重要。通过统计描述,不但可以大致了解数据的整体概况、分布状况,对变量间的相互关系做出推断,而且还可以发现数据的异常现象,为下一步的数据分析提供依据。因此,进行统计分析前,必须对分析数据做出全面描述。Stata 具有强大和便捷的统计描述功能,可用统计量描述或(和)图形描述,本章先介绍统计量描述。

(一)数值变量资料的描述

对一组数值变量资料的描述,最常用的统计量有均数、标准差、百分位数、偏度系数与峰度系数、变异系数等,主要命令有用于计算均数、标准差、百分位数、偏度系数、峰度系数的 summarize 命令,以及用于计算百分位数的 centile 命令。

```
summarize [变量名] [,detail]
centile [变量名] [,centile(#[#….]) cci normal meansd level(#)]
```

其中:

detail:详细描述,缺失时为简单描述。

centile(#[#...]):指定需要计算的百分位数。

meansd:指定百分位数用正态分布的近似算法计算,缺失时用直接算法计算。

cci:指定百分位数的可信区间用保守算法计算。

normal:指定百分位数的可信区间用正态分布的近似算法计算。

level(#):指定百分位数的可信区间的可信限。

【例 14-1】 对某班 50 名统计学成绩(分)资料进行分析。数据如下:75、84、77、66、90、73、78、84、66、59、63、80、90、74、66、81、70、66、74、82、75、80、81、66、78、78、89、92、66、80、52、77、96、63、82、80、75、48、74、63、71、88、90、67、71、88、56、60、72、55。

首先对资料做简单描述。假设数据已经录入并保存在 d:\mydata\tj14-1 中。

```
. drop _all
. use d:\mydata\tj14-1
. summ
```

结果如表 14-1 所示。

表 14-1 例 14-1 表(一)

Variable	Obs	Mean	Std. Dev.	Min	Max
score	50	74.22	11.00147	48	96

这里,只用了 summ 命令,没有加任何选择项。结果中给出了变量 score 的样本含量("Obs")、均数("Mean")、标准差("Std. Dev.")、最小值("Min")、最大值("Max")。要得

到更多的信息,需要加选择项"detail"(或 de):

```
. summ score,de
```

结果如表 14-2 所示。

表 14-2 例 14-1 表(二)

	Percentiles	Smallest		
1%	48	48		
5%	55	52		
10%	59.5	55	Obs	50
25%	66	56	Sum of Wgt.	50
50%	75		Mean	74.22
		Largest	Std. Dev.	11.001 47
75%	81	90		
90%	89.5	90	Variance	121.032 2
95%	90	92	Skewness	−.248 179
99%	96	96	Kurtosis	2.561 282

除样本量、均数和标准差外,结果还给出了 9 个百分位数("Percentiles"),即 1%、5%、10%、25%、50%、75%、90%、95% 和 99%,依次是 48、55、59.5、66、75、81、89.5、90 和 96,并给出了 4 个最小值和 4 个最大值、方差("Variance")、偏度系数("Skewness")和峰度系数("Kurtosis")。

对正态分布来说,偏度系数＝0,峰度系数＝3。偏度系数为 0 时称为对称分布,大于 0 时为正偏态分布,小于 0 时为负偏态分布;峰度系数为 3 时称为正态峰,大于 3 时为尖峭峰,小于 3 时为平阔峰。

如果要计算更多的百分位数,则用"centile"命令。

```
. centile score,centile(2.5,50,97.5)
```

结果如图 14-1 所示。

```
. centile score , centile(2.5,50,97.5)

                                              — Binom. Interp. —
    Variable      Obs   Percentile    Centile  [95% Conf. Interval]

       score       50         2.5        49.1        48    57.1974*
                              50          75         71    78.92977
                              97.5       94.9        90        96*

* Lower (upper) confidence limit held at minimum (maximum) of sample
```

图 14-1 变量 score 的四分位数统计描述(插值法)

在选择项"centile"中,我们指定了 3 个百分位数,即 2.5%、50% 和 97.5%。结果中除给出了百分位数外,还给出了百分位数的 95% 可信区间。例如,2.5% 分位数为 49.1,95% 的可信区间为(48,57.197 4),这里的"＊"号表示可信区间的下限已达到所给数据的最小值(57.197 4)。这里,百分位数的可信区间是按二项分布用插值法求出的。百分位数的可信区间也可用近似正态法求出,这时只需加上选择项"norm"。

```
. centile score,centile(2.5,50,97.5) norm
```

如图 14-2 所示,加上选择项"norm"后,所得百分位数相同,但可信区间不同。Stata 还提供了另一种保守的基于二项分布的百分位数可信区间算法 CCI(conservative confidence interval)。

```
. centile score , centile(2.5,50,97.5) norm

                                       — Normal, based on observed centiles —
    Variable |    Obs   Percentile     Centile       [95% Conf. Interval]
       score |     50          2.5        49.1       32.92308      65.27692
                                50          75       71.16853      78.83147
                              97.5        94.9       87.91677      101.8832
```

图 14-2 变量 score 的四分位数统计描述(正态法)

```
. centile score,centile(2.5,50,97.5) cci
```

结果如图 14-3 所示。

```
. centile score , centile(2.5,50,97.5) cci

                                                    — Binomial Exact —
    Variable |    Obs   Percentile     Centile       [95% Conf. Interval]
       score |     50          2.5        49.1           48            59*
                                50          75           71            80
                              97.5        94.9           90            96*
* Lower (upper) confidence limit held at minimum (maximum) of sample
```

图 14-3 变量 score 的四分位数统计描述(二项分布法)

用该方法计算出的可信区间比用插值法计算出的可信区间一般要宽。对于百分位数的计算,Stata 提供了正态分布的近似算法,使用时只需在 centile 命令中增加选择项 meansd。

```
. centile score,centile(2.5) meansd
```

结果如图 14-4 所示。

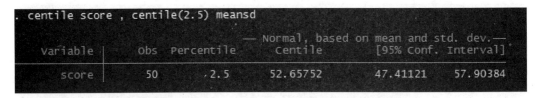

```
. centile score , centile(2.5) meansd

                                       — Normal, based on mean and std. dev.—
    Variable |    Obs   Percentile     Centile       [95% Conf. Interval]
       score |     50          2.5     52.65752       47.41121      57.90384
```

图 14-4 变量 score 的 2.5%分位数统计描述(直接法)

此时,百分位数可信区间的算法也是基于正态分布的。

(二)分类变量资料的描述

分类资料一般用率、构成比、比来描述某事物的发生强度、频率或构成,相应的命令为:

```
tabulate 变量名[,generate(新变量) missing nofreq nolabel plot]
tab1 变量1 变量2 变量3……[,missing nolabel plot]
tabulate 变量1 变量2[,cell column row missing nofreq]
tab2 变量1 变量2 变量3……[,tabulate_options]
```

其中,前两个命令用于单变量的分类描述,后两个命令用于两个变量的交叉分类描述,选择项的意义如下。

generate:按分组变量产生哑变量。

nofreq:不显示频数。

nolabel:不显示数值标记。

plot:显示各组频数图示。

missing:包含缺失值。

cell:显示各小组的构成比(小组之和为1)。

column:按栏显示各组的构成(各栏总计为1)。

row:按行显示各组的构成(各行总计为1)。

【例 14-2】 有三个地块(a)、三种水稻(b)、三类肥料(c),其中 $a=1、2、3$ 分别表示地块1、地块2和地块3,$b=1、2、3$ 分别表示糯谷稻、籼稻和杂交稻,$c=1、2、3$ 分别表示化肥、有机肥和复合肥。测得其每亩产量(x,kg),数据如表14-3所示。

表 14-3 各地块、水稻品种和肥料种类的亩产量

地块	水稻品种	肥料种类	每亩产量/kg
地块1	糯谷稻	化肥	518
地块1	糯谷稻	有机肥	526
地块1	糯谷稻	复合肥	525
地块1	籼稻	化肥	509
地块1	籼稻	有机肥	523
地块1	籼稻	复合肥	528
地块1	籼稻	化肥	521
地块2	籼稻	有机肥	519
地块2	杂交稻	复合肥	532
地块2	糯谷稻	化肥	526
地块2	糯谷稻	有机肥	519
地块2	糯谷稻	复合肥	536
地块2	糯谷稻	化肥	531
地块2	籼稻	有机肥	543
地块2	籼稻	复合肥	533
地块2	杂交稻	化肥	528
地块2	杂交稻	有机肥	529
地块2	杂交稻	复合肥	542
地块2	糯谷稻	化肥	522

续表

地块	水稻品种	肥料种类	每亩产量/kg
地块 2	糯谷稻	有机肥	537
地块 3	糯谷稻	复合肥	527
地块 3	籼稻	化肥	534
地块 3	籼稻	有机肥	553
地块 3	籼稻	复合肥	546
地块 3	籼稻	化肥	551
地块 3	杂交稻	有机肥	548
地块 3	杂交稻	复合肥	563

假设数据已存入 d:\mydata\tj14-2.dta，试对其进行统计描述。

```
. use d:\mydata\tj14-2
. list
```

首先看看各地块的频数。

```
. tab a
```

结果如图 14-5 所示。

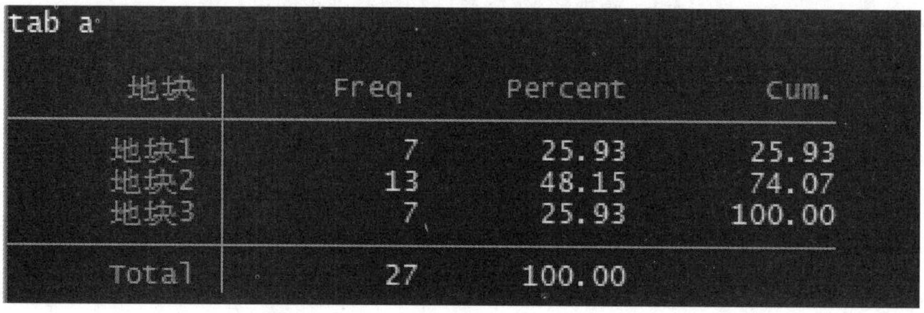

```
. tab a

     地块 |      Freq.     Percent        Cum.
----------+-----------------------------------
    地块1 |          7       25.93       25.93
    地块2 |         13       48.15       74.07
    地块3 |          7       25.93      100.00
----------+-----------------------------------
    Total |         27      100.00
```

图 14-5　地块变量的频数分布

结果显示，各组的样本含量分别为 7、13、7。产生组变量的哑变量，分别以"g1""g2""g3"表示。

```
. tab a,gen(g)           /* 图 14-6
```

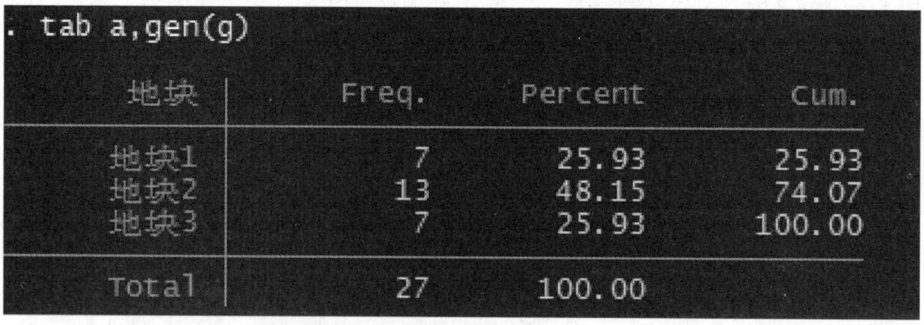

```
. tab a,gen(g)

     地块 |      Freq.     Percent        Cum.
----------+-----------------------------------
    地块1 |          7       25.93       25.93
    地块2 |         13       48.15       74.07
    地块3 |          7       25.93      100.00
----------+-----------------------------------
    Total |         27      100.00
```

图 14-6　地块哑变量 g1～g3 的频数分布

这样，Stata 自动产生 group 的 3 个哑变量（group 有 3 组），命令中用"g"表示哑变量，Stata 自动以"g1""g2""g3"表示，这一命令在逻辑回归和广义线性回归中应用广泛。结果如下：

```
. list a g1-g3        /* 图 14-7
```

	a	g1	g2	g3
1.	地块1	1	0	0
2.	地块1	1	0	0
3.	地块1	1	0	0
4.	地块1	1	0	0
5.	地块1	1	0	0

图 14-7　地块 a 和哑变量 g1～g3 的数据展示

再看看各地块和水稻品种的分布情况。

```
. tab a b            /* 图 14-8
```

地块	水稻品种 糯谷稻	杂交稻	籼　稻	Total
地块1	3	0	4	7
地块2	6	4	3	13
地块3	1	2	4	7
Total	10	6	11	27

图 14-8　变量地块 a 和水稻品种 b 的交叉表

欲了解各稻种的构成，在命令中加 row 选择项：

```
. tab a b,row        /* 图 14-9
```

地块	水稻品种 糯谷稻	杂交稻	籼　稻	Total
地块1	3 42.86	0 0.00	4 57.14	7 100.00
地块2	6 46.15	4 30.77	3 23.08	13 100.00
地块3	1 14.29	2 28.57	4 57.14	7 100.00
Total	10 37.04	6 22.22	11 40.74	27 100.00

图 14-9　变量地块 a 和水稻品种 b 的交叉表（行百分数）

欲了解各组构成，在命令中加 cell 选择项：

```
. tab a b,cell       /* 图 14-10
```

```
              水稻品种
地块    糯谷稻    杂交稻    籼 稻     Total
地块1      3         0         4          7
        11.11      0.00     14.81      25.93
地块2      6         4         3         13
        22.22     14.81     11.11      48.15
地块3      1         2         4          7
         3.70      7.41     14.81      25.93
Total     10        6        11         27
        37.04     22.22     40.74     100.00
```

图 14-10　变量地块 a 和水稻品种 b 的交叉表（总百分数）

(三) 分类变量与连续变量资料的综合描述

欲了解某数值变量资料在各组的均数、标准差等，用综合描述命令：

tab 分组变量, sum(数值变量)
tab 分组变量1 分组变量2, sum(数值变量)

前者用于按一个变量分类，后者用于按两个变量分类，"sum"后每次只能指定一个数值变量。

【例 14-3】　根据表 14-3 中的数据，计算每亩产量在各组（地块、稻种和肥料）的相应均数、标准差和频数。

```
. tab a,sum(x)              /* 图 14-11

. tab a, sum(x)

                 Summary of 每亩产量
    地块         Mean      Std. Dev.      Freq.
    地块1      521.42857    6.3994047        7
    地块2      530.53846    7.8274664       13
    地块3        546        12.055428        7

    Total      532.18519   12.456191       27
```

图 14-11　变量地块 a 各组的均数、标准差和频数

```
. tab b,sum(x)              /* 图 14-12

. tab b, sum(x)

                 Summary of 每亩产量
 水稻品种        Mean      Std. Dev.      Freq.
  糯谷稻         526.7     6.4299646       10
  杂交稻       540.33333   13.603921        6
  籼 稻        532.72727   14.262475       11

   Total       532.18519  12.456191       27
```

图 14-12　变量水稻品种 b 各组的均数、标准差和频数

```
. tab c,sum(x)            /* 图 14-13
```

```
. tab a b , sum(x) nofreq
              Means and Standard Deviations of 每亩产量
                        水稻品种
    地块         糯谷稻        杂交稻         籼  稻          Total
    地块1          523           .          520.25       521.42857
              4.3588989          .          8.057088     6.3994047
    地块2         528.5        532.75       531.66667    530.53846
              7.3959448    6.3966137      12.055428     7.8274664
    地块3          527         555.5           546          546
                  0         10.606602     8.5244746    12.055428
    Total         526.7      540.33333    532.72727    532.18519
              6.4299646    13.603921     14.262475    12.456191
```

图 14-13　变量肥料种类 c 各组的均数、标准差和频数

若按地块和稻种两变量交叉分组,则得各交叉分类时每亩产量的均数:

```
. tab a b,sum(x) nofreq       /* 图 14-14
```

```
. tab a b , sum(x) nofreq
              Means and Standard Deviations of 每亩产量
                        水稻品种
    地块         糯谷稻        杂交稻         籼  稻          Total
    地块1          523           .          520.25       521.42857
              4.3588989          .          8.057088     6.3994047
    地块2         528.5        532.75       531.66667    530.53846
              7.3959448    6.3966137      12.055428     7.8274664
    地块3          527         555.5           546          546
                  0         10.606602     8.5244746    12.055428
    Total         526.7      540.33333    532.72727    532.18519
              6.4299646    13.603921     14.262475    12.456191
```

图 14-14　变量地块 a 和水稻品种 b 的均数和标准差

若按地块和肥料两变量交叉分组,则得各交叉分类时每亩产量的均数:

```
. tab a c,sum(x) nofreq       /* 图 14-15
```

二、可信区间的估计

统计推断有两个重要内容,其一是假设检验,其二是参数的可信区间(confident interval, CI)估计。Stata 提供了均数(正态分布)、率(二项分布)和事件数(Poisson 分布)的可信区间的估计。用于可信区间估计的命令是:

```
. tab a c , sum(x) nofreq
              Means and Standard Deviations of 每亩产量
                        肥料种类
   地块       复合肥         化肥         有机肥          Total
   地块1       526.5          516         524.5       521.42857
           2.1213203    6.244998     2.1213203       6.3994047

   地块2      535.75        526.75        529.4       530.53846
                 4.5    3.7749172    10.714476       7.8274664

   地块3     545.33333       542.5        550.5             546
           18.009257    12.020815    3.5355339       12.055428

   Total   536.88889    526.66667          533       532.18519
           11.983785    11.768602    12.737739       12.456191
```

图 14-15 变量地块 a 和肥料种类 c 的均数和标准差

```
ci 变量 [,level(#) binomial/poisson exposure(观察数变量) by(分组变量) total]
```

其中选择项的含义为：

level(♯)：指定可信度，缺失时为 95%。

binomial/poisson：指定总体分布，只能选其中之一，缺失时为二项分布。

exposure(观察数变量)：指定观察数变量，仅用于 Poisson 分布时。

by(分组变量)：指定按分组变量分别估计均数的可信区间。

total：指定除按分组变量估计可信区间外，还对整个数据进行估计。

Stata 还提供了已知 n、x、s 时均数的可信区间估计，已知 n、x 时率的可信区间估计，以及已知 n、x(事件数)时总体事件数的可信区间估计。相应的命令为：

```
cii 观察数 均数 标准差 [,level(#)]        /* 正态分布
cii 观察数 阳性数 [,level(#)]             /* 二项分布
cii 观察数 事件数, poisson[level(#)]      /* Poisson 分布
```

【例 14-4】 根据表 14-3 中的数据，分别估计各组每亩产量均数的可信区间。

```
. use d:\mydata\tj14-1
. sort group        /* 在用 by(分组变量)前，必须对分组变量进行排序
. ci x,by(a)        /* 图 14-16
```

结果中给出了各组各变量的样本含量、均数、均数的标准误（"Std. Err."），以及 95%的可信区间（"95% Conf. Interval"）。如果已知各组的均数和标准差，则可用 cii 命令直接估计。比如，计算第一组地块均数的可信区间：

```
. di 2.418748*sqrt(7)
. 6.3994057
. cii 7 521.4286 6.3994057
```

```
. ci x, by(a)

-> a = 地块1
    Variable |      Obs        Mean    Std. Err.   [95% Conf. Interval]
           x |        7     521.4286    2.418748    515.5101    527.347

-> a = 地块2
    Variable |      Obs        Mean    Std. Err.   [95% Conf. Interval]
           x |       13     530.5385    2.170949    525.8084    535.2686

-> a = 地块3
    Variable |      Obs        Mean    Std. Err.   [95% Conf. Interval]
           x |        7          546    4.556523    534.8506    557.1494
```

图 14-16　变量地块 a 分组计算均数、标准误及其置信区间

结果如图 14-17 所示。

```
. di 521.4286*sqrt(7)
1379.5704

. di 2.418748*sqrt(7)
6.3994057

. cii 7  521.4286  6.3994057
    Variable |      Obs        Mean    Std. Err.   [95% Conf. Interval]
             |        7     521.4286    2.418748    515.5101    527.3471
```

图 14-17　通过地块 1 的均数和标准差计算其置信区间(95%)

可见,所得结果与根据原始资料估计所得结果相同。估计 90% 的可信区间的命令为：

```
. cii 7 521.4286 6.399405,level(90)
```

结果如图 14-18 所示。

```
. cii 7  521.4286  6.3994057, level(90)
    Variable |      Obs        Mean    Std. Err.   [90% Conf. Interval]
             |        7     521.4286    2.418748    516.7285    526.1287
```

图 14-18　通过地块 1 的均数和标准差计算其置信区间(90%)

【例 14-5】　某公司抽查了 22 名外贸从业人员的业务熟练程度,其中合格人数为 12 人,试估计该公司外贸从业人员业务熟练程度的合格率。

直接用 cii 命令：

```
. cii 22 12
```

结果如图 14-19 所示。

```
. cii 22 12

    Variable |      Obs        Mean     Std. Err.     -- Binomial Exact --
                                                      [95% Conf. Interval]
             |       22    .5454545    .1061589        .3221048    .7561381
```

图 14-19　根据合格人数和总人数计算率的置信区间(95%)

结果,合格率为 0.545 454 5,标准误为 0.106 158 9,阳性率的 95% 可信区间为 (0.322 104 8,0.756 138 1),即 32.21%～75.61%。

【例 14-6】 将一个面积为 100 cm^2 的培养皿置于某公司外贸集装箱内,1 小时后取出,培养 24 小时,查得 24 个菌落,求该集装箱内平均每 100 cm^2 的面积细菌数的 95% 可信区间。

```
. cii 1 24,poisson
```

结果如图 14-20 所示。

```
. cii 1 24 , poisson

    Variable |  Exposure     Mean     Std. Err.    -- Poisson Exact --
                                                   [95% Conf. Interval]
             |        1        24     4.898979       15.37725    35.7101
```

图 14-20　通过面积和菌落数计算 Poisson 分布的置信区间(95%)

这里的"1"表示 1 个 100 cm^2 的面积,即集装箱平均每 100 cm^2 的面积细菌数的 95% 可信区间为(15.377 25,35.710 1)。

第十五章 数值变量资料的统计分析

数值变量资料又称计量资料,常指每个观察单位某一项指标量的大小,大多有计量单位。这类资料按分析内容常分两种:一种是比较几种处理间的效应,简单地讲就是比较各处理组观察值均数、方差的大小;另一种是寻找指标间的关系,即某个(或某些)指标取值是否受其他指标影响。本章主要介绍不同设计类型计量资料的比较。

一、样本均数与总体均数比较的 t 检验

t 检验也称 student's t 检验,主要用于以下三种情况:①样本均数与总体均数的比较;②两配对样本(数值变量资料)的比较;③两样本均数的比较。Stata 用于样本均数与总体均数比较的 t 检验的命令是 ttest:

ttest 变量名=#val

此处,"#val"表示总体均数。可选用 if 语句和 in 语句对要分析的内容添加条件限制。对已知样本量、均数和标准差的数据,将其与总体均数做比较时,Stata 还提供了更简洁的命令 ttesti:

ttesti #n #mean #sd #val

此处,"#n""#mean""#sd"分别表示样本量、样本均数、样本标准差,"#val"表示总体均数。

【例 15-1】 从一批进口乳制品中,随机抽取 10 个样本检测得乳蛋白含量(g/mL)如下。

乳蛋白(g/mL):2.6、3.2、2.1、2.4、2.8、3.3、3.4、2.9、3.1、3.3。

已知该种类乳制品的乳蛋白正常值为 3.6 g/mL,问该批乳制品的乳蛋白含量是否不同于正常值?

经计算,这 10 个乳制品乳蛋白含量的均数为 2.91 g/mL,显然不等于 3.6 g/mL。我们分析产生差别的原因可能有两种:其一,该批进口乳制品的乳蛋白含量确实与正常值不相同,属于本质上的差异;其二,存在抽样误差,由于每个样本的乳蛋白含量都不完全相同,即使从正常样品中抽检 10 个,所得的样本均数也不会刚好等于 3.6 g/mL,此差别是因为我们抽样产生了误差,因此称为抽样误差。所以,只要个体之间存在差异,抽样误差就不可避免,但抽样误差是有规律的,这种规律是可以被我们认识和掌握的。如果想探讨该批乳制品乳蛋白含量的均数与 3.6 g/mL 的差别是本质上的差异,还是抽样误差,就需要做假设检验。假设检验就是首先根据设计和研究目的提出某种假设,然后根据现有资料提供的信息,推断是应当拒绝此假设,还是不拒绝此假设。

结合本例,检验假设 H_0 是所有此类乳制品的乳蛋白含量的均数均为 3.6 g/mL。然后根据样本量 $n=10$、均数 $\bar{x}=2.91$、标准差 sd=0.433 2 构造一反映差别大小的检验统计量 t。如果 H_0 成立,即样本均数与总体均数的差别仅是抽样误差,则这种差别一般不会太大,即 $|t|$ 值不会太大;如果 $|t|$ 值很大,超过了事先规定的界值,则就有理由怀疑 H_0 不成立。但 $|t|$ 值与 n 有关,故将对 $|t|$ 值的判断改为对概率 P 的判断。P 是根据样本均数与总体均数的抽样误差规律(t 分布),由 t 及 $n-1$(自由度)求得的,它的含义是:

在 H_0 成立的条件下,纯粹由抽样得到现有 t 这么大的误差或比 t 更大的误差,有多大的可能性或概率。显然,P 越小,越有理由怀疑 H_0 不成立,因而拒绝 H_0;而 P 大就没有理由拒绝 H_0。一般以 $\alpha=0.05$ 作为拒绝与不拒绝的界限,α 称为检验水准。$P \leqslant \alpha$ 称差异有统计学意义,否则称差异无统计学意义。

另外,备择假设(H_1)的设定也是假设检验的一个重要条件,本例中 H_1 可有三种设定:①所有此类乳制品的乳蛋白含量的均数<3.6 g/mL;②所有此类乳制品的乳蛋白含量的均数≠3.6 g/mL;③所有此类乳制品的乳蛋白含量的均数>3.6 g/mL。应结合专业和研究问题进行选择。本例选择第二种。

输入数据的命令如下:

```
.  input x
1.  2.6
2.  3.2
……
10.  3.3
11.  end
```

将数据存入 d:\data\tj15-1.dta,并做样本均数与总体均数的 t 检验:

```
.  save d:\data\tj15-1
.  ttest x=3.6
```

结果如图 15-1 所示。

```
One-sample t test

Variable |    Obs        Mean     Std. Err.    Std. Dev.   [95% Conf. Interval]
       x |     10        2.91    .1369915     .4332051    2.600104    3.219896

    mean = mean(x)                                              t =  -5.0368
Ho: mean = 3.6                                   degrees of freedom =      9

    Ha: mean < 3.6              Ha: mean != 3.6              Ha: mean > 3.6
 Pr(T < t) = 0.0004          Pr(|T| > |t|) = 0.0007         Pr(T > t) = 0.9996
```

图 15-1 单样本 t 检验统计分析结果(一组原始数据)

在结果报告页面,我们首先看到的是"One-sample t test",即单样本 t 检验。结果给出观察数("Obs")、均数("Mean")、标准误("Std. Err")、标准差("Std. Dev")、95%可信区间("95% Conf. Interval")、自由度("degrees of freedom")、检验假设 H_0 "mean=3.6",三个备择假设"mean<3.6""mean!=3.6"和"mean>3.6",以及 t 值、备择假设对应的检验概率(Pr<t,Pr>|t|,Pr>t)。本例的备择假设为第二种,$t=-5.0368$,$P=0.0007<0.05$,故按 $\alpha=0.05$ 水准,拒绝 H_0,样本均数=2.91<3.6,可认为所有此类乳制品的乳蛋白含量低于正常值 3.6 g/mL。如果在专业上认为所有此类乳制品的乳蛋白含量应低于 3.6 g/mL,则可进行单侧检验(H_1:mean<14.02),结果为 $P(<t)=0.0004$。

如果已知该资料样本含量 obs=10,均数 mean=2.91,标准差 sd=0.4332051,欲将其与总体均数 val=3.6 比较,可用命令 ttesti:

```
.ttesti 10 2.91 0.4332051 3.6
```

结果(见图 15-2)与根据原始资料计算出的结果是等价的。注意,ttesti 命令中必须有 4 个数据,且 4 个数据在命令中的顺序不能变,各数据间用空格分开。

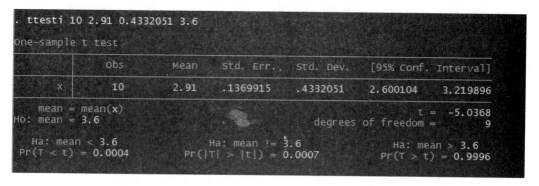

图 15-2 单样本 t 检验统计分析结果(一组样本的均数和标准差)

二、两配对样本设计的 t 检验

通常将研究或评价对象配成对子,对每对中的两个研究或评价对象分别给予两种不同的处理,然后再观察两种处理的结果是否相同,称为配对设计研究。但有时候,先后给予同一个研究或评价对象两种不同的处理或干预,然后再观察两种处理或干预的结果是否一致,此种配对设计研究称为自身配对设计研究。配对设计的优势是能消除或部分消除个体之间存在的差异,使比较的结果能更真实地反映处理或干预的效应。配对 t 检验先计算每对结果的差值,然后再将差值均数与 0 做比较分析。如果两种处理或干预的效应一致,则差值与 0 的差异无统计学意义。检验假设 H_0 是:两种处理或干预的效应相同,或其总体差值均数为 0。

Stata 用于两配对样本 t 检验的命令是 ttest:

ttest 变量 1=变量 2

注意,此表达式中的"变量 1"和"变量 2"是成对录入的配对样本。ttest 命令允许使用 [if 表达式]和[in 范围]命令,用于条件限制。

【例 15-2】 选取 12 名肥胖志愿者测试某款进口减肥的药治疗效果,治疗一个疗程后约 3 个月后,假设服用减肥药前后饮食无变化,测量其前后体重变化如下。

志愿者编号:1、2、3、4、5、6、7、8、9、10、11、12。

治疗前(x_0,kg):150.4、168.8、150.2、140.7、145.1、158.2、163.3、169.4、144.7、139.9、152.7、156.4。

治疗后(x_1,kg):142.1、159.6、143.5、132.9、136.7、150.7、157.1、159.5、137.6、133.2、143.2、150.1。

欲了解减肥药对体重有无影响,需做配对 t 检验。先清除内存,然后输入数据:

```
.  drop_all
.  input x0 x1
       x0      x1
 1.  150.4 142.1
 2.  168.8 159.6
......
12.  156.4 150.1
13.  end
```

将数据存入 d:\data\tj15-2.dta，并做两配对样本 t 检验。具体命令为

```
. save d:\data\tj15-2
. ttest x0=x1
```

结果如图 15-3 所示。

```
. ttest x0=x1
Paired t test

Variable |   Obs      Mean    Std. Err.   Std. Dev.   [95% Conf. Interval]
      x0 |    12   153.3167   2.927116    10.13983    146.8741    159.7592
      x1 |    12   145.5167   2.818119     9.762252   139.314     151.7193
    diff |    12    7.799997   .3659777    1.267784   6.994485    8.605508

     mean(diff) = mean(x0 - x1)                           t =  21.3128
 Ho: mean(diff) = 0                       degrees of freedom =      11

 Ha: mean(diff) < 0        Ha: mean(diff) != 0       Ha: mean(diff) > 0
 Pr(T < t) = 1.0000       Pr(|T| > |t|) = 0.0000      Pr(T > t) = 0.0000
```

图 15-3　两配对样本的 t 检验统计分析结果（两变量比较）

本例差值均数为 7.799 997，选双侧检验，$t=21.312\,8$，概率 $P=0.000\,0$，按 $\alpha=0.05$ 水准，可以认为减肥药治疗对体重的减轻有作用。

按配对设计的思路，上述问题也可用以下办法做统计分析：先求出治疗前后体重的差值 d，然后对体重差值 d 进行单样本的 t 检验。具体命令如下：

```
. gen d=x0-x1
. ttest d=0
```

结果如图 15-4 所示。

```
. gen d=x0-x1
. ttest d=0
One-sample t test

Variable |   Obs      Mean    Std. Err.   Std. Dev.   [95% Conf. Interval]
       d |    12    7.799997   .3659777    1.267784   6.994485    8.605508

     mean = mean(d)                                      t =  21.3128
 Ho: mean = 0                             degrees of freedom =      11

    Ha: mean < 0            Ha: mean != 0            Ha: mean > 0
 Pr(T < t) = 1.0000       Pr(|T| > |t|) = 0.0000      Pr(T > t) = 0.0000
```

图 15-4　两配对样本的 t 检验统计分析结果（两变量之差与 0 做比较）

可见，这样做所得的结果与"ttest x0=x1"完全相同。

注意，这里的两个变量 x_1 和 x_0 必须成对输入；样本含量必须相等，如果有缺省值，则用小数点表示，但与之对应的记录在计算时被忽略。

三、成组设计 t 检验

实际生活中，配对研究的对象并不多见，但非配对的两组资料的比较比较常见。此方

法要求将受试对象随机分为两组,每组接受不同的处理,检验两组的均数是否存在差异,以此达到研究目的。

成组设计 t 检验要求两样本来自方差相同且符合正态分布的总体,即两组资料要分别达到或接近正态分布,两组的方差符合齐性。如果两组资料呈偏态分布或方差不齐,则需要对原始数据做变量变换。如果变换后仍未达到正态分布,则采用秩和检验;如果变换后未达到方差齐性,则需用 t' 检验,或用秩和检验。

Stata 提供了两样本均数比较的 t 检验的 3 种命令,即:

ttest 变量1=变量2,unpaired[unequal welch]
ttest 变量,by(分组变量) [unequal welch]
ttesti #obs1 #mean1 #sd1 #obs2 #mean2 #sd2[,unequal welch]

注意:第一个命令的数据格式是将两组数据用两个变量"变量1"和"变量2"分别输入,如果两组的样本含量不等,则先输入样本含量大的变量,再输入样本含量小的变量,对于缺失的部分,Stata 自动生成用小数点表示的缺省值;也可同时输入两变量,缺失部分用小数点表示。"unpaired"是必选项,如果不选,则 Stata 将做配对设计 t 检验。这个命令允许加[权数]及[in 范围] 和[if 表达式]条件。

第二个命令的数据格式是将两组数据以一个"变量"输入,再用一个分组变量,以区分两组资料,如用 1 表示第 1 组资料,用 2 表示第 2 组资料。"by(分组变量)"是必选项。这个命令允许加[权数]及[in 范围] 和[if 表达式]条件。

第三个命令是针对已知两组资料的样本含量、均数和标准差进行比较的简洁命令。这里有 6 个数据,"♯obs""♯mean""♯sd"分别表示样本量、样本均数和标准差;"1"表示第 1 组,"2"表示第 2 组。选择项"unequal"表示假设两组方差不齐,如果不选此项则表示假设两组方差达到齐性。选择项"welch"表示用 Welch 法对自由度进行校正,如果不选择此项,则用 Satterthwaite 法对自由度进行校正。"welch"选择项只有在选择了"unequal"后才有效。这个命令不能加[权数]及[in 范围] 和[if 表达式]条件。

【例 15-3】 选取一组共 14 个研究对象服用某款进口减肥药,另外一组共 12 个研究对象不服用减肥药(对照组),经一个疗程后约 3 个月,假设两组饮食相差不大,测量两组各自 3 个月前后体重变化如下:

志愿者编号:1、2、3、4、5、6、7、8、9、10、11、12、13、14。
用药组(x_1,kg):8.3、9.2、6.7、7.8、8.4、7.5、6.2、9.9、7.1、6.7、9.5、6.3、8.2、7.8。
对照组(x_2,kg):1.3、2.2、1.3、0.8、1.4、0.5、0.8、2.9、1.1、1.2、2.5、2.4。

欲了解减肥药对体重有无影响,需进行成组设计 t 检验。首先清除内存,然后输入数据。

这里用三种不同的数据格式对资料进行分析(所得结果等价)。

(1)用两个变量表示两组资料。

```
. input x1 x2
     x1 x2
1.  8.3 1.3
2.  9.2 2.2
......
14. 7.8 .
15. end
```

将数据存入文件 d:\data\tj15-3.dta,并做两成组样本 t 检验。命令为:

```
. save d:\data\tj15-3
. ttest x1=x2,unpaired
```

结果如图 15-5 所示。

```
. ttest x1=x2, unpaired
Two-sample t test with equal variances

Variable |    Obs        Mean    Std. Err.   Std. Dev.   [95% Conf. Interval]
      x1 |     14    7.828571    .3129843    1.17108     7.15241    8.504733
      x2 |     12    1.533333    .2230414    .7726382    1.042422   2.024244
combined |     26    4.923077    .6568762    3.349425    3.570215   6.275939
    diff |            6.295238   .3966239                5.476646   7.11383

    diff = mean(x1) - mean(x2)                                 t =  15.8721
Ho: diff = 0                                  degrees of freedom =       24

    Ha: diff < 0              Ha: diff != 0              Ha: diff > 0
 Pr(T < t) = 1.0000      Pr(|T| > |t|) = 0.0000       Pr(T > t) = 0.0000
```

图 15-5　两独立样本的 t 检验统计分析结果(等方差)

两组差值为"diff=mean(x1)-mean(x2)"=6.295 238,自由度为 24,t=15.872 1,P=0.000 0<0.05,故按 α=0.05 水准,可认为服用进口减肥药组与不用药组相比体重下降显著,有统计学差异。命令中无 unequal 选择项,故 Stata 自动假设两组方差齐("with equal variances")。

如果两组方差不齐,则需要加选择项 unequal(简写 une),Stata 将进行 t' 检验。命令如下:

```
. ttest x1=x2, unp une wel
```

结果如图 15-6 所示。

```
. ttest x1=x2, unp une wel
Two-sample t test with unequal variances

Variable |    Obs        Mean    Std. Err.   Std. Dev.   [95% Conf. Interval]
      x1 |     14    7.828571    .3129843    1.17108     7.15241    8.504733
      x2 |     12    1.533333    .2230414    .7726382    1.042422   2.024244
combined |     26    4.923077    .6568762    3.349425    3.570215   6.275939
    diff |            6.295238   .3843262                5.502516   7.08796

    diff = mean(x1) - mean(x2)                                   t =  16.3799
Ho: diff = 0                      welch's degrees of freedom =    24.2826

    Ha: diff < 0              Ha: diff != 0              Ha: diff > 0
 Pr(T < t) = 1.0000      Pr(|T| > |t|) = 0.0000       Pr(T > t) = 0.0000
```

图 15-6　两独立样本的 t 检验统计分析结果(方差不等,用 Welch 法)

此时,由图 15-6 可知,结果是按方差不齐计算的("with unequal variances")。因选择了 welch 选择项("wel"是缩写),Stata 按 Welch 法校正自由度。所得自由度是非整数。本例自由度为 24.282 6。若不选"welch",则 Stata 按 Satterthwaite 法校正自由度。

```
. ttest x1=x2,unp une
```

如图 15-7 所示,按 Satterthwaite 法,计算的自由度为 22.652 3;而按 Welch 法,计算的自由度为 24.282 6。但在本例中,二者结论相同。

```
. ttest x1=x2,unp une

Two-sample t test with unequal variances

Variable |    Obs        Mean    Std. Err.   Std. Dev.   [95% Conf. Interval]
      x1 |     14    7.828571    .3129843     1.17108    7.15241    8.504733
      x2 |     12    1.533333    .2230414    .7726382   1.042422    2.024244
combined |     26    4.923077    .6568762    3.349425   3.570215    6.275939
    diff |          6.295238    .3843262                5.499523    7.090953

    diff = mean(x1) - mean(x2)                                    t =  16.3799
Ho: diff = 0                    Satterthwaite's degrees of freedom =  22.6523

    Ha: diff < 0              Ha: diff != 0              Ha: diff > 0
 Pr(T < t) = 1.0000      Pr(|T| > |t|) = 0.0000      Pr(T > t) = 0.0000
```

图 15-7　两独立样本的 t 检验统计分析结果(方差不等)

(2)使用 by()选择项做两组样本 *t* 检验。

用一组变量列出全部观察值,再引入一个分组变量表示两不同的组。

数据输入格式如下:

```
. drop _all
. input y group
        y group
   1.  8.3 1
   2.  9.2 1
  ……
  26.  2.4 2
  27.  end
```

相应的 Stata 命令为

```
. ttest y,by(group)
```

结果如图 15-8 所示。

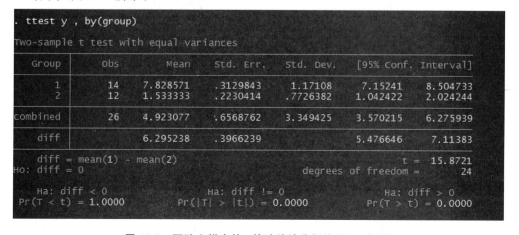

图 15-8　两独立样本的 *t* 检验统计分析结果(by 分组)

由图 15-8 可知,结果仍然一致。这种格式的命令也可用 unequal 和 welch 选择项,请读者自行尝试。

(3)用 ttesti 命令做两成组样本的 t 检验。

有时候,我们可能无法获知原始数据,但是我们知道两组的样本含量、均数和标准差,此时可以使用命令 ttesti。命令 ttesti 更方便、更简洁,且结果(见图 15-9)依然一致。

```
. ttesti 14 7.828571 1.17108 12 1.533333 .7726382

Two-sample t test with equal variances

                 Obs        Mean    Std. Err.   Std. Dev.   [95% Conf. Interval]
         x        14    7.828571    .3129843     1.17108    7.15241   8.504732
         y        12    1.533333    .2230414    .7726382    1.042422  2.024244
  combined        26    4.923077    .6568762    3.349425    3.570215  6.275938
      diff              6.295238    .3966239                5.476646   7.11383

    diff = mean(x) - mean(y)                                t =  15.8721
Ho: diff = 0                                 degrees of freedom =       24

    Ha: diff < 0              Ha: diff != 0              Ha: diff > 0
 Pr(T < t) = 1.0000       Pr(|T| > |t|) = 0.0000      Pr(T > t) = 0.0000
```

图 15-9 两独立样本的 t 检验统计分析结果(ttesti 命令)

该命令要求各组资料录入的顺序不变,即样本量、均数和标准差,但两组资料的顺序可任意。该命令同样可加选择项 unequal 和 welch,请读者自行练习。

两组均数的比较还可通过方差分析来实现。

四、单因素方差分析

根据某一处理或干预因素,随机将研究对象分为若干处理组,各组样本量可以相等,也可以不相等,即为单因素试验设计。比较此多组样本均数的目的是推断各处理的效应有无统计学差异,我们常用单因素方差分析比较多组样本的均数。

单因素方差分析假设检验 H_0 为"各处理效应相同,或各组总体均数相等",并根据各组样本量、均数、组内离均差平方和、组间离均差平方和等构造检验统计量 F。F 是反映各组差别大小的统计量,F 越大说明各组均数差别越大。同样,F 与处理组数、样本量的大小有关。单因素方差分析拒绝检验假设 H_0,只说明各组总体均数不等或不全相等,确定具体是哪些组间有差别,我们仍需进一步做均数间的两两比较。两两比较的方法很多,Stata 提供的两两比较方法有 Bonferroni 法、Scheffe 法、Sidak 法,其中 Bonferroni 法较常用。

Stata 用于单因素方差分析及两两比较的命令为

```
oneway 结局变量 分组变量,[选择项]
```

具体选择项如下:

noanova:不打印方差分析表。

nolabel:不打印分组变量的取值标签。

missing:将缺省值作为单独的一组。

wrap:两两比较的表格不分段。

tabulate:打印各组的基本统计量表。

[no]means:[不]打印均数。

[no]standard:[不]打印标准差。

[no]freq:[不]打印各组观察(加权)频数。

[no]obs:[不]打印各组观察报告例数。

后四项只有在选择了 tabulate 项后才有效。

注意:若各观察值的加权分相同,[no]freq 和[no]obs 等价;若各观察值的加权分不同,有 weight 项时,结果就不同了。

Stata 还提供了三种两两比较的方法:

(1)scheffe(简写 sch):Scheffe 法。

(2)bonferroni(简写 bon):Bonferroni 法。

(3)sidak(简写 sid):Sidak 法。

但有学者认为,以上三种两两比较的方法均趋于保守。

【例 15-4】 研究减肥药实际疗效,将研究对象随机分为三组,即新型进口减肥药组(甲组)、传统减肥药组(乙组)和不使用减肥药对照组(丙组),经治疗一个疗程后约 3 个月,假设三组饮食几乎相当,测量三组各自 3 个月前后体重变化如下:

志愿者编号:1、2、3、4、5、6、7、8、9、10、11、12、13。

新型进口减肥药组(x_1,kg):8.3、9.2、6.7、7.8、8.4、7.5、6.2、9.9、7.1、6.7、9.5、6.3、8.2。

传统减肥药组(x_2,kg):6.7、7.3、5.4、8.2、6.5、7.9、5.4、6.8、6.9、5.5、5.7、3.9、6.9。

不用药对照组(x_3,kg):1.3、2.2、1.3、0.8、1.4、0.5、0.8、2.9、1.1、1.2、2.5、2.4、1.3。

试比较三组的均数有无差别,单因素方差用 oneway 检验。

要分析的数据需按特定的形式输入计算机,即新定义一分组变量"group",group=1 表示新型进口减肥药组,group=2 表示传统减肥药组,group=3 表示不用药对照组,将三个处理组的观察值均以变量"x"表示,然后做方差分析。先清除内存,然后输入数据(命令如下),结果如图 15-10 所示。

```
.  input x group
     x group
1. 8.3 1
2. 9.2 1
……
39. 1.3 3
40. end
.  oneway x group, tab sch
```

如图 15-11 所示,由于选用了选择项 tab(tabulate),Stata 首先给出了三个组及总体的均数、标准差和观察频数("Freq.")。结果中给出了完整的方差分析表及 Bartlett 方差齐性检验结果,"Chi2"表示 χ^2 统计量,括号中的数表示自由度,"Prob>Chi2=0.212"表示大于现有 χ^2 值的概率 $P = 0.212$,说明整体满足方差齐性。选择项 sch 实现了三组之间的两两比较("Comparison of x by group")。其中上行表示相比较的两组均数之差,下行表

```
list

        x    group
 1.   8.3      1
 2.   9.2      1
 3.   6.7      1
 4.   7.8      1
 5.   8.4      1

 6.   7.5      1
 7.   6.2      1
 8.   9.9      1
 9.   7.1      1
10.   6.7      1

11.   9.5      1
12.   6.3      1
13.   8.2      1
14.   6.7      2
15.   7.3      2
```

图 15-10 变量"x"和分组变量"group"数据输入结果列表

```
. oneway x group, tab sch
                    Summary of x
   group       Mean    Std. Dev.    Freq.
       1    7.8307691  1.2188687     13
       2    6.3923077  1.1764789     13
       3    1.5153846   .74257006    13

   Total    5.2461538  2.9286107     39

               Analysis of Variance
   Source       SS        df     MS        F      Prob > F
Between groups  284.86307   2  142.431535  124.90   0.0000
Within groups    41.0538448 36    1.14038458
   Total       325.916915  38    8.57676092

Bartlett's test for equal variances: chi2(2) = 3.1066  Prob>chi2 = 0.212

            Comparison of x by group
                  (Scheffe)
Row Mean-
Col Mean        1          2

       2    -1.43846
              0.006

       3    -6.31538   -4.87692
              0.000      0.000
```

图 15-11 单因素方差分析结果

示检验的概率。例如第一组(group=1)与第二组(group=2)相比较,$x_1 - x_2 = -1.438\,46$,检验概率 $P = 0.006$。如果不用选择项 tabulate 及 scheffe,则结果中只有方差分析表及 Bartlett 方差齐性检验结果。

本例经方差分析,得 $F=124.90, P=0.0000$,按 $\alpha=0.05$ 水准,可认为三组的减肥效果整体不同。从两两比较的结果来看,这种差别主要来自新型进口减肥药组与传统减肥药组、新型进口减肥药组与对照组、传统减肥药组与对照组均有统计学差异,且减肥效果为新型进口减肥药组＞传统减肥药组＞对照组。

五、方差齐性检验

无论是进行 t 检验还是进行方差分析,资料都必须满足一定的条件,即独立性、方差齐性和正态性。

(1) 独立性:最重要但基本能满足。如果对同一个研究对象做重复测量,则多次测量值间可能存在相关性,独立性条件就不满足了。这时需要采用专门的统计分析方法,如重复测量资料的方差分析。

(2) 方差齐性:方差是否齐性对结果影响很大,因此在做 t 检验和方差分析前,必须做方差齐性检验,即检验各处理组数据的变异(方差)是否相同。在一般情况下,做方差齐性检验都不希望拒绝 H_0。为了提高检验把握度,检验水准应定得大一些,如 $\alpha=0.1$,或 0.2 等。

(3) 正态性:一般资料的正态性表现得比较稳健,只要数据不过偏,其实结果影响不大。

Stata 用于样本方差与总体方差比较及两样本方差齐性检验的命令有:

```
sdtest 变量名=#val
sdtest 变量名1=变量名2
sdtest 变量名,by(分组变量)
sdtesti #obs{#mean\.}#sd #val
sdtesti #obs1{#mean1\.} #sd1# obs2 {#mean2|.} #sd2
```

注意:第一个命令用于检验某变量的标准差(方差的平方根)是否来自标准差为"#val"的总体;第二、三个命令主要用于检验两样本对应的总体方差是否相同,但两个命令的数据录入方式不同,第二个命令用于每组各一个变量,第三个命令用于有分组变量的情形。第四、五个命令用于已知样本量和样本标准差的情形,其中,第四个命令用于样本方差与总体方差的比较,第五个命令用于两样本方差齐性检验。样本均数可以输入,如果缺失则用小数点表示。

(一)两个方差的齐性检验

两样本方差的齐性检验一般采用 F 检验。F 值反映的是两样本方差之比,如果相应的总体方差相差不大,则 F 应接近 1。

【例 15-5】 检验例 15-3 资料中,用药组与对照组的方差是否达到齐性:
命令如下。

```
. drop _all
. use d:\data\tj15-3
. sdtest x,by(group)
```

结果如图 15-12 所示。

```
. sdtest x, by(group)
Variance ratio test

    Group |    Obs        Mean    Std. Err.   Std. Dev.   [95% Conf. Interval]
        1 |     14    7.828571    .3129843     1.17108    7.15241    8.504733
        2 |     12    1.533333    .2230414    .7726382   1.042422    2.024244
 combined |     26    4.923077    .6568762    3.349425   3.570215    6.275939

    ratio = sd(1) / sd(2)                                    f =    2.2973
Ho: ratio = 1                              degrees of freedom =    13, 11

    Ha: ratio < 1              Ha: ratio != 1              Ha: ratio > 1
 Pr(F < f) = 0.9124      2*Pr(F > f) = 0.1752         Pr(F > f) = 0.0876
```

图 15-12　两个样本方差的齐性检验结果（原始数据）

由图 15-12 可知，方差 1/方差 2＝2.297 3。根据备择假设，给出了三个检验概率，我们所需结果即是中间的双尾概率 $P = 0.175\,2$，故按 $\alpha=0.10$ 水准，可认为两组方差达到齐性。

用如下命令，可得到相同的结果，如图 15-13 所示。

```
. sdtesti 14 7.828571 1.17108 12 1.533333 .7726382
```

```
. sdtesti 14  7.828571  1.17108  12  1.533333  .7726382
Variance ratio test

          |    Obs        Mean    Std. Err.   Std. Dev.   [95% Conf. Interval]
        x |     14    7.828571    .3129843     1.17108    7.15241    8.504732
        y |     12    1.533333    .2230414    .7726382   1.042422    2.024244
 combined |     26    4.923077    .6568762    3.349425   3.570215    6.275938

    ratio = sd(x) / sd(y)                                    f =    2.2973
Ho: ratio = 1                              degrees of freedom =    13, 11

    Ha: ratio < 1              Ha: ratio != 1              Ha: ratio > 1
 Pr(F < f) = 0.9124      2*Pr(F > f) = 0.1752         Pr(F > f) = 0.0876
```

图 15-13　两个样本方差的齐性检验结果（样本量、均数和标准差）

因方差齐性检验中未涉及样本均数，故命令中的均数可以不输入，但位置必须留着，且用小数点表示，如图 15-14 所示。

```
. sdtesti 14 . 1.17108 12 . .7726382
```

```
. sdtesti 14   .  1.17108  12   .  .7726382
Variance ratio test

          |    Obs        Mean    Std. Err.   Std. Dev.   [95% Conf. Interval]
        x |     14          .    .3129843     1.17108          .          .
        y |     12          .    .2230414    .7726382          .          .
 combined |     26          .           .           .          .          .

    ratio = sd(x) / sd(y)                                    f =    2.2973
Ho: ratio = 1                              degrees of freedom =    13, 11

    Ha: ratio < 1              Ha: ratio != 1              Ha: ratio > 1
 Pr(F < f) = 0.9124      2*Pr(F > f) = 0.1752         Pr(F > f) = 0.0876
```

图 15-14　两个样本方差的齐性检验结果（样本量和标准差）

如果将两组顺序反过来,所得"f"将不同。但检验结果和上述命令相同,请读者自行验证。

(二)样本方差与总体方差的齐性检验

样本方差与总体方差的比较一般用 χ^2 检验。

【例 15-6】 检验例 15-3 中,用药组是否来自方差为 4 的总体。

样本方差与总体方差比较的命令如下:

. sdtesti 14 . 1.17108 2

sdtesti 命令中有 4 个数值,其中前 3 个数字分别为样本量、均数(用小数点替换)和标准差,第 4 个数字代表总体标准差 2。结果(见图 15-15)中给出了 χ^2 值及自由度,chi2(13)=4.457 1。χ^2 分布的左尾概率为 0.014 7,双侧概率是 0.029 4,以及右尾概率为 0.985 3。本例选双侧概率,按 α=0.10 水准,不能认为用药组来自方差为 4 的总体。

```
. sdtesti 14 . 1.17108 2
One-sample test of variance

                 Obs       Mean    Std. Err.   Std. Dev.   [95% Conf. Interval]

         x        14          .    .3129843     1.17108           .           .

    sd = sd(x)                                    c = chi2 =      4.4571
Ho: sd = 2                                degrees of freedom =         13

    Ha: sd < 2              Ha: sd != 2                    Ha: sd > 2
 Pr(C < c) = 0.0147       2*Pr(C < c) = 0.0294         Pr(C > c) = 0.9853
```

图 15-15　一组样本方差和总体方差的齐性检验结果

(三)多组方差的齐性检验

多组方差的齐性检验是检验每个处理组相应的总体方差是否全部相等,采用 χ^2 检验。该检验由 oneway 命令实现。

根据例 15-4 中的资料做多组方差的齐性检验,结果如图 15-16 所示。可见,Bartlett 方差齐性检验的 chi2(2)=3.1066,P=0.212,按 α=0.10 水准,三组满足方差齐性。

此外,方差齐性检验还可用 robvar 命令,但它更适合明显呈偏态分布的数据。

六、两因素的方差分析

两因素的方差分析一般是指配伍组方差分析和不考虑交互作用与考虑交互作用的 $a \times b$ 析因分析。Stata 的命令为:

anova 因变量 分组变量1 分组变量2
anova 因变量 分组变量1 分组变量2 交互作用项

oneway 命令仅适用于单因素方差分析,而要做两因素、多因素的方差分析,需用 anova 命令。anova 命令也可用于单因素方差分析,但不如 oneway 命令方便,因为 anova 命令不能提供方差齐性检验和多重比较的选项。因此,在进行单因素方差分析时,建议用 oneway 命令。但是相比 oneway 命令,anova 命令也有优点,它不仅适用于不平衡资料,还适用于单元格有缺失值的数据。

```
. oneway x group, tab sch
                        Summary of x
       group        Mean      Std. Dev.       Freq.

           1    7.8307691     1.2188687          13
           2    6.3923077     1.1764789          13
           3    1.5153846     .74257006          13

       Total    5.2461538     2.9286107          39

                     Analysis of Variance
    Source           SS          df       MS            F        Prob > F

Between groups    284.86307      2   142.431535      124.90      0.0000
 Within groups    41.0538448    36   1.14038458

        Total    325.916915    38   8.57676092

Bartlett's test for equal variances:  chi2(2) =    3.1066  Prob>chi2 = 0.212

                    Comparison of x by group
                             (Scheffe)
Row Mean-
Col Mean  |       1            2

       2  |   -1.43846
          |    0.006

       3  |   -6.31538      -4.87692
          |    0.000         0.000
```

图 15-16 多组样本方差的齐性检验结果

（一）配伍组设计

配伍组设计又称随机区组设计，是配对设计的扩展，是将条件（影响实验结果的主要非处理因素）相同或相近的受试对象组成若干个区组，再将每个区组中的各受试对象随机分配到各处理组。每个区组中包含的受试对象数等于处理组数。配伍组设计可保证区组内的受试对象有较好的同质性，因此组间均衡性较好，与完全随机设计相比可以提高实验效率。

【例 15-7】 利用配伍组设计方法，研究减肥药效果，将研究对象按照配伍因素（a）分为 12 组，要求每组内研究对象的性别、年龄、基础体重、饮食习惯、进食量等相近或相同；然后每个配伍组内 3 个对象随机给予药物或安慰剂（b）（新型进口减肥药组（b_1）、传统减肥药组（b_2）和安慰剂对照组（b_3）），一个疗程约 3 个月，测量 3 组各自 3 个月前后体重变化如表 15-1 所示。

表 15-1 三种减肥药物减肥效果的体重变化表

配伍组	b_1	b_2	b_3
a_1	9.2	7.3	2.2
a_2	6.7	5.4	1.3
a_3	7.8	8.2	0.8
a_4	8.4	6.5	1.4
a_5	7.5	7.9	0.5
a_6	6.2	5.4	0.8
a_7	9.9	6.8	2.9
a_8	7.1	6.9	1.1

续表

配伍组	b_1	b_2	b_3
a_9	6.7	5.5	1.2
a_{10}	9.5	5.7	2.5
a_{11}	6.3	3.9	2.4
a_{12}	8.2	6.9	1.3

按配伍组设计的资料,必须定义两个分组变量,用以描述观察值 x 所在的配伍组 a 和处理组 b,这里以 $a=1,\cdots,12$ 表示配伍组,以 $b=1,2,3$ 表示三个药物组。数据按如下形式输入:

```
. input a b x
     a  b  x
  1. 1 1 9.2
  2. 1 2 7.3
  3. 1 3 2.2
  4. 2 1 6.7
  5. 2 2 5.4
  6. 2 3 1.3
……
 36. 12 3 1.3
. end
. format x %9.3f         /* 将 x 保留 3 位小数
. tab a,summ(x)          /* 图 15-17
```

图 15-17 变量 a 各组的均数、标准差和频数

```
. tab b,summ(x)          /* 图 15-18
```

```
. tab b, summ(x)

            |      Summary of x
         b  |    Mean    Std. Dev.    Freq.
     -------+---------------------------------
         1  |   7.792      1.265       12
         2  |   6.367      1.225       12
         3  |   1.533      0.773       12
     -------+---------------------------------
     Total  |   5.231      2.922       36
```

图 15-18　变量 b 各组的均数、标准差和频数

```
. anova x a b            /* 图 15-19
```

```
. anova x a b

              Number of obs =      36    R-squared     = 0.9328
              Root MSE      = .955354    Adj R-squared = 0.8931

     Source |  Partial SS    df      MS        F      Prob > F
     -------+----------------------------------------------------
      Model |  278.816936   13  21.4474566   23.50    0.0000
          a |   20.5830548  11   1.8711868    2.05    0.0731
          b |  258.233881    2 129.116941   141.47    0.0000
   Residual |   20.0794437  22   .912701985
     -------+----------------------------------------------------
      Total |   298.89638   35   8.53989656
```

图 15-19　配伍组方差分析统计结果

Stata 的方差分析实际利用线性模型解决问题，所以结果中除给出了完整的方差分析表外，还给出了方差分析模型的 R^2（"R-squared"）、调整 R^2（"Adj R-squared"）、均方根（"Root MSE"）及模型（"Model"）的方差分析结果。

本例中，检验四种药物（b 因素），$F=141.47$，$P=0.0000$，按 $\alpha=0.05$ 水准，可认为三种药物的减肥效果不同；而不同配伍组（a 因素）之间的差异无统计学意义，$F=2.05$，$P=0.0731$。模型检验的"Partial SS""df"是 a 因素和 b 因素的自由度之和，"MS"为"Partial SS"与"df"之比，"F"是相应的处理组"MS"与误差的"MS"之比。要进一步了解三种药物中具体哪种或哪几种的减肥效果好于其他组，需对它们进行两两比较，即多重比较（multiple comparison）。除 oneway 命令中的三种两两比较（scheffe，bonferroni 和 sidak）外，Stata 的 anova 命令中没有直接提供任何选择项以进行多重比较。

（二）2×2 析因设计

析因设计是将两个或两个以上因素的各种水平进行排列组合、交叉分组的实验设计，是对影响因素的作用进行全面分析的设计方法，可以研究两个或者两个以上因素多个水平的效应，也可以研究各因素之间是否有交互作用并找到最佳组合。

常见析因设计为 2×2 析因设计。2×2 析因设计处理组数等于各因素水平之积，两因素同时进行实验，每个因素取两个水平，实验总的组合数为 2×2=4。

【例 15-8】　分别用两种工艺方法提取某奶制品中的甲、乙两化合物，观察其提取效

率,结果如表 15-2 所示,用 2×2 析因分析进行方差分析。

表 15-2 2×2 析因试验的提取率(%)

提取次数	a_1 工艺		a_2 工艺	
	b_1,甲化合物	b_2,乙化合物	b_1,甲化合物	b_2,乙化合物
1	37	54	43	47
2	43	68	44	51
3	36	63	49	49
4	42	59	41	54

首先定义分组变量 $a=1,2$ 表示两种提取工艺,$b=1,2$ 表示甲、乙两种化合物,然后计算各组的均数、标准差,最后做析因设计的方差分析。

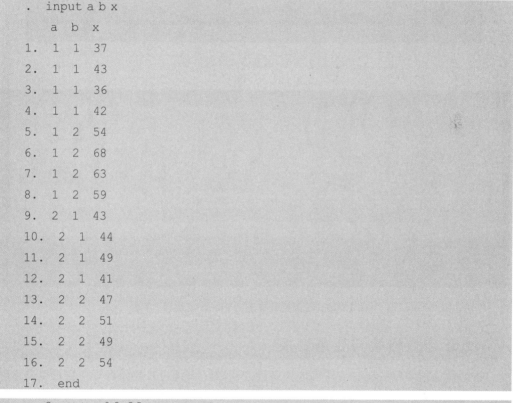

其中,上行为均数,下行为标准差。

. anova x a b a*b   /* 图 15-21

由以上结果可知,两种提取工艺间 $F_a=2.11,P=0.171\ 8>0.05$,按 $\alpha=0.05$ 水准,尚不认为两种提取工艺之间存在统计学差异;两种化合物的提取率 $F_b=44.38,P=0.000\ 0<0.05$,按 $\alpha=0.05$ 水准,可以认为两种化合物提取率之间存在统计学差异,即乙化合物高于甲化合物。提取方法与化合物间的交互作用表现为 $F_b=14.1,P=0.002\ 7<0.05$,按 $\alpha=0.05$ 水准,可以认为二者之间存在统计学差异,即存在交互作用。

```
. format x %9.2f
. tab a b,summ(x) nofreq

              Means and Standard Deviations of x

              b
     a        1           2          Total

     1      39.50       61.00        50.25
             3.51        5.94        12.35

     2      44.25       50.25        47.25
             3.40        2.99         4.37

  Total     41.88       55.63        48.75
             4.09        7.21         9.08
```

图 15-20　变量 a 和 b 四格表

```
. anova x a b a*b

                Number of obs =       16     R-squared     =  0.8347
                Root MSE      =  4.12816     Adj R-squared =  0.7934

    Source    Partial SS     df       MS            F      Prob > F

     Model       1032.5       3    344.166667     20.20     0.0001

         a           36       1            36      2.11     0.1718
         b       756.25       1        756.25     44.38     0.0000
       a*b       240.25       1        240.25     14.10     0.0027

  Residual        204.5      12    17.0416667

     Total         1237      15    82.4666667
```

图 15-21　析因设计方差分析统计结果(2×2)

七、正态性检验与变量变换

正态性是很多传统统计方法的应用条件之一，如 t 检验、方差分析等均要求资料服从正态分布。如果资料不服从正态分布，则需做适当的变量变换，以使资料达到或接近正态分布。本节介绍几种正态性检验方法和几种常见的正态性和对称性变换。

（一）正态性检验

用于正态性检验的命令为：

sktest 变量

该命令要求数据的样本量最少是 8，先看下面的例子。

【例 15-9】　随机抽取某公司某批罐装乳制品，检测 100 罐乳制品中某种细菌个数（个/100 mL）如下：21、48、13、41、27、26、40、41、7、14、17、42、2、33、43、20、46、47、20、44、38、14、13、27、29、45、4、24、16、4、9、14、38、15、22、17、40、28、2、42、5、25、41、35、42、23、25、

25、45、3、18、41、8、44、22、33、31、20、14、43、50、12、8、30、0、14、42、10、22、37、42、28、4、11、13、0、35、4、45、14、35、6、0、21、26、21、8、12、49、1、16、35、25、18、36、24、47、30、24、46。

试对其进行正态性检验。

(1)首先用 summ 命令计算偏度系数和峰度系数。

. summ x,de   /* 图 15-22

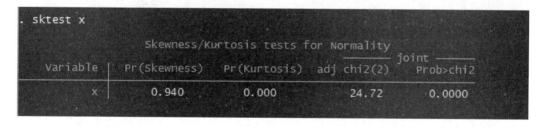

图 15-22　变量 x 的详细统计描述

(2)对 x 的偏度系数和峰度系数做假设检验。

. sktest x   /* 图 15-23

图 15-23　变量 x 的正态性检验结果

结果中给出了偏度系数检验的 P 值("Pr(Skewness)"),峰度系数检验的 P 值("Pr(Kurtosis)"),以及偏度系数和峰度系数联合检验的校正 χ^2 ("adj chi2(2)")、检验概率 Pr。结果显示,该批乳制品细菌数据不服从正态分布。

(3)绘制条形图以查看数据的分布状态。

. histogram x,frequency   /* 图 15-24

(4)现对 x 做对数变换,计算其对数值的偏度系数和峰度系数,并对其进行假设检验。

. gen lnx=ln(x)
. summ lnx,d   /* 图 15-25
. sktest lnx   /* 图 15-26

图 15-26 显示了对数值 $\ln x$ 的偏度系数检验的 P 值,峰度系数检验的 P 值,以及偏度系数和峰度系数联合检验的校正 χ^2、检验概率。结果显示,经对数变换后,该资料已基本对称,但其峰度比正态峰扁平。按 $\alpha=0.10$ 水准,对数变换后的资料仍不服从正态分布。

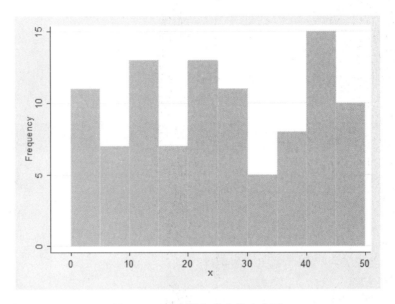

图 15-24　乳制品细菌个数直方图

```
. gen lnx=ln(x)
(3 missing values generated)

. summ lnx ,de
                            lnx
-----------------------------------------------------------
      Percentiles      Smallest
 1%           0              0
 5%    1.386294       .6931472
10%    1.791759       .6931472       Obs                97
25%    2.639057       1.098612       Sum of Wgt.        97

50%    3.218876                      Mean          3.001809
                       Largest       Std. Dev.     .8189105
75%    3.688879       3.850147
90%    3.806663       3.871201       Variance      .6706144
95%    3.850147       3.89182        Skewness     -1.355543
99%    3.912023       3.912023       Kurtosis      4.670468
```

图 15-25　变量 $\ln(x)$ 的详细统计描述

```
. sktest lnx
                   Skewness/Kurtosis tests for Normality
                                                          ------ joint ------
    Variable |  Pr(Skewness)   Pr(Kurtosis)  adj chi2(2)    Prob>chi2
    ---------+---------------------------------------------------------
         lnx |     0.000          0.011         21.55         0.0000
```

图 15-26　变量 $\ln(x)$ 的正态性检验结果

Stata 还提供了其他检验正态分布的方法：Shapiro-Wilk 法。该方法的命令为 swilk，检验结果如图 15-27 所示。swilk 命令要求样本量在 7~2 000 范围内，但 sktest 命令中样本量无上限。

```
. swilk x
                    Shapiro-Wilk W test for normal data
    Variable |    Obs         W           V          z      Prob>z
           x |    100      0.95083      4.060      3.108   0.00094

. sfrancia x
                    Shapiro-Francia W' test for normal data
    Variable |    Obs         W'          V'         z      Prob>z
           x |    100      0.96287      3.355      2.399   0.00822
```

图 15-27　变量 x 的正态性检验结果（Shapiro-Wilk 法）

就正态性检验而言，swilk 优于 sktest，但它未提供偏度系数和峰度系数的假设检验结果。所以，一般建议先用 swilk（<2 000）做正态性检验，若 $P<0.05$，则用 sktest 对偏度系数和峰度系数做假设检验，判断非正态性的原因，以便进一步寻找相应的变量变换方法。

(二) Box-Cox 正态性变换

Box-Cox 正态性变换是指将变量 x 用于变换：当 $\lambda=0$ 时，$y=\ln x$；当 $\lambda\neq 0$ 时，$y=(x^{\lambda}-1)/\lambda$。Box-Cox 正态性变换就是找到合适的参数 λ，使变换后的数据最接近或符合正态分布。实际上，Box-Cox 正态性变换可用于线性模型残差的正态化。在 Stata 中，可以用 help boxcox 命令查看详细信息。

建议用 Stata 6.0 版本的 Box-Cox 命令做正态性变换：

```
version 6
boxcox 原变量,generate(新变量)
```

【例 15-10】　利用例 15-9 中的数据做 Box-Cox 正态性变换。

```
. version 6
. boxcox x, gen(y)           /* 图 15-28
. gen lnx=log(x)
. sktest lnx y               /* 图 15-29
```

由结果可知，做 $\lambda=0.693\,2$ 的 Box-Cox 正态性变换后的偏度系数，较做对数变换（$\lambda=0$）有所改善，但是对于数据的峰度系数，反而变换后的较 $\ln x$ 差，因此需要我们继续寻找合适的变换方式。

(三) 对称性变换

对称性变换就是找到合适的变换方法，使变换后的数据对称或接近对称，或偏度系数为 0 或接近 0。Stata 给出的对称性变换方法有两种：一种是对数对称性变换，即找到一个 k 值，做 $y=\ln(\pm x-k)$ 变换，使变换后的资料 y 的偏度系数接近 0；另一种是 Box-Cox 对称性变换，即找到 Box-Cox 函数中的 λ，使变换后资料的偏度系数接近 0。

两种方法相应的命令为：

```
boxcox x, gen(y)
(note: iterations performed using zero =.001)

Iteration    Lambda      Zero        Variance        LL
-----------------------------------------------------------
    0        1.0000     -15.11475    207.860503     -266.84336
    1        0.6430       2.91113    197.935071     -264.39695
    2        0.6923       0.05136    197.704498     -264.33867
    3        0.6932      -0.00021    197.705424     -264.33891
-----------------------------------------------------------

Transform:  (x^L-1)/L

                L        [95% Conf. Interval]    Log Likelihood
             -----------------------------------------------------
              0.6932       (not calculated)         -264.33891

     Test:  L == -1       chi2(1) =   249.26    Pr>chi2 =  0.0000
            L ==  0       chi2(1) =    34.01    Pr>chi2 =  0.0000
            L ==  1       chi2(1) =     4.71    Pr>chi2 =  0.0300
```

图 15-28 变量 x 的 Box-Cox 正态性变换

```
. gen lnx=log(x)

. sktest lnx y

                Skewness/Kurtosis tests for Normality
                                                    ---- joint ----
  Variable | Pr(Skewness)   Pr(Kurtosis)   adj chi2(2)   Prob>chi2
  ---------+---------------------------------------------------------
      lnx  |    0.000          0.066          17.85        0.0001
        y  |    0.284          0.000          14.31        0.0008
```

图 15-29 对做 Box-Cox 正态性变换后的变量 x 做正态性检验

lnskew0 新变量=±原变量
bcskew0 新变量=±原变量

"x"前面的正负号将根据其具体取值确定,如果"x"为负数,则添加减号,反之为正号。

【例 15-11】 利用例 15-9 中的数据做对称性变换。

```
. lnskew0 lnsx=x           /* 图 15-30
```

```
. lnskew0 lnsx = x

     Transform   |      k       [95% Conf. Interval]      skewness
     ------------+------------------------------------------------
        ln(x-k)  |  -964.2125      (not calculated)        -.0003701
```

图 15-30 对变量 x 做对称性变换

由结果可知,$k=-964.2125$,偏度系数为 -0.0003701。经统计分析后,Stata 产生了一个新变量 lnsx,其取值为 $\ln(x+964.2125)$。

```
. bcskew0 bcsx=x,lev(95)        /* 图 15-31

. bcskew0 bcsx = x, lev(95)
         Transform |      L      [95% Conf. Interval]     Skewness
          (x^L-1)/L |  .9662615    .5151124   1.711514    -.0005274
(3 missing values generated)
```

图 15-31　对对称性变换后的变量 x 做偏度系数分析

由结果可知，$\lambda = 0.9662615$，偏度系数为 -0.0005274。经统计分析后，Stata产生了一个新变量 bcsx，其取值为 $(x^\lambda - 1)/\lambda = (0.9662615 x - 1)/0.9662615$。

如果转换后的数据仍然不满足正态分布，则考虑用秩和检验做统计分析。

第十六章 分类资料的统计分析

分类资料又称定性资料,其取值是定性的,表现为互不相容的类别或属性。按类别间的关系,分类资料又分为有序分类资料和无序分类资料。有序分类资料又称等级资料。本章介绍无序分类资料的统计分析。

率与构成比的资料形式一般都是行列表形式。Stata 用于处理分类资料的命令是双向(二维)tabulate 命令。

    tabulate var1 var2 [fw=频数变量][,选择项]

其中"var1""var2"分别表示行变量和列变量,"[fw=频数变量]"只在变量以频数形式存放时选用。选择项有:

chi2:(Pearson)χ^2 检验。

lrchi2:似然比 χ^2 检验。

gamma:Goodman-Kruskal 的 γ 系数。

taub:Kendall 的相关系数 τ_b。

V :Cramer 的列联系数 V。

all:同时给出以上五种结果。

exact:Fisher 的确切概率。

cell:打印每个格子的频数占总频数的百分比。

column:打印每个格子的频数占相应列合计的百分比。

row:打印每个格子的频数占相应行合计的百分比。

nofreq:不打印频数。

以上命令可同时选用。

分类资料的一个特点是重复数多,产生报表时一般都将数据整理成频数表,但收集的资料都是未整理的原始形式。Stata 对这两种形式的资料都可以进行分析,所得结果相同,只是命令稍有区别。下面以两种数据形式、三种命令格式对四格表资料进行分析,以说明 tabulate 命令的应用。

一、两个率的比较(四格表)

【例 16-1】 已知甲、乙两种检测方法对某食品的合格情况检验结果如表 16-1 所示。试比较甲、乙两种检测方法检验某食品的合格情况。

表 16-1 甲、乙两种检测方法对某食品的合格情况检验结果

	合格	不合格	合计
甲方法	82	8	90
乙方法	14	11	25
合计	96	19	115

（一）频数结构

记 $a=1$ 表示甲法，$a=2$ 表示乙法；$b=1$ 表示合格，$b=0$ 表示不合格；freq 表示相应的频数。

```
. use d:\mydata\tj16-1
. list                    /* 图 16-1
```

图 16-1 变量 a 和 b 的频数分布

数据以频数的形式录入，频数变量为 freq。相应的命令格式为：

```
. tab a b[fw=freq],all exact row
```

结果如图 16-2 所示。

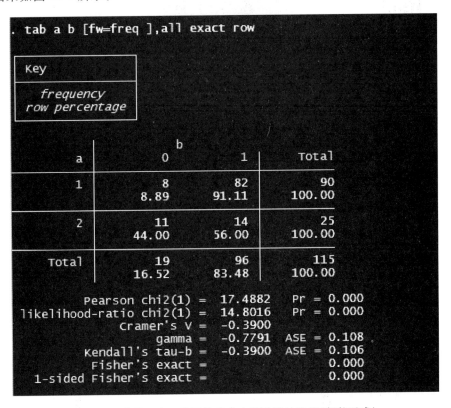

图 16-2 变量 a 和 b 的四格表卡方检验统计结果（频数形式）

由于选用了 all 和 exact 项，结果中给出了包括 Fisher 的确切概率在内的全部六种统计量。注意，all 选择项中不包括 Fisher 的确切概率。结果可见：本例样本含量大于 40，且所有理论频数均大于 5，所以本例不用 Fisher 的确切概率下结论，以 Pearson chi2 下结论（$P<0.001$）。按 $α=0.05$ 水准，估计两种方法评估合格率有统计学差异，且甲方法好于乙方法。

(二)原始资料形式

分类资料在收集时都是未整理的原始形式。Stata 对这种资料可以直接进行分析，所得结果与经整理后的结果相同。例如，例 16-1 中的资料用原始资料形式存放即为：

```
. drop _all
. use d:\mydatat\tj16-1a
. list                               /* 图 16-3
```

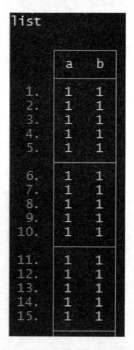

图 16-3　变量 a 和 b 的原始数据

此时，相应的命令为

```
. tab a b,all exact row
```

命令中没有"[fw=freq]"选择项，但所得结果（见图 16-4）相同。

(三)直接输入频数

对频数表资料还可用 tabi 命令直接输入频数，频数按行输入，各行数据间用"\"分开。因该法较上述两法更为简单，故推荐使用。命令格式如下：

```
. tabi 8 81 \ 11 14 ,all exact row
```

结果（见图 16-5）依然相同。

二、多个率的比较

以上部分讲解的是 $2×2$ 的四格表的两个率的比较，但实际情况中，会遇到 $R×C$ 表的数据，数据分析方法基本相同。

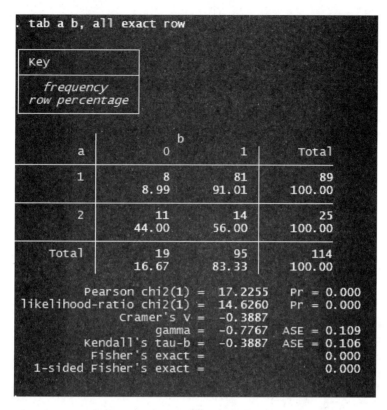

图 16-4　变量 a 和 b 的四格表卡方检验统计结果（原始数据）

图 16-5　两组样本例数的卡方检验统计结果

【例 16-2】 检测一批三个进口品牌乳制品的合格率,判断三个品牌的乳制品甲、乙、丙之间合格率是否有统计学差异、三组合格率有无差别。已知三个品牌乳制品的合格率情况如表 16-2 所示。

表 16-2　三个品牌乳制品的合格率情况

	合格	不合格	合计
甲品牌	26%	4%	30%
乙品牌	32%	6%	38%
丙品牌	28%	4%	32%
合计	86%	14%	100%

按频数形式进行统计分析:

```
. tabi 26 4\32 6\28 4,row chi2 lrchi2 exact
```

结果如图 16-6 所示。

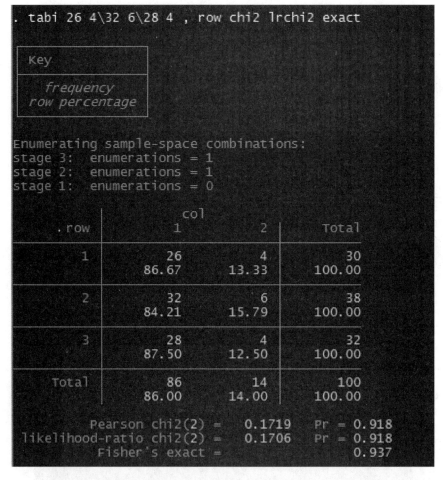

图 16-6　两组样本例数的卡方检验统计结果(似然比法和确切法)

结论:无论是卡方检验还是似然比检验,按 $\alpha=0.05$ 水准,均不认为三个品牌乳制品合格率不同,即三个品牌乳制品的合格率无统计学差异。

若在该命令执行前,Stata 的内存中无数据,则该命令执行后,Stata 将自动产生频数形式的数据库。

三、多组构成比的比较

【例 16-3】 已知三个品牌车企的销售渠道分布情况如表 16-3 所示。试分析三个品牌车企的销售渠道分布(构成比)是否相同。

表 16-3　三个品牌车企的销售渠道分布情况

	线上	4S 店	直营店	合计
甲品牌	12	38	10	60
乙品牌	16	24	12	52
丙品牌	22	18	22	62
合计	50	80	44	174

`. tabi 12 38 10\16 24 12\22 18 22,row chi2 lrchi2 exact`

结果如图 16-7 所示。

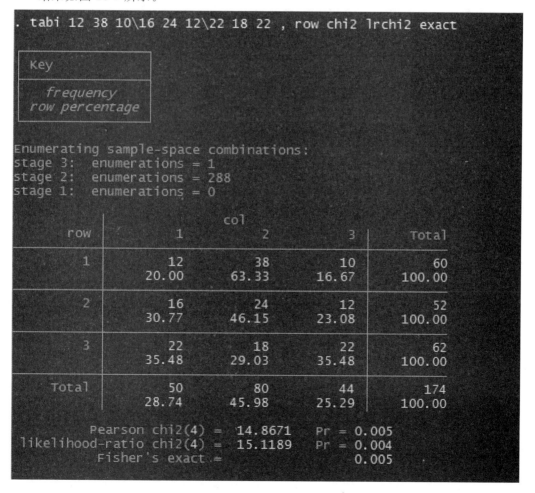

图 16-7　三组样本例数的卡方检验统计结果

结果给出了 Pearson 的 χ^2 检验和似然比 χ^2 检验结果。可见,卡方检验与似然比检验的 P 值均较小($P<0.05$),可认为三个品牌车企的销售渠道分布不同。其中,甲品牌和乙品牌以 4S 店销售为主,而丙品牌三个销售渠道基本相当。

四、两组或多组的计数相关程度

【例 16-4】 已知 578 人 MN 血型与 ABO 血型的分布如表 16-4 所示。试分析人群中 ABO 血型与 MN 血型有无相关关系。

表 16-4 578 人 MN 血型与 ABO 血型的分布

	M	N	合计
A	112	88	200
B	96	64	160
O	120	98	218
合计	328	250	578

```
. tabi 112 88\96 64\120 98, nofreq all
```

结果如图 16-8 所示。

```
. tabi 112 88\96 64\120 98, nofreq all
          Pearson chi2(2) =   0.9923    Pr = 0.609
 likelihood-ratio chi2(2) =   0.9961    Pr = 0.608
              Cramer's V =   0.0414
                   gamma =   0.0159    ASE = 0.069
          Kendall's tau-b =   0.0091    ASE = 0.039
```

图 16-8 三组样本例数的卡方检验的列联系数

结论:从列联系数来看,Cramer 的 V、Goodman-Kruskal 的 gamma(γ),以及 Kendall 的 τ_b 均较小;从 P 值来看,无论是卡方检验还是似然比检验,P 值均较大,尚不能认为两种血型间有相关关系。

第十七章 线性相关与直线回归

工作中经常会遇到研究两个或更多个连续型变量间相互关系的情况,而相关与回归就是处理两变量(其中至少有一个是随机变量)间依存关系的统计方法。如果分析目的是了解变量间联系的密切程度和方向,则应当用相关分析实现;如果希望了解某变量对另一个变量的影响,或根据某变量预测另一个变量,则应当用回归分析实现。两变量间最简单的关系是线性关系,本章介绍线性相关与直线回归。若两变量呈某种曲线关系,则需用曲线表示两者间的非线性回归关系。在线性相关与直线回归分析中,一般是先作散点图,当确认两变量有线性相关趋势时,才进一步计算相关系数并建立回归方程。

一、线性相关

线性相关分析主要是描述变量间联系的密切程度和方向,用相关系数 r 表示,且 r 的值在 $-1 \sim +1$ 区间。$r=0$ 表示无相关;$r>0$ 表示两变量正相关,即一个变量增加,另一个变量也增加,反之亦然;$r<0$ 表示两变量负相关,即一个变量增加,另一个变量减少,反之亦然。r 越接近于 0,表示关系越不密切;r 越接近 $+1$ 或 -1,表示关系越密切。r 等于 $+1$ 或 -1 时,称为完全正相关或完全负相关。

Stata 计算相关系数的命令为 correlate,具体格式如下:

> correlate 变量 [,选择项]

此处"变量"可以是两个,也可以是更多个。correlate 命令给出的是变量间两两的简单相关系数矩阵。命令的主要选择项有:

means:同时输出均数、标准差等统计量。
covariance:不输出相关系数矩阵,而输出协方差矩阵。
wrap:打印时相关系数矩阵不分段。
用于相关系数的假设检验的命令为:

> pwcorr [变量名],[选择项]

选择项有:
obs:打印样本含量。
sig:打印假设检验的 P 值。
star(♯):如果相关系数的假设检验的 P 值小于"♯",则在相关系数旁打印星号。

【例 17-1】 测得某地 1983—1992 年个人收入与消费支出情况如下,试对该资料进行分析。

个人收入 x(千元):56、70、77、85、92、107、125、143、165、189。
消费支出 y(千元):56、58、72、74、78、98、102、129、131、163。
先作散点图,如图 17-1 所示。

```
. scatter y x
```

从散点图中可以看出,x 与 y 呈线性趋势,因此可进一步做线性相关与回归分析,计算相关系数,结果如图 17-2 所示。

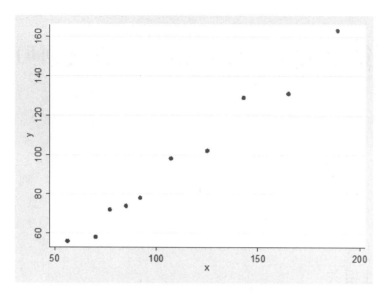

图 17-1 某地个人收入与消费支出的散点图

```
. corr y x
```

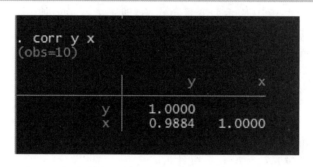

图 17-2 两变量的相关系数

"corr"是 correlate 的缩写,算得 x 与 y 的线性相关系数 $r=0.9884$。这里,x 与 x 的线性相关系数以及 y 与 y 的线性相关系数为 1.0000,无实际意义,只是为了使输出结果整齐。相关系数 r 是总体相关系数 ρ 的一个估计值,由于存在抽样误差,即使从 $\rho=0$ 的总体中抽样,所得的 r 也常不等于零。因此,判断 x 与 y 间是否有线性相关关系,还须对 $\rho=0$ 进行假设检验。

```
. pwcorr,sig star(0.05)
```

结果如图 17-3 所示。$P<0.0001$,故拒绝假设 $\rho=0$,认为 x 与 y 存在线性关系。以上所计算的相关系数又称作积差相关系数(coefficient of product-moment correlation),适用于 x 与 y 均为连续型变量且散点图显示出线性趋势的情形。若散点图不呈现线性趋势,则不能用线性相关系数进行分析。

二、直线回归分析

回归分析用于研究自变量对因变量在数量上的影响强度,在进行直线回归分析时同样应当先作出散点图,由散点图确认 x 与 y 间存在线性趋势后再进一步求出直线回归方程。Stata 中用于估计直线回归方程的命令为:

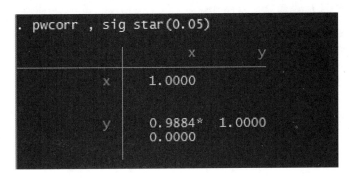

图 17-3　两变量的相关系数和假设检验 P 值

```
regress 因变量 自变量[,选择项]
```

其中,选择项为:

level(♯):选定检验水准。

beta:指定输出标准回归系数。

noconstant:指定方程中不包含常数项,默认为包含常数项。

noheader:不打印方差分析结果及复相关系数等。

【例 17-2】　用例 17-1 中的数据,求线性回归方程。

```
. reg y x                    /* 图 17-4
```

```
. reg y x

      Source |       SS       df       MS              Number of obs =      10
-------------+------------------------------           F(  1,     8) =  339.56
       Model |  11011.4703     1   11011.4703          Prob > F      =  0.0000
    Residual |  259.429655     8   32.4287069          R-squared     =  0.9770
-------------+------------------------------           Adj R-squared =  0.9741
       Total |    11270.9     9   1252.32222          Root MSE       =  5.6946

           y |      Coef.   Std. Err.      t    P>|t|     [95% Conf. Interval]
-------------+----------------------------------------------------------------
           x |   .8016446   .0435035    18.43   0.000     .7013254    .9019638
       _cons |   7.197614   5.149662     1.40   0.200    -4.677528    19.07276
```

图 17-4　两变量的回归分析结果

结果分析可分为两部分,第一部分为对所建立的整个方程(模型)进行方差分析检验的结果,左侧为模型中各部分方差和均方的描述,右侧为相应的检验结果,可见 $F=339.56$,相应的概率为 $P=0.0000$。在 P 值下方的 R^2 称为复相关系数,又称决定系数。在本例中,$R^2=0.9770$。在直线回归中,R^2 实际上是相关系数 r 的平方。第五行给出了调整 R^2,又称为校正 R^2,为 0.9741。一般,调整 R^2 更能反映模型的拟合程度。

结果的第二部分为包括常数项在内的所有回归系数("Coef.")、回归系数的标准误("Std. Err.")、各系数与 0 假设检验的 t 值及 P 值($P>|t|$),以及各系数的 95% 可信区间("95% Conf. Interval")。在直线回归中,自变量 x 回归系数的假设检验结果与方程的假设检验结果是等价的。分析结果中的"_cons"表示常数项,在直线回归中又称截距,表示 $x=0$ 时 y 的估计值。如果 x 可能等于 0,则常数项是有意义的;如果 x 不可能为 0,或等于 0 无实际意义,则常数项亦无实际意义,其作用是校正估计值。

在本例中,回归方程为:$\hat{y}=7.197\,614+0.801\,644\,6x$。该方程表示,当 x 增加 1 个单位时,y 平均增加 0.801 644 6 个单位,即所有个人收入为 $(x+1)$ 千元者,消费支出比个人收入为 x 千元者平均多 0.801 644 6 千元。

三、估计与预测

求出回归方程后,可立即用该回归方程进行回代预测,并求出预测值的标准误及绘出 95% 可信区间曲线。在 Stata 中,所有关于回归方程的诊断和应用均被放在单独的命令里,需要在拟合完回归方程后继续调用。其中用于估计 $\hat{y}$、残差、标化残差、残差的标准误等的命令为:

```
predict 新变量[,选择项]
```

如果不使用选择项,则默认为计算出 y 的估计值 $\hat{y}$;若需要计算其他指标,则需要使用选择项指定。常用的选择项有:

cooksd:计算 cook 的检验统计量 D。
residuals:计算残差。
rstandard:计算标准化残差。
rstudent:计算 student 残差。
stdr:计算残差的标准误。
stdp:计算估计值 y 的标准误(yhat)。
stdf:估计预测值 y 的标准差(个体 y 值)。

【例 17-3】 根据例 17-2 所得方程,计算消费支出 y 的估计值:

```
. predict yhat    /* 图 17-5
```

```
. list  x y yhat

        x      y      yhat
 1.    56     56    52.08971
 2.    70     58    63.31274
 3.    77     72    68.92425
 4.    85     74     75.3374
 5.    92     78    80.94891

 6.   107     98    92.97359
 7.   125    102    107.4032
 8.   143    129    121.8328
 9.   165    131     139.469
10.   189    163    158.7085
```

图 17-5 消费支出 y 的估计值

执行该命令后,Stata 将产生一个变量 yhat,并将根据回归方程估计的 $\hat{y}$ 值写入该变量中。如果根据 y、yhat 及 x 作回归线图,则命令如下:

```
. twoway(scatter y x) (line yhat x)
```

该命令实际上作出的是 y 与 x 的散点图及 $\hat{y}$ 与 x 的回归图,即第一层图散点间不连接,但输出散点;第二层图用直线连接,但隐藏相应的散点。最终绘制出的图形如图 17-6 所示。

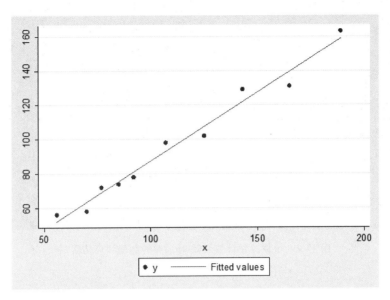

图 17-6　某地个人收入与消费支出线性回归

下面进一步计算估计值的 95% 可信区间：

```
. predict seyhat, stdp           /* 计算 ŷ 的标准误
```

该命令将各 y 估计值的标准误写入变量 seyhat。下面进行估计值 95% 可信区间的计算，这里需要使用函数 invttail()，它计算出的为指定自由度和右侧累计概率时的 t 值。

```
. gen l1=yhat-invttail(8,0.025)*seyhat   /* 计算 95%可信区间下界，in-
                                            vttail(8,0.025)是自由度
                                            为 8、右侧累计概率为 0.025
                                            时的 t 值
. gen l2=yhat+invttail(8,0.025)*seyhat   /* 计算 95%可信区间上界
```

下面计算个体 y 值的 95% 容许区间（参考值范围）：

```
. predict sey,stdf               /* 计算预测值 ŷ 的标准差,该命令
                                    将各 y 估计值的标准差写入变
                                    量 sey
. gen l3=yhat-invttail(8,0.025)*sey      /* 计算 95%容许区间下界
. gen l4=yhat+invttail(8,0.025)*sey      /* 计算 95%容许区间上界
```

最终得到的结果如下：

```
. list y yhat l1 l2 l3 l4                /* 图 17-7
```

利用这些数据，我们就可以绘制出 y 的估计值 95% 可信区间及预测值 95% 容许区间曲线：

```
. twoway (scatter y x) (line yhat l1 l2 l3 l4 x)   /* 图 17-8
```

图 17-8 实际上共分六层，分别是 y、$\hat{y}$ 和 l_1、l_2、l_3、l_4 六个变量与 x 所作的图，除第一层输出为散点图外（即用 y 和 x 绘制的），另外五层均输出为连接线，其中中间一条是回归线（即用 $\hat{y}$ 和 x 绘制的）；最上面一条 l_4 和最下面一条 l_3 是 y 的容许区间，而另外两条 l_1、

```
. list y yh l1 l2 l3 l4

         y      yhat         l1          l2          l3          l4
  1.    56   52.08971    45.19208    58.98734    37.25657    66.92285
  2.    58   63.31274    57.47497    69.15051    48.94179    77.68369
  3.    72   68.92425    63.55675    74.29175    54.73782    83.11067
  4.    74    75.3374    70.43889    80.23592    61.32169    89.35311
  5.    78   80.94891     76.3839    85.51393    67.04625    94.85158

  6.    98   92.97359    88.80255    97.14462    79.19527    106.7519
  7.   102   107.4032    103.0162    111.7901    93.55798    121.2484
  8.   129   121.8328    116.5779    127.0877    107.6886     135.977
  9.   131    139.469    132.6353    146.3027    124.6655    154.2725
 10.   163   158.7085    149.8411    167.5758    142.8631    174.5538
```

图 17-7 个体 y 估计值及其 95% 容许区间和可信区间

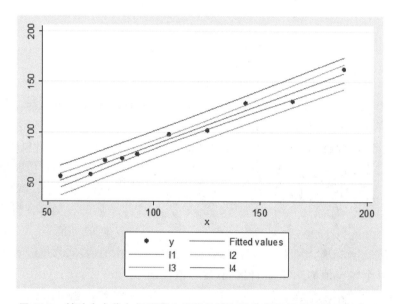

图 17-8 某地个人收入与消费支出线性回归及容许区间和可信区间估计

l_2 是 y 的可信区间。如 x=125 千元时,观察值 y 为 102 千元,相应的估计值 107.403 2 千元,其 95% 可信区间为(103.016 2 千元,111.790 1 千元),95% 的容许区间为(93.557 98 千元,121.248 4 千元)。意即:对所有个人收入=125 千元者,估计其消费支出为 107.403 2 千元,该均数的 95% 可信区间为(103.016 2 千元,111.790 1 千元);估计约有 95% 的个人收入为 125 千元的某地区,其消费支出在 93.557 98 千元至 121.248 4 千元之间。

四、过定点的直线回归

在实际生活中,应用直线回归时经常会遇到这样一类问题:所估计的直线除了要根据观察值进行最佳拟合外,还要求所拟合的直线通过某定点(x_0,y_0)。这些情况在应用光电比色、荧光分析以及同位素测定等实验方法来绘制标准直线时经常遇到。

在 Stata 中拟合回归直线时,如果希望使直线通过原点(0,0),只需在回归命令中增加选择项 noconstant 即可；而要直线通过任意一点，也只需一点小小的技巧。

(一) 过原点的直线回归

【例 17-4】 为检验进口奶粉中 DHA 浓度(μg/mL)与光密度之间的相应关系,要建立标准直线,理论上此直线要过(0,0)点,此方法为光电比色法。试求回归方程。

DHA 浓度(x):0、3、6、9、12、15、18。

光密度值(y):0、0.255、0.405、0.545、0.75、0.93、1.12。

```
. scatter y x                           /* 图 17-9
```

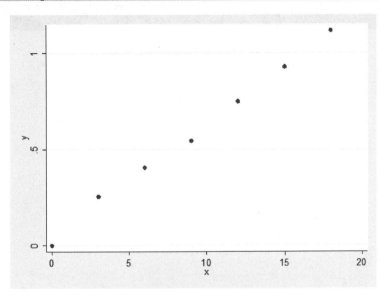

图 17-9 DHA 浓度与光密度值的散点图

```
. pwcorr,sig star(0.05)                 /* 图 17-10
```

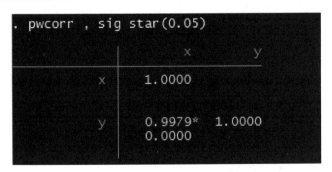

图 17-10 两变量的相关系数和假设检验 P 值

```
. reg y x ,nocons                       /* 图 17-11
```

由于增加了选择项 nocons,在拟合方程时常数项就会被限定为 0,因此结果中未给出常数项的系数,相应的回归方程为:$\hat{y}=0.0625275x$。显然,当 $x=0$ 时,$y=0$,故直线经过(0,0)点。

```
. predict yhat
. twoway (scatter y x) (line yhat x)    /* 图 17-12
```

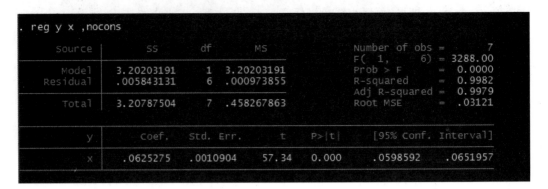

图 17-11 过原点的直线回归分析结果

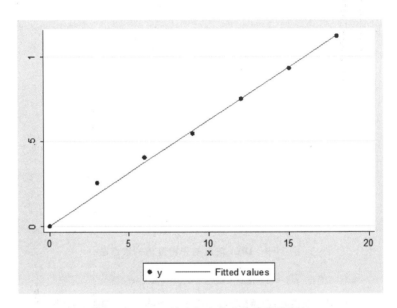

图 17-12 DHA 浓度与光密度值的线性回归

(二)过任意定点的直线回归

【例 17-5】 以例 17-1 中的资料来说明过任意定点的直线回归。假设该直线需通过点(150,120),则该问题实际上等价于拟合如下方程式:$y-120=b(x-150)$。显然,上式所代表的直线方程必然经过点(150,120),因此该问题的解决步骤如下:

(1)所有 y 减去 120,记为 y_1。
(2)所有 x 减去 150,记为 x_1。
(3)建立 y_1 和 x_1 的回归方程,并要求直线通过(0,0)。
(4)将 y_1、x_1 还原到 y、x,所得方程即为所求。

命令如下,结果如图 17-13 所示。

```
. gen y₁=y-120
. gen x₁=x-150
. reg y₁ x₁,nocons
```

得回归方程

$$\hat{y}_1 = 0.711\ 871\ 2x_1$$

```
. reg y1 x1 , nocons

      Source |       SS       df       MS              Number of obs =      10
-------------+------------------------------           F(  1,     9) =  267.75
       Model | 16430.6992      1   16430.6992          Prob > F      =  0.0000
    Residual | 552.300774      9   61.3667527          R-squared     =  0.9675
-------------+------------------------------           Adj R-squared =  0.9639
       Total |     16983     10       1698.3           Root MSE      =  7.8337

          y1 |      Coef.   Std. Err.      t    P>|t|     [95% Conf. Interval]
          x1 |   .7118712   .0435051    16.36   0.000     .6134559    .8102865
```

图 17-13 过任意定点的直线回归分析结果

将 $y_1 = y - 120, x_1 = x - 150$ 代入上式，最终得：

$$y - 120 = 0.7118712(x - 150)$$

参 考 文 献

[1] 刘汉良.统计学教程[M].上海:上海财经大学出版社,1995.
[2] 柯惠新,黄京华,沈浩.调查研究中的统计分析法[M].北京:北京广播学院出版社,1992.
[3] 徐国祥.管理统计学[M].上海:上海财经大学出版社,1995.
[4] 李连友,王晓林.统计学原理·经济统计应用[M].北京:法律出版社,1995.
[5] 何晓群.现代统计分析方法与应用[M].北京:中国人民大学出版社,1998.
[6] 李燕萍.现代统计学[M].武汉:武汉大学出版社,1996.
[7] 谢雨德.企业统计分析案例[M].北京:中国统计出版社,1999.
[8] 骆克任,韩校宥.现代实用统计与计算机应用[M].上海:立信会计出版社,1997.
[9] 倪安顺.Excel统计与数量方法应用[M].北京:清华大学出版社,1998.
[10] 王寿安.统计学[M].北京:中国统计出版社,1994.
[11] 陈峰.现代医学统计方法与Stata应用[M].北京:中国统计出版社,1999.
[12] 王玲玲,周纪芗.常用统计方法[M]上海:华东师范大学出版社,1994.
[13] 吴国富,安万福,刘景海.实用数据分析方法[M].北京:中国统计出版社,1992.
[14] HAMILTON L C.应用Stata做统计分析:更新至STATA 12(原书第8版)[M].巫锡炜,焦开山,李丁,等,译.北京:清华大学出版社,2017.

后　　记

　　本书分为两个部分:第一部分主要讲解统计学原理和方法学;第二部分强调实操,目的是教会读者活学活用,使用Stata完成基本的统计学分析。本书注重实操,理论部分仅点到即止,统计学是工具学、方法学,我们希望通过本书的学习,读者能掌握一种高效、简便、易懂的工具,在以后的实际工作、学习中,能通过统计分析解决实际问题。作为一个统计软件,Stata软件提供了弹性的、互动的和可视的统计分析界面,同时提供了交互式菜单操作页面。读者根据本书案例指引,将Excel格式数据导入Stata后,根据本书中列出的Stata命令,就可以顺利完成相关分析,但是数据格式、变量命名等要做适当修改。同时,读者可根据自身需要,选择相应的参数和命令进行组合,灵活、机动地进行数据分析。在Stata统计分析过程中,本书简单介绍了一些专业知识,便于读者理解该软件的精髓和使用技巧。使用Stata软件对这些问题进行统计分析,旨在使读者受到从实际问题入手、利用软件进行求解、对计算结果进行分析的全面训练。

　　我们建议初学者要善于使用Stata帮助功能,因为帮助功能提供详细的统计操作命令介绍和案例。读者熟悉后,照此套入自己的数据,即可完成相应的统计分析。建议读者先将本书的例题在Stata软件中自行运行一遍,虽然例题都很简单,但是原理相同,方便读者熟悉和掌握软件的操作属性。Stata软件分析使用命令行方式相对简单,但是需记住常见的命令代码,如果忘记,可以调用软件自身的help命令查看具体命令提示。此外,Stata自带交互式的操作菜单,可以代替命令行和代码完成基本的统计分析,此功能类似SPSS软件的功能,我们建议画图时,可以尝试用菜单栏完成操作,但是统计分析还是采用命令行方式容易操作和上手。建议初学者都做一下尝试,这样会有不同的发现。总之,希望大家边学边练,在实操中掌握统计学的知识和原理,并最终解决自己所遇到的实际问题,做到活学活用、即学即用。编者能力有限,如有错误和不足,欢迎指正,共勉之。